不老白杨

天津市作家协会——编

谨以此书纪念杨润身同志诞辰一百周年

天津出版传媒集团
百花文艺出版社

图书在版编目（CIP）数据

不老白杨 / 天津市作家协会编. -- 天津 : 百花文艺出版社, 2023.7(2023.9 重印)
ISBN 978-7-5306-8593-8

Ⅰ. ①不… Ⅱ. ①天… Ⅲ. ①杨润身-纪念文集 Ⅳ. ①K825.6-53

中国国家版本馆 CIP 数据核字(2023)第 099876 号

不老白杨
BU LAO BAIYANG
天津市作家协会　编

出 版 人: 薛印胜
责任编辑: 魏　青　**特约编辑**: 刘　晓
装帧设计: 任　彦
出版发行: 百花文艺出版社
地址: 天津市和平区西康路 35 号　**邮编**: 300051
电话传真: +86-22-23332651（发行部）
+86-22-23332656（总编室）
+86-22-23332478（邮购部）
网址: http://www.baihuawenyi.com
印刷: 山东临沂新华印刷物流集团有限责任公司
开本: 880 毫米×1230 毫米　1/32
字数: 240 千字　**图数**: 12 幅
印张: 10.875
版次: 2023 年 7 月第 1 版
印次: 2023 年 9 月第 2 次印刷
定价: 78.00元

如有印装质量问题，请与山东临沂新华印刷物流集团有限责任公司联系调换
地址：山东省临沂市高新技术产业开发区新华路 1 号
电话：(0539)2925886　邮编：276017

杨润身

（摄影：王忠琪）

出席全国作代会与铁凝、蒋子龙合影
（摄影：王忠琪）

90 大寿时与杨君毅、万镜明同志合影

（摄影：王忠琪）

在平山的书房写作
（摄影：王忠琪）

与老伴儿和孙辈在自己家后院种菜

（摄影：王忠琪）

在纪念建党 90 周年红色诗歌朗诵会上发言

（摄影：王忠琪）

出席全国作代会与天津代表团全体作家合影

（摄影：王忠琪）

庆贺杨润身同志从事革命文学创作七十年活动主席台（左起：赵玫 宋群利 杨润身 李毅 吴振 石坚 冯骥才 张洪义）

（摄影：王忠琪）

与作家林希在家中交谈

（摄影：王忠琪）

与《白毛女》主题收藏家牛双跃亲切交谈
（摄影：李维刚）

在平山县田野上与农民交谈

（摄影：杨八一）

在平山县下乡体验生活
（摄影：新华社 范德元）

永葆初心，致敬老杨

天津市作家协会和杨润身老先生的家人委托我为杨老先生百年诞辰汇编纪念文集写一个序，我欣然接受，不仅仅是受人委托之故，更是出于我对杨老先生的敬仰之情。

前辈作家杨润身出生于1923年，长我12岁，按照文学界十年一代的习俗，绝对是我的师兄，但文学界相处没有长幼尊卑的传统，再因为杨润身历来没有架子，无论天津还是外地的文学界朋友，大家都称他“老杨”。我们这一代文学晚辈敬重老杨有三个原因：一是他的革命资历，二是他的文学成就，三是他朴实低调的生活态度。老杨常说：“我是农民的儿子，我是一个小学生。”这是老杨人生态度的真实写照，更是老杨精神世界的崇高境界。

我和老杨相识于20世纪50年代初期，那时候老杨已经是著名作家，我只是编辑部的一个小青年。一次看老杨的戏，正好见到老杨，他亲切地把我拉到一边，要我给他的这部戏提意见。这让我感觉太不可思议了，也不知我当时说了些什么，幸好剧场铃响，我匆匆跑进剧场看戏去了。

1956年，电影厂一位青年编辑到天津来，协助老杨改编《白毛女》。老杨改编《白毛女》，除了有话剧的写作经验，更有别人无法企及的优势。他生在河北农村，长在河北农村，对喜儿、大春以及黄世仁、穆仁智等人物极为熟悉。依据歌剧《白毛女》的原作，再调动老杨的生活积累，电影《白毛女》成功上演，并且立即轰动全国，而且常演不衰，最后成了中国电影的经典。此后老杨更创作了多部电影作品，也获得了广大观众的喜爱。只是，此后在历次的政治运动中，老杨受到不公正的对待，成为天津乃至全国文艺界的批判重点。可以想象，彼时老杨的处境该何等艰难。幸好，历史是公正的，历史进入新时期，最先向人间吹来暖风的，就是电影《白毛女》的复映，老杨重新获得了人们的尊重。1980 年，我回到天津市作家协会，碰到老杨，他拉着我的手，万分激动地对我说："林希呀，你走了，我可是遭罪了。"没过多久，老杨回到他的生活根据地——河北平山老区，并不是"体验生活"，而是带着家属搬到农村去了。在平山，农民把老杨当作自己人，无论对县里工作有什么意见，还是自己家里有什么事情，都向老杨述说，老杨更是真心帮助县里做工作，对年轻后辈进行思想教育。回到生活根据地，老杨创作出了许多作品，更出版了多部长篇小说，写出了大量的散文，为我们树立了做一位真诚作家的榜样。

致敬老杨，老杨是一个崇高的人、一个无私的人、一位真诚的作家。我们将坚守老杨的文学道路，永葆初心，为人民写作，为人民立言。

林希

2023 年 5 月 4 日

目　录

人民心上的花朵

——电影《白毛女》改编者杨润身谈歌剧《白毛女》

◎ 杨润身

歌剧《白毛女》创作演出至今已经过去半个世纪了。广大人民群众，特别是广大农民兄弟——不论是已有余钱者，刚刚温饱者，还是暂时还难温饱者，心里都还装着《白毛女》，都还感激着贺敬之等革命文艺工作者。这些工作者为他们付出了宝贵的心血，向他们献出了难得的精神食粮，不由自主地忧杨白劳之忧："十里风雪，一片白，躲账七天，转回家来"；欢喜儿之欢："爹爹买回了二斤面……欢欢喜喜过个年"；怒喜儿之怒："我是扑不灭的火，舀不干的水！我不死，我要报仇冤"。

歌剧《白毛女》刚与大家见面，就引起轰动，受到热烈的欢迎。七大代表与中央领导看过《白毛女》之后，中共中央办公厅同志迅速传达了毛主席和中央其他领导的三点意见：第一，这个戏是非常适合时宜的；第二，黄世仁应当枪毙；第三，这个戏在艺术上是成功的。《白毛女》的创作者们很快作了修改。广大农民兄弟看过《白毛女》之后，革命热情如火热的阳光一样喷射：有的争先恐后地多交公粮，有的毅然决然地丢开锄头，拿起枪杆，保卫胜利果实，投入推翻蒋家王朝的斗争。一个个持枪的革命战士看过《白毛女》之后，愤然地把"为喜儿报仇"刻在枪杆上，为解放全中国而英勇杀敌。毫无疑问，《白毛女》成了团结人民、教育人民、打击敌人、消灭敌人的有力武器，激发了人民群众反帝国主义反封建主义的思想觉悟，鼓舞了他们的革命斗志。

闪光的艺术珍品是不朽的。衷心地祝贺她至今还为人民所喜，还为人民所爱，还为人民所念！

1991年9月21日，江泽民总书记赴平山县西柏坡参观西柏坡纪念馆，看望西柏坡的农民兄弟。我有幸与总书记相遇，总书记与我谈到鲁迅，又谈到歌剧《白毛女》，他认真地表示，《白毛女》的生命力十分强。[①]

一位故乡的文学爱好者，知道了总书记对歌剧《白毛女》的赞赏，特意地问我："《白毛女》为什么生命力很强？"我反问他："请你说《白毛女》为什么生命力很强？"他想一想说："我想，她是劳动人民心上的花朵，是不是？"

这位故乡的文学爱好者还不到而立之年，但他说得确切，理解得深刻。

也还可以说歌剧《白毛女》是扎根于神州大地上的一枝灿烂的花朵。贺敬之同志说过，《白毛女》是在广大群众的批评与帮助之下产生的。他说："他们的艺术欣赏水平并不低，假使我们的作品反映的是与他们无关的天上的事情，那他们也许是'低'的，若是我们反映的是'地下'的与他们有关的真实生活，那他们却是可靠的最高级鉴赏者，而且是有权威的批评家。"

我曾与我的两个本家哥杨丑妮、杨庆和一起观看歌剧《白毛女》的演出。杨丑妮一直落泪，一直道好，还一再说："这戏可演到咱的心里了！"丑妮哥因病借了地主十块银元，三分五的利

① 详见1999年8月21日《天津日报》刊登的文章《难忘江总书记接见》。

息，结果，他的二亩祖业地落到了地主的手里。二亩祖业地是他的生命。他埋怨他的命苦，又怨天怨地；他衣衫不整，蓬头垢面，鬼模鬼样，人称他为“疯子丑妮”。庆和哥欠地主五石租谷。五石租谷成了庆和哥身上的重担，不到三十岁，腰弯了，头发变白了，整天闷闷不乐，不知将怒气撒往何处，为几粒玉米粒儿，使他来之不易的妻子，活之不易的女儿轻生作鬼，他也几乎与天日告别。我家有一盘石碾，庆和嫂在石碾上碾玉米面，她一不留神，不知谁家的一只鸡跳上石碾，啄吃几粒玉米粒，碰巧庆和哥赶来看到，庆和哥二话不说，跑前几步，一拳将她打倒在地。庆和嫂同样把欠地主的五石租谷看作难以脱身的锁链，她不还口，不还手，不落泪，等庆和哥走开，悄悄地爬起来走回家，抱起不满周岁的女儿，同女儿一起跳下村外的一眼水井。庆和哥赶到，要一头扎入水井，追赶远去的妻子、女儿，未能冲开乡亲们的阻拦。

杨白劳的自尽，喜儿被逼成鬼，使我的心紧缩，也使我泪水难止。我的父亲是个杨白劳式的农民，比杨白劳健壮多能：拿起锄头是农民，拿起钢锯是木匠，举起錾刀会干石活儿，而他只为打一眼水井，使三亩旱田变成水田，让一家人过年吃上白面饺子，以三分三的利息借了地主三百六十吊铜钱。从此，再脱不开地主的压榨，新打的水井差点变成他的坟墓。

我的故乡处于太行山麓，不过二百户人家。在杨白劳饮下卤水，喜儿被逼成鬼的岁月里，丑妮哥、庆和哥一类的悲剧屡见不鲜。杨丑妮、杨庆和等农民兄弟，对《白毛女》赞不绝口，正是由于她是开在人民心上的花朵。他们看到了自己的连心姐妹杨喜儿被逼成了鬼，又看到了杨喜儿由鬼变成了人。

丑妮哥看罢《白毛女》微笑着同我说：“好啦，再不会有黄世仁、穆仁智作孽啦！”

庆和哥看罢《白毛女》，奋然地同我说：“好啦，喜儿终于见到天日啦，喜儿不会受苦啦！”

“太阳出来了，太阳出来了……旧社会把人逼成鬼，新社会把鬼变成人”的歌声，始终鼓舞着这一代又一代的泥腿子。

他们的喜悦，是每一位受苦农民兄弟的喜悦；他们的奋然，是每一位受苦农民兄弟的奋然！

如果只反映杨白劳饮卤自尽，只反映喜儿被逼成鬼，他们也会落泪，而不会“奋然”。没有“奋然”，就不会将其看作他们心上的花朵。

《白毛女》的原始故事流传于冀西山区，却在延安开花，这并非偶然。《白毛女》即将开花的岁月，是中国人民抗日战争极为困难的时代。敌后，日本帝国主义集中兵力对抗日根据地进行疯狂“扫荡”，使抗日根据地不断缩小。同时，蒋介石又调遣几十万大军，封锁、围困、进攻解放区。为了战胜困难，取得抗日战争的胜利，我们党在政治战线、军事战线制定了行之有效的政策。在文艺战线上，毛主席亲自领导和主持了延安文艺座谈会。毛主席明确指出：“我们的文学艺术都是为人民大众的，首先是为工农兵的，为工农兵而创作，为工农兵所利用的……我们的文艺工作者一定要完成这个任务，一定要把立足点移过来，一定要在深入工农兵群众、深入实际斗争的过程中，在学习马克思主义和学习社会的过程中，逐渐地移过来，移到工农兵这方面来，移到无产阶级这方面来。只有这样，我们才能有真正为工农兵的文艺，真正无产阶级的文艺。”[①]这次会议极大地鼓舞了

① 摘自《在延安文艺座谈会上的讲话》，《毛泽东选集》第3卷，人民出版社，1953年。

广大革命文艺工作者向工农兵学习，为工农兵服务的热情，调动了他们全心全意为工农兵而创作的积极性。他们积极地深入农村，投奔抗日前线，在火热的战斗生活中，努力与工农兵相结合，喜工农兵所喜，忧工农兵所忧，憎工农兵所憎。于是，崭新的秧歌剧《兄妹开荒》《夫妻识字》等作品相继出现，受到群众的热烈欢迎；于是，展示出一个丰富多彩的新世界，表现了重大革命斗争主题，被广大的农民兄弟称为心上的花朵的《白毛女》在延安开花结果。

贺敬之、丁毅、马可、瞿维、张鲁等同志正是在毛主席的感召下，以他们非凡的艺术才能，创作出了这出崭新的民族化的革命歌剧。

广大人民群众对《白毛女》喜不胜喜，就在于她本身的艺术魅力。

农民喜爱传奇，《白毛女》情节跌宕曲折，合乎农民的欣赏习惯。一个美丽、勤劳、纯朴的农家姑娘，遭了污辱，被逼进难以想象、难以生活的人间地狱——深山野谷，变成衣难遮体的“鬼”，黑发变白的“仙”，将黄世仁的罪恶暴露无遗。

唱是农民熟悉的唱，语言是农民听之则懂的语言。“北风吹，雪花飘，雪花飘飘年来到。爹出门去躲账整七天，三十晚上还没回还，大婶子给了玉茭子面，我等我的爹爹回家过年。”平白如话，音节匀称，节奏鲜明。“大风大雪吹得紧，十家灯火九不明。人家过年咱也过年，穷富过年不一般。东家门里有酒肉，佃户家中无米面。”简洁鲜明的短短六句，将农村的阶级矛盾展示得一清二楚。

人物是那样鲜明多彩。杨白劳勤劳、善良、纯朴、憨实，而又不愚。剥削压迫给他播下了与地主势不两立的种子，让他对吃人的封建制度有了一定的认识。他将他的憎明确地留给后人："黄家就是鬼门关！""县长财主，都是狼虫虎豹。"而他又不知光明在何处，感到脚下无路可走，就以死相抗议。赵大叔则与其不同。赵大叔受到革命影响，乐观、豪爽、坚强，将红军看作改变命运的红灯，毅然地告诉大春，渡过黄河，投奔红军。年轻的王大春像赵大叔一样可爱。喜儿是中国贫困农民的典型。有压迫就有反抗，有剥削就有斗争。中国人民有着反抗、斗争的光荣传统。喜儿幼时丧母，跟父亲相依为命，饱尝了人生之苦，爱情之花刚刚闪烁，就落入虎口。就被逼成"鬼"。喜儿在无情的阶级压迫面前，燃起不可抑制的复仇烈火。"舀不干的水，扑不灭的火！我不死，我要活，我要报仇！"终于在人难经受的人间"地狱"里等到"太阳出来了"，终于由"鬼"变成人，得到了解放。

我听到过对歌剧《白毛女》的衷心赞佩，也听到过极个别的有关《白毛女》的奇谈怪论。《白毛女》在晋察冀抗日根据地上演不久，一位穿灰大褂的老者跑二十多里路寻见我，气昂昂地与我辩论。他说："《白毛女》是戏子的胡须——假的！"我说："根据是什么？"他道："和尚头上的虱子——明摆着，喜儿与黄世仁是通奸，不是强奸，强奸不会有了小白毛女。"后来得知，这位老者是吃剥削饭的地主。这自然也就解释了他的"气昂昂"，我也不感到奇怪了。"文化大革命"中，又传出奇而又奇之谈，怪而又怪之论，什么杨白劳"是个典型的'芸芸众生'式的人物"呀，喜儿"是个个性分裂的中间人物"呀，什么"严重歪曲了现实生活和阶级斗争"呀，等等。真是欲置《白毛女》于死地而后快。前些年又听说有人讲，杨白劳与黄世仁之间是借贷关系，欠债还钱，天经地义。还不起债就破产，破产后跳楼的、自杀的多的是，没有什么值得大惊小怪的，杨白劳喝卤水自尽,也是如此。好家伙,一个“借贷关系”,把一部尖锐残酷的阶级斗争史全都抹杀了。这样的奇谈怪论,竟成了一种时髦,简直令人不可置信。

割了荒草露出狼。《白毛女》是光彩夺目的。广大劳动人民把《白毛女》看作是心上的花朵。旧日的荒草,早已被割去;新的荒草,也终将被铲除;狼,终将原形毕露。

贺杨润身同志创作生涯七十年庆

◎ 周骥良

能够参加这样盛大的活动，我很兴奋也很感慨。兴奋的是，老杨作为农民作家，农民的代言人，农村生活巨变的画手，理应有这样的座谈会，为他留下一些评价与资料。感慨的是，正像老杨说的，在我们这一拨执笔人当中，只剩下我们两个人了。作为他的老战友，又是一起在“十年浩劫”中滚过来的老难友，为他留下应该留下的资料，我责无旁贷。

老杨是从苦水中长大的。呱呱坠地就迎来了生死劫，他父亲说已经有个哥哥了，这个弟弟养不起，扔水缸淹死算了。多亏他祖母赶到，说既然是男孩，请村里教书先生批个八字吧，八字要好就留下，八字不好再扔进水缸不迟。教书先生自然是批好不批坏。他这才活下来。活得很是艰苦，从小就在地里干活儿，从小就经常挨饿，从小就学会挖野菜、吃野菜。应该说没有共产党到他的家乡，哪有今天的杨润身。

老杨的创作是在战斗中不断成长的，他七十年前的第一部作品是一部小剧本《围困堡垒》。顾名思义，戏的内容也就不问可知了。别小视这个剧本，这里有他创作征途中贯穿始终的特点，无论是他后来写的剧本、电影脚本，还是短篇和长篇小说，抑或是随笔，都是在主旋律的节奏下唱出来的字句。老杨也经常说："咱们的写作不能离开革命，不能随波逐流。"应该把他这句话大书一笔，留下来，留下来！

老杨的人品与性格也是在历次运动中成长起来的，但他始终不失农民顽强生存的本色，他有讲真话的个性，因为他始终扎根在农村，和农民声声相应，息息相关。在"大跃进"中，他从农村回来，在学习会上大批浮夸风，一下子就被主持会议的领导抓住，算是抓住了活靶子，一连几场狠批，批得老杨做了深刻的检讨，才过关。过了一段时日，当时正是河北省与天津市合并在一起的时期，河北省一位作家来到天津，在一次省市作家座谈会上，这位作家恰是指导过他创作的人。老杨又把搞不通的问题端出来，于是又当场受到猛批；这还不算，临散会时又受到斥责，老杨紧着鞠躬，说："我学习、我检讨。"他是最能忍辱负重的人，也是最耿直的人。

说到他的耿直，这就不能不说到"文化大革命"，当时作协和文联还合在一起。由于我们看不惯一些领导的做派，成了和上面对着干的少数派，以后又因为"黑会黑戏"被江青打成反革命。现在回首往事，也算经风雨见世面吧。在被扣押了七个月之后，我们被押进"五七"干校。在军代表点名时，老杨挺身立正，说："我就是修正主义到了家的杨润身。"颇具刀山敢上，火海敢闯的气概。老杨一点不含糊。

万名干部下放当工人中，我有幸成为万分之一，到地铁成了挖土方的工人。一时，和老杨几年不见。直到有天晚上，他爱人忽然跑到家里找我，说老杨人都废了，被开除党籍了，赶快去看看他吧。我去看他，他正在下棋。只是一脸木木呆呆。我说："你还有心下棋！"他说："我总得活下去。"我说："你就放心吧，支部书记开除不了你，你的党籍也不会被开除，国家已经成了这个样子，还能继续这样下去吗？你就等着吧。”

我们的预感很快就变成了现实，“四人帮”垮台了。我得到消息，立即跑去告诉老杨。老杨已经知道了，正在院里点放爆竹，他迎来了第二次解放，也迎来重新执笔的自由。在我的印象中，他的几部长篇都是沐浴着改革开放的春风写出来的。

祝老杨长寿，祝老杨还有新作品发表。

杨老的人生是幸福的

◎航　鹰

天津文学界老前辈杨润身活到九十七岁，太令人羡慕了！

杨老是一个标志。他老人家的谢幕，标志着天津文坛"四世同堂"时期的结束。我们曾经拥有"解放区文学作家""（二十世纪）五十年代作家""'新时期文学'作家"及"新世纪作家"四辈人。杨老是从平山西柏坡跟着毛主席进城的，他是生活在天津的"解放区文学作家"的标志。一位作家在一座城市活成了标志性人物，一旦这个标志消逝了你才会觉出他所代表的那个激情时代的宝贵价值。

杨老是"解放区文学研究会"创始人之一，我对"解放区文学"只有景仰而缺乏研究，但我知道我们的杨老当年在"解放区作家群"中绝对是排头兵。别的作品姑且不提，单说他是《白毛女》作者之一，就足以让他在中国文学史上留下一笔了。"文化大革命"时期，杨老因《探亲记》被批斗，受了不少苦；到了改革开放盛世，他又成了天津"老作家焕发创作青春"的标志，写出长篇小说《风雨柿子岭》等多部反映当代农村生活的佳作。光阴如梭，从延安、西柏坡走来的老革命作家陆续谢世，最后的杨老熬成了硕果仅存的标志。

本来我与杨老没有来往，我比他老人家小二十岁，差着辈儿呢！只因我父母都是“进城干部”，我对“进城干部”一向尊为前辈。1982年我由天津人民艺术剧院调到作家协会后，但凡见了“进城的”前辈作家都是毕恭毕敬的。有人给我们扣上了一顶“小集团”的帽子，于是我和杨老成了忘年交。其实，我们只是“忘年”而鲜有交集，仅限于开会时碰上聊聊天，年节打个电话问候一下而已，如今掐算起来大半辈子竟未见上几面！

我是写喜剧出身，平日也总爱找乐子，在我看来杨老身上总是带有那么一点喜剧因素。比如他的病，病本来是一种痛苦，但杨老跟祥林嫂似的逢人就爱说他的病，苦笑着像是在讲些好玩的事。他打年轻时就有很多病，糖尿病、冠心病、肾病、血压不稳……胃不好、睡不好、腰也不好……十样美食九样不能吃，几乎年年都得住上一阵子医院。他说话总是柔声慢语、有气无力，眉眼愁苦却又笑纹抖动。他的皮肤很白，但非润白而是惨白，说是病容吧，脸膛动不动又会泛红，跟烹熟了的大虾似的。几十年过去了，他还是弱不禁风地活着！

于是，我们都敢拿他的病开玩笑：“幸亏您有病，这还硕果仅存奔百了，要是没病还不活上二百岁呀？”

他苦着脸叹道：“啥硕果啊？老药罐子！”

我便接着逗他：“您这是破罐熬好罐呀，熬得多少年轻的好罐都摔碎了，您这不还好好的嘛！”

俗语“破罐”指的是锔了锔子的砂锅，人们端它时小心翼翼轻拿轻放反而能够使用长久；新砂锅一不小心反而会碰碎了。久而久之，“老杨病危”的消息也成了“狼来了”，来上两三次大家也就不相信了。直到日前作协书记李彬来电话说杨老去世了，我还问这回是真的了？李彬说是真的了，我说怎么不等一百岁呢？李彬说准是杨老不想等了，四舍五入也接近一百岁了！听听,老喜丧的气氛不是吗?

说起我与杨老的喜剧式对话,还要感谢另一位谢世的革命老前辈、天津市文化局老局长王雪波。我在天津人艺工作时曾临时借调去文化局帮忙,后来我当了编剧。雪波很赏识我,给我讲过他们刚进城时的一桩笑谈:杨润身初到天津去买闹表,看到柜台里有手表,问店家:“我买了大表能不能饶个小的?”这个笑话流传很广,听说还叫人给编进相声段子了。雪波老局长还讲过许多他们刚进城时杨润身的故事,什么杨润身头一次坐火车、杨润身头一次见到摩登女郎……后来我逮住个机会问杨老有无那些事,他面露赧颜又高深莫测:“他们在编排我土包子进城呢!”

我追问:“他们也是平山来的土包子,怎么只说您呢?”

他愤愤不平却又颇为得意:“欺负我老实呗!”

如今杨老追着雪波讨公道去了,他们那群老战友终于团聚了。

近年来党员干部都在学习“不忘初心”,对于杨老来说却不存在“不忘”的问题,因为他的心始终留在了当初。推算下来,他随军进城时才二十六岁,在天津定居近七十年了,早就该是城里人了,可是他身上似乎和刚进城那会儿没有一丁点改变。先说他的口音,那一口难懂的平山话真是折磨你的耳朵。我自幼住在天津人艺,老院长、著名导演赵路也是和他一起进城的老干部,人家早就言必称斯坦尼斯拉夫斯基了,不仅自己学普通话,还提出一项严格规定:为了帮助演员练好台词,全院人员只要进了剧院大门一律不许说天津话。我是舞台美术学员,但喜欢跟演员们一起听骆玉笙(小彩舞)讲授的台词课,因此我不仅能讲字正腔圆的普通话,吐词咬字还特别清楚,让我这种计较发音的人听杨老说话那才叫受罪。河北省平山县虽然不远,但其独特方言的最大问题是没有“四声”的区别,再加上舌根发硬,咱想听懂那种方言还真费劲。然而,当我读到杨老在《天津日报》发表的小说时,这才发现了他写北方农村题材的语言优势。他的那种乡土气息是骨子里的,不是某些年轻作家刻意模仿“原生态”所能够比拟的。

早年我去过杨老的家里一次,似乎是接他去哪里开会,顺便认认门,因是短时略坐,只记得屋里陈设很旧。后来我老伴儿代表我去看望他,回来感慨万分:“要是把所有的家具都卖了也不值二三百块钱,没想到两位离休干部家里简朴到这个程度!桌椅柜子大概都是当年供给制改薪金制时机关里办公家具作价给他们的,床铺还是当年那种几条木板搭的,如今可着天津卫也找不到一个这样的局级干部了!”

杨老是党龄七十年以上的离休干部,虽然不是官员,但他的工资待遇比局级干部还高,他老伴儿闫大姐也是离休干部,离休金也不低,他们的简朴完全是出于本色。杨老的家庭经济负担很重,儿子儿媳妇都是下岗职工,孙女患有严重的癫痫,子孙两代都无收入,闫大姐去世前也患病多年。杨老本人是百病缠身的“老药罐子”,却始终充当大家庭的顶梁柱。

婚姻生活中女人决定着男人的生活方式,杨老那些当年一块进城的老战友们大都娶了城里女人为妻,杨老一直守着个同乡“糟糠”。闫大姐又是个十分强势的女人,说一口更为难懂的平山土话。她曾是文化局的一位女处长,我们都和她很熟。她曾笑着说她自己“只会说老家话,做老家饭,穿老家衣”。“穿老家衣”我想闫大姐指的不是回老家去做衣裳,而是说穿衣的式样乃至穿法。有这么一位“原生态妻子”,我把杨老家形容为“都市里的村庄”。

这让我想起杨老的另一桩趣事：二十世纪八十年代后半期的某年腊月底，天津市政府邀请文化科教卫生界知名人士去迎宾馆开春节座谈会。那个时期的市领导同志连续几年都邀请大家去“献言献策”，会后吃火锅，每人一个小火锅，很精致。作协派车接了我再去接杨老，只见杨老早早地站在他家楼外路边等候。他穿了一身厚厚的蓝色棉裤棉袄，戴着棉帽子，足蹬棉鞋，一看这身“出远门御寒”的行头就知道是闫大姐的杰作了！我猜杨老即使不像老农民那样空身儿穿棉袄棉裤，里面也只有内衣内裤，急忙下车劝告他：“您快回家换衣服，里面一身单衣，外面披件大衣就成！别忘了换双皮鞋！宾馆的暖气很热，有首长来，烧得就更热！开半天会还要围着火锅吃涮羊肉，您穿这么厚可不行。没见人家‘汽车干部’都是里面只穿一身单衣，外面套大衣，下了汽车就进宾馆脱大衣，穿多了出汗！”

“没事儿！上车！别迟到！”杨老全然不听劝，一弓身钻进汽车。

那天的座谈会特别长，文化人本来就话多，人人争先恐后，口若悬河，好话坏话什么都论，再说后面还有火锅呢，不到开饭时间那就滔滔不绝呗！我只穿了一身单衣还浑身湿透了，瞅一眼坐在对面的杨老，他的白头发上直冒热气，白脸早已蒸成了红炒虾，真不知道一会儿他怎么熬过那顿火锅的炙烤！

说杨老漫长的一生始终活在“初心”原点，一点也不夸张，对他来说，天津只是客居之地，西柏坡才是精神家园。文学界人士习惯于说“下农村”“深入生活”，而他心目中去农村不是“下”，而是“归根”，他本来就在“生活”中，而不是短期的“深入生活”。半个多世纪以来，他回老家采访写作的时间比在城里住的时间要长得多。在平山他不是游子暂归而是永居,他也不是客人而是当地干部的一份子,兼任平山县委常委,“挂职”了二十多年。如果中国作家协会评选作家深入生活的典范,他也够得上“下农村”时间最长的标志性人物了。

杨老离休以后干脆在平山县买了一套小小的住房,每年只为了看病诸事才回趟天津。有一次他来电话说他回来检查身体了,我便劝道:“这回在市里多住住吧,老家的条件怎么说也赶不上天津。毕竟年纪大了,离大医院近一些才好。”

他却表示即刻回去,不无炫耀地说:“如今老家的条件可好了! 什么都不缺,乡亲们对我都好! 粮食瓜菜都吃新鲜的! 喘气都比市里舒坦! 习惯了,还是回老家好! ”

杨老二十六岁就进了城,当了七十多年“天津人”,仍然保持“都市里的村庄”的生活方式。我不再劝了,因为我知道他本来就是西柏坡山林里的鸟儿,就是太行山下故渊中的鱼。他的初心永远留在那片革命圣地了,他忠于自己的信仰,恪守自己朴素的价值观,拥有自己的灵魂归宿,享年近百岁,《白毛女》歌声仍在传唱,他的人生是幸福的。

痛挽老杨

◎石　英

近日，天津文友打电话告诉我：老杨——杨润身同志去世了。听了这个消息，我虽然并非完全意外（因为我知道老杨已沉疴几年），但内心仍感十分悲痛。因为我与老杨相识深交近六十年，是共患难的良师挚友。而且，我深切感知：人生中任何一位真正的好友，都是不可替代的；任何一位的逝去，对于有心人而言，都是难以挽回的伤痛和损失。

二十世纪六十年代初，我自南开大学毕业到天津市作协系统工作后，一直与润身同志在一个党支部过组织生活。当时我虽是小字辈，但每次听老杨发言，总觉其想法与我的想法相当吻合，但在那个时段，我们之间并没有什么个人接触，见了面只是相互点点头，笑笑而已。不过，对于润身同志的出身，我还是多有耳闻并有所了解的。他生长于河北省平山县革命老区，抗日战争期间投身革命，在基层工作，并在业余时间由爱好而从事文学写作，至新中国成立时已崭露头角，为有关方面所注意。因此，新中国成立初期拍摄电影《白毛女》时，他以丰厚的生活底蕴与对当地民俗的熟稔而成为编剧之一，为影片的巨大成功做出了相应的贡献。进城成为专业作家后，他又相继创作了不少风格独特的作品，赢得了读者的喜爱。我敬重他，但更多的是感受到他的亲切。我从众地称他为“老杨”，就是这种亲切感情的鲜明体现。

我与老杨之间痛彻肺腑的深交，还是在“文化大革命”时期。当时我与杨润身、王昌定、周骥良等同志，在封闭的小阁楼内“朝夕相处”。他自我安慰之余，也不忘安抚着我这个“小弟”。他说他之所以觉得我与他“亲”，就是冲着我身上有一股子“拧劲儿”。后来我们又一起被遣至西郊的“五七”干校，同吃同住同劳动，一如既往。再后来我们被分配到不同的地区进行“劳动改造”，才暂时分离。

粉碎“四人帮”后，我清楚记得与老杨重新见面时，他的第一句话就是：“总算是见面了。”在最初的一个时段，他的情绪还没有缓过来，但很快便重新进入良好的创作状态，此后的几年可以说是老杨生命中又一个文学创作的黄金时段，我记得仅是长篇小说就相继出版了好几部，这对于一位已步入老年的作家而言，无疑是颇为难得的可喜现象。与此同时，经过时间与风雨的考验，我们之间的感情也在自然加深，他对我的关怀，每每使我感慰不已。当时我长期在天津工作，家属在北京，记得有一次，老杨和他的老伴儿老闫，来我的住处看我，我向他表示自己的住室欠修饰，也不够整洁。对此，老杨很严肃地说：“你一个人又要上班，又要写作，有多少时间和精力？能做到这个程度就算不错了。”老杨对我的体谅，有时简直达到“疼爱”的程度，使我感到安慰与温暖。

老杨的衣食住行，给我的清晰印象是非常清简朴素，我每次去他家，看到他的饭食总是最普通的、最清淡的，与奢华从不沾边儿。我觉得这与他的思想作风，从本质上说是完全协调的，但他对他人尤其是朋友都相当慷慨大方。有一个情节我永不会忘记:这就是我调北京工作后,因事也有时回天津,每次我总要抽空去看望老杨,只要是他能动的时候,他都要下楼送我到大院门外,而且都要叫出租车送我回住处。我每次都拗不过他,他还要争着将车钱递给出租车师傅。为了不使他生气,我也只好依他。

约在二十年前,有较长一段时间他在家乡平山县深入生活(好像还在县里挂职)。有一次,我和张家口市作协主席一同去看他,在平山盘桓了两日。中间,老杨邀我们去登山,爬至半山时,我见老杨比较累(他当时已七十多岁了),我提出立即返回。那位张家口市作协主席游性未泯,还是要往上爬。我坚持要他下来,下山后,老杨才对我说:“我知道你是为了照顾我的。”语罢,他便笑了,我注意到他的笑容非常率真而可爱。与此相对照的是:次日,我们要上车前,他在后面送我们,这时那位朋友回头后又小声对我说:“老杨流泪了。”这时我一回头,正看到老杨在擦拭眼泪。人间挚友之间的深情,都在这一拭之中了。

回想我在《新港》和《散文》月刊参与编辑工作时期,都没有向老杨约过稿,唯有在《人民日报》文艺部工作的数年间,曾向老杨约过稿并发过若干篇文章。这其中的一个重要原因是,从思想格调上说,老杨的稿子是比较适合报纸副刊刊用。但每次约稿和编发老杨的稿子,都是本部副刊组组长刘梦岚同志具体处理的(她也是天津人),梦岚同志常对我说:“老杨的行文风格读起来特真,有时给他改个别字句他都能接受,一点也不摆作家的架子。”我说老杨就是这样本色的人。

约在两三年前,有一天早晨,我接到老杨儿子的一个电话。他告诉我他父亲突发重症住进了天津总医院。我闻此讯飞速赶天津总医院探视。当时患者一直昏睡不醒,我贴近他的耳畔轻声叫他，他的身子似乎微微动了动，却仍然没有醒来。无奈，数小时后我只好怅然返京。这是我与老杨最后一次有形无声的会面……

如今，逝者行远，追思无已，根据我本人近六十年与润身同志相识相知的感受与体验，他不愧是一位不忘初心、坚守志杰的典范。作为老革命、老党员，他对共产主义信仰的坚定，都是以自己终身的具体言行体现出来的，在他的思想、性格中，有许多美和特点，其中有的不仅可敬，而且可爱可亲，弥足珍贵。

此篇短文，自知不能尽述深情于万一，但却不能或缺，如前所言，任何一位真正的良师挚友都不可替代，诚哉于此！痛哉于此！

杨润身:《仙女峰的迷雾》

◎金　梅

年近八旬的杨润身同志,近二十年来,多数时间生活在农村。他与农民,有一种天然的无间的亲密关系。偶尔,当他回到天津家中小住与朋友聊天时,言谈中常流露出这样一种情绪:只有在农村,在农民中间,他才感到自由自在,思维活跃,话语流畅。这是可以理解的。他出生在农村,少年时代投身革命之后,又一直活跃在农民中间。出生于农村和农家的作家亦不在少数,在取得城市户口之后,仍能一贯保持杨润身式的思想情绪与生存方式者,恐就为数不多了。

近二十年来,也是杨润身创作丰收的时期。他在六旬之后,连续写出了《九庄奇闻》《风雨柿子岭》《魔鬼的锁链》《白毛女和她的儿孙》《天堂里的凡人》以及这部《仙女峰的迷雾》等七部长篇小说,还有不少散见于报刊的散文作品。

作为真正意义上的农民作家,杨润身一直关注着农民命运的变迁。也可以说,他一直关注的,是不同历史时期与农民命运密切相关的焦点问题。这些"变迁"或"焦点问题",都来自于他对农村生活的深切体验,故无造作之嫌。他小说中作为载体的故事情节,不只独特,更多的是泥土气息。他在从当下农村改革开放的生活背景上取材和立意时,往往着重于选择那些致使农民的命运受挫困顿的题材,诸如:以权谋私、金钱至上、道德沦丧,以及在两个文明建设中,一手硬一手软等新出现的社会现象和社会问题,意在警醒世人:这些社会不良现象和问题不加克服,农民的命运不可能得到真正的改变。杨润身撰写的《仙女峰的迷雾》一书中,继续沿着这个创作路子行进着。这部小说所写的主要故事情节及其内涵,对当今社会的诸多方面,带有极大的讽刺性。一位青年农民,为保护山林失去了英俊的面容,人们以"黑鬼"称之,并推举他为守林卫士。但由于当地县、乡、村三级领导忽略了精神文明建设,他在无法制止盗伐林木的情况下,搭盖了一座简易的"千岁神仙庙"。此后,借助神仙的力量,不只吓退了盗贼,惩治了贪官污吏,还收取了不少钱财,以用作修筑村中公路的资金。"黑鬼"这种以毒攻毒的方法不可取,但在他生活的具体环境中,也是一种不得已而为之的对策吧!从中可以看出,无权无势的农民的生存际遇以及无可奈何的精神状态。文学史上说,神话是先民们在自然力面前感到无能为力,从而希冀某种神威来实现自己愿望的一种美丽的文学表现形式。时至二十一世纪,中国农民在面对一系列与自己命运攸关的社会丑恶现象时,由于无法战而胜之,仍在效法先民,通过制造神仙的途径,以达到预期的目的。这不能不说是一种令人啼笑皆非的,悲多于喜的悲喜剧。

有论者说,杨润身与其写得那么多,不如花上数年时间,创作出一部能够概括一个时代,有思想深度和艺术高度的精品巨著。希望作家创造出这种作品的意愿当然是好的,也是每个作家应该力求实现的目标。但在提出这种要求时,不只需要考虑到每个作家的具体情况,也要看到他们在写作每部作品时,是否已经做到了尽心尽力,精益求精。如果确实这样做了,他们对读者就问心无愧了。我以为,老杨是做到了这点的。

我曾结识过这样两位作家:其中一位,以多产闻名。他在数十年间写作出版了三四十部作品,其中有一部,虽在读者中亦无太大影响,但总算被文学史家们筛选为可在历史上写上两三行的一个时期的代表作之一。对一个作家来说,这已经是不小的成就了。另一位,则以数十年的工夫,始终在经营着一部据他说一旦问世即能震动文坛的巨著杰作。为此,他思无他想,笔不旁骛,在他认为还未达到巨著杰作的水平之前,也从没有披露过书稿的一章一节。周围的同事们,更不知道他年复一年地在写些什么。结果是,终其一生,除了他年轻时在杂志上发表过的一部非常一般性的中篇小说(也没有印过单行本),再无作品存留于世。那部经营了数十年的书稿,大概他自己认为仍未达到巨著杰作的水平而没有留存下来。在这两位作家中,我以为前一位的做法更切实可取些。在文学创作中,量和质同样是一种辩证的关系,没有足够的数量,何来质的飞跃呢?何况,文学作品“质”的情况如何,只有当它问世面对读者时,才能在社会评价中得到估量。所以说,前述那种“与其……不如……”的说法,是似是而非、大而无当的。对作家来说,需要的是另一种“与其……不如……”即与其好高骛远,不如尽力而为,扎实而行。文学的宝塔,终究是塔基塔身大于塔顶塔尖的,能登上塔顶塔尖的作家和作品,固然荣耀无比,惠及万世,但那毕竟是少数;不能登上文学的塔顶塔尖,实事求是地、尽力而为地以自己的作品,为塔基运石,为塔身添砖,这样的作家同样应该赞扬。没有位于塔基塔身的众多作家及其作品,塔顶塔尖上的少数作家和作品能出现与存在吗?便是出现与存在着,不是很孤独与孤单吗?一部文学史,不也就很单调浅显,没有了丰富的色彩和厚实的底蕴吗?

老作家，新探索

——致杨润身同志

◎ 王昌定

润身同志：

今年四月号的《蓝盾》上面，刊登了你的中篇小说《大檐帽二进黑虎村》，我一口气把它读完了。我读着它，像是和老朋友进行了一次面对面的长谈，最近又得到这篇小说获得全国首届侦探小说大赛三等奖的消息，可喜可贺，那种亲切的感觉又浮了上来。

你的小说从表面看来，属于时下流行的破案小说：一个聪明、善良、美丽的女中学生，突然失踪了，刑警千方百计地进行侦破……但你没有把笔墨的重点放在案件侦破的过程及惊险上，而是着重写了刑警白志和精神世界的升华。

公检法一向是以清廉著称的，但无可讳言，近年来由于种种原因，连这样的执法部门，也受到了不同程度的污染。然而，也正因为执法部门的性质，不纯洁的问题在群众中的影响就更坏。小说描写了刑警白志和一进黑虎村就大吃大喝，激起民愤，他从此赢得一个“白吃饱”的绰号，并被新到任的局长给予一个严重警告的处分。白志和很想逃避这个令他耳根发烧的黑虎村，偏偏女中学生失踪一案就出在黑虎村，而且局长又偏偏把这个案子交给了他。他无可奈何，只得硬着头皮接手此案，不想当地群众对他报以冷眼。不过白志和毕竟是农民的儿子，他的血管里流着农民的血，他决心用自己的实际行动挽回在群众中造成的损失。他把当年骂过他，现因盲肠炎急性发作倒在路边的常老汉火速送往县医院；他为查案不辞辛苦，不避酷暑，忍饥挨饿，几度奔走于黑虎村、杨家岭、县城之间，甚至经历了差点被饿狼吞食的危险。他的行为终于感动了老天，黑虎村的老百姓认定他是一个勇于改正错误、能够重新回到为人民服务道路上来、不愧对大檐帽上闪亮着的国徽的公安人员。广大群众相信，这个白志和不再是“白吃饱”，便真心实意地帮助他，使他最终能够破获这桩凶杀案。

润身同志，你笔下的这个白志和不是我们在这类小说中常见的破案如神、光彩夺目的人物，他更接近生活的真实，更具有时代的特征。这是你的现实主义创作方法的胜利。在改革的大浪潮中，泥沙俱下，出淤泥而不染的固然大有人在，也有不少人是在染和不染之间，所谓近朱者赤，近墨者黑，白志和大体上就属于这一类，他被不同环境（包括不同的领导）塑造。你写白志和，是在用一根特制的琴弦拨动一个净化心灵的历程。你写的是法制文学，却又在某种意义上超越了人们司空见惯的法制文学。这就是你这篇小说所表达的新意境、新探索。

润身，你是一个持续高产的作家，你在作品中塑造了各种不同类型的人物。但我认为，你最拿手的还是塑造多年来被人们称为“中间人物”的人物。你曾受到不公正的批判；其实，这正是你的独到之处。在老一辈作家中，你是最不脱离人民群众的老作家之一，哺育你的是太行山的乳汁。你最了解人民——更确切地说，是农民。你了解他们的长处和短处，他们的优点与弱点，你笔下的这一类人物都是有血有肉、可亲可信的，你从不拔高他们，但也绝不丑化他们。在这篇小说中，你没有给主人公白志和的头顶上增添神光，这反而使他产生异样的风采。你给法制文学增添了新的内涵，注入了新的血液。从一个方面说，你的创作依然遵循着你熟悉的路；从另一个方面说，你贴近新的时代，你在努力做到与人民，与时代同步。我不敢说你的作品已获得圆满的成功，我只想说，一个作家只要有一种孜孜不倦的探求精神，就会常写常新，永葆青春。人到老年，往往趋于保守，作家有时也不可免，你能锐意创新，就更值得我学习。

既然是一种新的探索，当然不可能要求完美无缺。如果允许我鸡蛋里面挑骨头，我要说，你这篇小说的缺点在于：你笔下的这个与白志和相对应的苏一凡——这一凶杀案的主犯，未免多少有些概念化。犯罪分子也是人，他除了兽性，也有人的七情六欲，他是人兽的结合体，作者只有把他的复杂性写充分了，对广大读者才有更强的感染力与说服力。不知我的这点浅见你以为然否？

润身，我很羡慕你，你是我们这一代作家中相当勤奋的一个，和你相比，我不能不感到惭愧，由于体质及其他诸种因素，我现在除了偶尔写篇被人讥讽为“豆腐块文章”之外，已接近“金盆洗手”了。但我仍愿经常看到你的新作，祝你老当益壮，创作之树长青！

各走各的路

——读《九庄奇闻》引起的思考

◎ 王昌定

关于杨润身同志的长篇小说《九庄奇闻》，我已专门写了一篇文章，谈它的主要成就以及若干不足之处；因此，就不想在这里多谈小说本身的问题。我想谈的是由《九庄奇闻》引起的一些联想和思考。

我想到的是：伴随着我国整个政治、经济形势的飞速发展，文学也在不断前进，类似《九庄奇闻》的题材、思想、人物、技巧，是否已变得陈旧了呢？这类小说是否还能作为一朵花而存在呢？与杨润身相近的作家是否还有自己的一片创作天地呢？

简单回答这些问题是困难的，但我们不妨试做一些探讨。

革新的时代必然面临着文学的革新，这是毫无疑义的。但文学的革新往往比政治、经济的变化更为复杂，更为多样，常常也更为缓慢。这从中国文学史和世界文学史中都可以找到许多例证和说明。唐太宗无论对政治或文化的革新都是具有远见卓识的英主，然而唐自开国以来，政治上的变革是迅速的，彻底摆脱绮靡之风走向文化上健康、繁荣的盛唐时代，差不多经历了百年之久！这是因为，从长期形成的文化观念、思想意识、表现手法、欣赏趣味等中间跳出来，是很不容易的，绝不是任何一位领袖人物、文坛泰斗登高一呼，就可以立竿见影的。在这方面，我们还可以举出一个有力的反证，那就是已逐渐被人淡忘的江青。就拿她提倡、培植所谓的“样板戏”来说，是非常错误且有害的。她想借用政治的力量把文学纳入同一的轨道，结果大大倒了人们的胃口，几乎导致整个文化的毁灭。事过多年，今天平心而论，《红灯记》也好，《沙家浜》也好，并不是不可以在文坛占据一席之地，但如只允许《红灯记》《沙家浜》“一枝独秀”，而把其他的花一律禁锢、打倒，那就连这一花也难以生存了。这是对文化实行强制政策的恶果。

我们当前的文学，从总的趋势看，大家（包括作者和读者）都在极力求新，这是对的。但究竟什么叫新，如何求新，从认识到实践都未必完全一致。不一致没有关系，可以并行不悖。问题在于：不要为了强调自己、突出自己而贬低别人、抹杀别人，不要继续搞文化上“一言堂”。文学在互相竞赛、百花齐放中发展，而不是横扫落叶、一概否定，进而形成“独此一家，别无分店”的死局。为了突出自己就把人家贬得一文不值，那其实是地道的商人作风，和文学是毫不相干的。

什么叫新？如果从外国搬来的一些表现手法、艺术技巧、理论观点可以叫新，为什么在继承几千年民族文化的基础上加以发展和创造，就不叫新？难道从外国搬来的东西没有各自的民族源泉？我国民族文化长期积累结晶而成的唐诗、宋词、元曲以至《红楼梦》《水浒传》《聊斋志异》在外国人眼里不同样是崭新的吗？

什么叫旧？如果说热衷于马列主义、毛泽东思想的传播，热衷于中国人民喜闻乐见的风格、形式的追求叫作守旧；为什么热衷于资本主义理论的传播，热衷于把外国的破烂当作新奇追求，就不叫守旧？难道把沸腾的中国现实生活纳入僵化的、没落的外国文学轨迹就那么适应吗？难道通俗文学（我指的不是那种曾一度泛滥成灾的迎合低级趣味的庸俗文学）在广大群众中的流行，能够简单怪罪于群众的落后吗？

假若在以上这些问题上，我们都能达到相同或者近似的理解，那么，我们就可以进一步探讨杨润身以及类似杨润身的作家在当代文学中的地位了。我以为，在现阶段的中国文学中不能没有杨润身以及和他相类似的作家。这个层次的作家，大体上具备如下的特点：

一、他们大都是在青少年时期投身抗日战争的洪流。他们中一部分来自农村，一部分来自城市，但在长期的血与火的考验中，都和抗日民主根据地中的工农群众建立了十分密切的联系。这种联系自然而然地提供了他们在创作上的不竭源泉，同时也迫使他们努力追求工农大众喜闻乐见的文学样式与表现手法，在创作方法上是现实主义的。

二、他们是党和毛泽东思想培育出来的，因而对党和毛泽东同志有着极为深厚的感情。尽管他们中的绝大多数在“十年浩劫”中都受过不同程度的磨难，他们却不曾动摇为共产主义事业奋斗终身的信念。他们习惯于用自己长期接受下来的世界观、道德观、艺术观衡量一切，能够自觉地和党的方针、政策、路线保持一致。不过他们也有他们的弱点，一般说来，他们的思想不够解放，接受新鲜事物是比较缓慢的。

三、基于以上两点，他们十分重视自己作品的社会效果，也十分重视工农群众的艺术趣味、欣赏习惯，因而他们在工农群众中也拥有较为广大的读者。

以上三点，可以被称为这个层次作家的共性。很显然，在中国当代作家中是不能缺少这个层次的。有人喜欢讲断裂，缺少这个层次或对这个层次视而不见，抱着抹杀与不承认的态度，倒真正会形成文学上的断裂。至于有些好心人希望这个层次的作家改弦易辙、另起炉灶，那也是不实际的。作家长期形成的创作道路怎么能够轻易改变呢？一些作家走这样的路，并不妨碍另外一些作家走那样的路，大家可以殊途同归，同归到为人民、为社会主义服务上去。一定要在他们中间分出优劣，或在短时期内实行淘汰制，都未免为时过早。而且究竟哪些东西应当淘汰，至少目前还是个未知数。随便举一个文艺理论方面的例子。生活是创作的唯一源泉的理论，已在相当长时期内为我国绝大多数文学艺术家所接受并在创作实践中加以奉行。但近来似乎又出现了一种颇为时髦的理论，这种理论认为创作的源泉是自我。到底哪个对，哪个错，或者各有对错，最好的评判家是时间和群众。一切在时间的考验中自生自灭的东西，在群众中始终通不过的东西，不论自己吹嘘到何种程度，其结局往往是大可悲哀的。

然而，那结局确实并非一加一等于二那样可以立见分晓、准确无误，其间需要过程，有时还是一个相当长的过程。在这个过程中，为了证明自己，最好的办法是各走各的路。杨润身或近似杨润身的作家，完全可以循着自己的路向前走去，别人也完全可以走另外的路。这类作品你不欣赏，却无法保证别人不欣赏，那类作品你对它嗤之以鼻，也无法阻止成群的人报之以掌声。反过来也是如此。你说你的东西是“阳春白雪”，成千上万的人却不买你的账，或者赏识你的人只不过占了十亿人口的十亿分之一、二、三，恐怕这种“阳春白雪”就不一定有比“下里巴人”更长的寿命。

各走各的路，在同一条大道上也还会出现分支。正像同一品种的花仍各具特色一样，走杨润身式道路的作家依然会同中有异，不然也难在艺术上形成自己的特色，发挥自己的优势。具体到杨润身同志来说，他的特色和优势何在呢？我个人以为，在于对农村中间型人物的深入挖掘，在于从农民语言中提炼更多的精华。以《九庄奇闻》为例，读者也许有那么一天，会把书中许多主要和次要人物忘记了，却不会忘记那个可悲可喜的张乐乐。这是一个真实而又具有相当典型性的人物，在这个人物身上，我们既看到农民身上积累下的多少世代的负担，又看到了老一代农民对新的生活的向往，但他又是独特的“这一个”，即使把他夹杂于千百个农民中，我们也能够把他找出来。这种功力，不是从小和农民生活在一起的作家是难以达到的。也许有那么一天，读者会忘记《探亲记》《九庄奇闻》《山村会计》中的故事，却很难忘记杨润身作品中散发的平山地区语言的质朴浑厚的芳香，它很像埋藏在地下十年、二十年的老酒，越品尝越是回味无穷。这种功力，也不是任何与山地农民缺乏血肉联系的作家所能达到的。一个张乐乐式的人物，一个太行山区农民的语言，便是杨润身的“绝活”。当然，这些“绝活”都有待升华，有待在完全自觉的程度上向更高水平的探索，但这无疑是最适合杨润身走的一条康庄大道。离开这条路行不行呢？譬如让杨润身去学现代派，学意识流，学荒诞派、象征派。不行，统统不行！一定要杨润身去适应他极不熟悉的新手法、新潮流，那无异于赶鸭子上架，最终不但新的学不会，恐怕连他原有的特色和优势也丧失了，杨润身再不是杨润身了。

各走各的路，并不意味着抱残守缺，死不进步，新的东西总是要学习的，但必须是为更好地发展个人特色和优势而学习。只有这样，才能出现百花齐放的局面，才能达到新时期文学的空前繁荣。

“生活”使你富足

——读《魔鬼的锁链》致杨润身同志

◎ 王昌定

润身同志在我们这个年龄(60多岁)的作家群中,至少有两点独到之处,一是长期坚持深入农村,二是润身同志以多病之身,始终没有放下笔。

润身本是太行山区土生土长的干部,生活根底真不知比一般作家要厚实多少倍。然而他并不以此为满足,每年最少也要拿出三分之一以上的时间,和农民泡在一起。他在县里担任着“有职有权”的县委党务职务,十年如一日。友人打电话到家中,接电话的常常是润身的爱人:“老杨又回平山了。”平山之于润身是家,是他眷恋的土地,也是他创作的源泉。

众所周知,润身一生坎坷,在“文化大革命”中被批斗,一度身心俱疲,后来又患上肝硬化、肾炎。恶劣的情况之下,润身仍然坚守着,还一本一本地出版新作,不算散文和中短篇,单说长篇,在党的十一届三中全会之后他就连续出了三部,这需要付出多么惊人的劳动!说他一直是带病工作,丝毫也不夸张。

提及他的新长篇——《魔鬼的锁链》,写的是改革开放以后的农村,写的是真正的农村。唯有脑海里装着一部农村变迁史的人,才能写出这样真实的作品。人在生活之中,生活自然也使人富足起来。在这一方面,那些买空卖空的文学家是不能和润身同志相提并论的。他们腹内空空，不得不拿出那种无限膨胀的“主体意识”，来进行自我扩张，或者干脆去提倡拉屎撒尿也是“生活”。头些年，他们还能仗着互相吹捧去装潢门面，如今怕连这点老本都快吃尽了，只好写些类似父子互为“第三者”的无聊玩意儿了，而润身的生活是取之不尽用之不竭的。问题还不仅仅在于有生活，更在于人是站在什么样的立场观察生活、反映生活。润身同志是一位老共产党员，一位自觉的革命文艺战士，要用手中的笔，阐明生活中的真理，坚持四项基本原则。这就是为什么润身把主要精力放在塑造生活中先进人物上的道理。润身在长篇中倾注了全部热情歌颂了牛三这个人物，这种歌颂是可信的，因为他有真实的生活基础，他不是纸糊泥捏的东西。这些年，一个钱，一个权，把许多人的思想都搅乱了，是非也分不清了，通过牛三这个人物，作者对钱与权做了深入细致的剖析，起到正本清源的作用。

然而牛三不是一个概念，他是个有血有肉的活人。在硝烟弥漫的战场，他是个无畏的战士，但当一个地主子弟的生命遭到威胁时，他却宁愿放弃哨兵的职责，怀着革命的人道主义精神，放走无辜者。牛三不乏七情六欲，他也想娶妻生子，在女人面前不止一次动过性的念头，但当一个被逼疯了的妇女带着儿子来到他面前时，他心甘情愿和对方做名义夫妻，将全部抚养任务承担下来。后来，他突然发了财，他的手中得到一百万元的巨款，他既不想当什么阔老板，也不想当什么企业家，而是把钱全部奉献出来，去修筑山里人通向致富之路的公路，他自己的生活则依然一贫如洗。这是何等的胸襟，何等的气魄，又是多么高尚的品德。我们面前那个卑微的、甚至在妇女叫骂声中尿了裤的牛三，逐渐高大起来了。他可亲可敬，并具有作为普通人的弱点与秉性，他的高大并没有使他成为“神”，而是我们都能看得见摸得着的大写的“人”。

润身以前也写过不少让人喜爱的人物，譬如《探亲记》中的菩萨爷，譬如《九庄奇闻》中的张乐乐，都可说写得活灵活现。但比起这个牛三来，都还缺少点复杂性，或者说作者尚未能多角度、多侧面、多层次地展示他们。牛三这个人物就不同了，生动且真实。他既是小人物又是大人物，既平凡又不平凡，他不仅活在作者的笔下，也活在千万个读者的心里。我以为，这在创作上是一个跃进，人物不再是单一的了，而是极复杂的高级生命了。这也包括书中的村支部书记张吉林，他虽然爱财如命，以权谋私，但他的父亲毕竟是个为人民牺牲的烈士，他的自杀，应该说是两种世界观在他灵魂深处进行激烈搏斗的必然结果。

作品的优长绝不止于这些，此外，作品也有些许不足。

依我看来，作品的不足在于润身没有充分使用生活宝藏，却多少受了现在流行的纺织离奇故事的影响。为了追求悲剧气氛，作者让牛三的养子，那个憨厚的后生牛金金在书的结尾处牺牲了，牺牲这一情节，既不必要，也不大符合读者的心理。倘若这个人物不死，作品的结局会多一些亮色，同时不失悲壮。时代是需要也理当有更多亮色的，这并不会减弱作品的思想意义。另外，《魔鬼的锁链》这一书名，或许是对某些读者心理甚至某些编辑心理的迁就，这种迁就是完全不必要的。若干年后，那些有意招揽顾客、五花八门带有强刺激性的书名将被统统忘记，而是否有较长生命力则取决于作品本身。

嘛叫天津人的精气神儿

——话说老作家杨润身

◎ 孙福海

要说精气神儿，在我脑海中首先会出现津门老作家——八十八岁高龄的杨润身。谁能比呀？功成名就的“老八路”作家，今日仍深入生活在日常起居不便的乡下。进入古稀之年以后，每年还都有数十万字的优秀作品问世。时下，他的第九部长篇小说《艰难的跋涉》，即将由百花文艺出版社出版。天津市作家协会即将举办“庆贺杨润身从事革命文艺工作七十年活动”。庆贺活动的主旨，最重要的就是在天津市文化大发展、大繁荣的攻坚战中，全市的文艺工作者要像杨润身那样，抖擞起拼搏奋进的精气神儿。

晚年，要读懂一个福

2009年夏天，发生了一件使我心惊肉跳，时至今日仍有些后怕的事。在庆祝中华人民共和国成立六十周年的前夕，西柏坡博物馆要举办“新中国从这里走来——柏坡魂书画展”。我接到杨老从平山打来的电话，他说：“请有名气的书画家，有个费用问题，他们没有钱，便找到我……”我一听就明白了，便说：“天津的书画家一分钱不要，作品全捐献，书画家出席开幕式的费用由我们市文联负责。”那天，我带领数十名书画家出席了在西柏坡的开幕式。当时酷暑难耐，在博物馆前广场举办开幕式，许多老将军、知名人士全都争先恐后地发表激情讲演，时间有些长，杨老又谢绝落座或中途退场。他在台上是神采奕奕，可刚进入博物馆参观时，突然休克了。大家吓坏了，我更是紧张万分。他是著名电影《白毛女》三个编剧中，硕果仅存的一位“老八路”作家，是津门的骄傲……经过抢救，他苏醒了，在医院里还惦记着展览。当时，我们执意劝他及家属，一定要回天津住。那里有他应该享受的高干病房和先进的医疗保障，起码应该回津调养一下。

可谁说也没用，他当时正在农村赶写长篇小说《艰难的跋涉》。他的子女说：“这样的情况发生过多次，也怪了，他在农村一投入采访和写作，仿佛就能治病。”

记得 1958 年秋天，他在平山县见识了“食堂吃饭不要钱”，目睹了农民怠工的所谓“共产主义生活”，憋着一肚子气，在一次学习中，也放了一炮，结果被定为严重的右倾机会主义分子。不久，健康状况恶化，患上了肝硬化、肝腹水。医生告诉他：“你这个病，是绝症。活不过两年。”杨润身在医院经过短暂休息后，即返回平山。家乡的沟坡丘陵、枣林温泉是他心灵的根据地，在那块熟悉的土地上，他脚下有根，觉得温暖。他伏身在灯影下，把全部情感投入写作上，短篇小说《王二小接闺女》在《人民日报》发表。随即一发不可收拾的创作势头，使他成为常在《人民日报》《人民文学》等报刊谋面的优秀作家。生命的奇迹伴随着他的笔耕不辍，使他步入了文学创作的又一个高峰期。

没想到，一场浩劫降临了，他经历了九死一生。“文化大革命”后期，他出了“牛棚”，落实了政策。大家劝他，年岁大了，该休息休息了，起码也应该养养身体啊！他说：“人需要补充营养，我的营养要在人民群众的伟大实践和丰富多彩的生活中汲取。我的生命就是写作，为老百姓树碑立传是我的光荣和幸福。”

他又回到平山，县委决定让他挂职县委常委。他自己“约法三章”：一是不享受常委待遇；二是小车不坐，送礼不要，私事不办，请客不到，三是下乡吃饭按规定付钱。

他与农民朝夕相处，一起劳动，一起吃住，一起谈天说地，一起品味苦乐，同群众结下了血肉相连、情同手足的深情厚谊。他说：“我处处感受到父母之爱，乡亲之情。雨中，送我一把伞；雪中，拉我进暖屋；病中，为我煎草药；遇险，帮我渡安然……”他从中获得了不竭的生命活力和不尽的创作源泉。有一天，九庄的一个老党员眼含泪水找到他，诉说了时任村支书横行霸道、胡作非为的情况。他立即奔赴九庄，吃住在老乡家里，倾听农民的诉说和呼声，详细了解、掌握了这个“土皇帝”违法乱纪、欺压百姓的第一手材料。随即便把农民的忧虑、悲愤带到了平山县委。不久，组织便将这个欺压农民的村干部拿掉了。杨老还以此事为背景，用亲历的体验和独到的感悟，写出了长篇小说《九庄奇闻》。

还有一次，柴庄的农民对他说：“一切向钱看的风头和势头叫人受不了哩！应该破一破这风气，挡一挡这势头啊！”他即刻深入柴庄，在搜集、采访了大量的事实资料后，奋笔写出了长篇小说《魔鬼的锁链》。

平山县的农民们，把他看成是最可亲近、最值得信赖，也最能为他们办事的作家。于是，在他的住处，每天都有来找他诉说心里话或告状的农民，最多的一天达三十余人，依次挨个儿排队等候。杨老为此赔上时间，还要管饭，日夜不得消闲。他终于累倒了，可又不肯怠慢农民。县委领导实在看不过去了，含着泪关了他的“禁闭”——强行把他反锁在屋里让他休息。

一个作家，有谁能与农民有这么深的感情啊？他一次次病倒回津治疗，一次次未等痊愈就又回到他割舍不下的农民兄弟之中，于是一部又一部作品也从他的笔端流淌出来。除了《九庄奇闻》《魔鬼的锁链》外，还有《风雨柿子岭》《白毛女和她的儿孙》《天堂里的凡人》《危险火花》等多部长篇小说。另外，还有中篇小说《失落的“无价之宝”》《实在王的悲欢》和散文集《每当我走过》等。人们不理解，“文化大革命”后，他从年近花甲下农村，到今日耄耋之躯的三十余年，哪来的这种精气神儿呢？他说：“作家把群众的喜怒哀乐放在心上，是天职和本分，是义不容辞的责任和义务，写出人民的苦与乐，是对自己的安慰，也是一种人生的幸福。我如今虽然已八十八岁了，但只要能动，我就要享这个福。”

人生，要认识一个我

他鄙视虚伪，崇尚农民的朴素和纯朴。在人们的印象中，他永远都是一个憨厚的农民形象。无论是出席党的代表大会、文代会、作代会，还是被中央领导接见、接待外宾，无论多么“正式”的场合，他都是一身洗得近乎发白的灰色中山装。他从不穿西装，也从不掩饰自己农民式的喜怒哀乐。

二十世纪五十年代初，电影《白毛女》的问世，使他成为众人仰慕、炙手可热的名作家。一次，他和一起参加革命的文艺工作者去长春电影制片厂参观。别人的穿着已经很时髦了，可他仍是对襟褂子、挽腰的大裤裆棉裤、粗布衬衣、大光头、一口冀西农民口音。厂方盛情接待，准备了丰盛的西餐。他进门一看，没劲，外国人怎么吃这玩意儿，而且又是刀子又是叉子的，拿这个东西吃饭，别扭。他转身就走，到门口一个小铺，吃了两屉包子。

他的好友、黄世仁的扮演者陈强开玩笑地管他叫“大老搿”，并劝他：“生活好了，该换换‘行头’了。”他舍不得，但不爱财。电影《白毛女》和《探亲记》的奖金、稿酬，他一分不留，全部交了党费。那年月这可是一笔相当可观的数目啊！

在平山县百姓中有一个传闻：别小看任何一个其貌不扬的普通老农民，有可能他就是中南海里的“座上客”，能直接向党和国家领导人反映基层状况。所以，像杨润身这样的老干部在当地倍受尊重，每当县、乡干部调整、升迁，当地有关领导都免不了要征求这位挂职常委的意见。那些试图跑官送钱的人，便不断叩门，有的一送就是好几万元。每次杨老都非常气愤，看都不看地将他们轰出去，并严词斥责说：“我绝不干所谓天知、地知、你知、我知的下流勾当！”

前些年，他的儿子、儿媳双双下岗，“文化大革命”中插队的女儿至今仍在内蒙古务农，孙女又患病，负担很重。有人劝他：“您这种身份，找找天津市的领导或跟县里说一声，给孩子找个赚钱的差事吧。”可他却说：“我的孩子占一个岗位，别人就少一个岗位。”他不找任何人，并教育子女体谅政府的难处，鼓励他们自己解决困难。

他写的农村反腐败内容的长篇小说《危险火花》出版后，有个人认为书中腐败的原型指的是他，便凶狠地扬言要劈了杨润身，杨润身听罢只是回以一笑，丝毫不考虑自己的安危。

有个“腰缠万贯”的暴发户，慕名找上门来，说：“你写的文章影响大，给我写一篇报告文学吧，我给你钱。”杨老气愤地一指他，说：“你拿着钱出去，给多少钱我也不为个人树碑立传。我不能出卖自己，我老杨，是一个大写的‘人’。”

处世，要明白一个情

1941年，杨老才十八岁，就担任了剧团指导员。一次，在和日本鬼子的战斗中负伤昏了过去。战友们以为他牺牲了，在撤退时匆匆将他掩埋了。第二天他醒来，扒开身上的土，没掉一滴泪，又追上了部队。

“文化大革命”中，江青指出《探亲记》是一台“黑戏”，是反对伟大领袖毛主席的“人民战争”思想，杨润身更是“修”到家了，还说杨润身曾经暗中资助这部戏，一定要把他揪出来！杨润身大难临头，被批斗得一天死过去五六回，但他没掉过一滴泪，再疼也没有吭一声。在批斗现场，有人拍照，他就是不低头，不认罪，对着镜头怒目而视。

这样的一个硬骨头、乐天派，却为了一件小事流泪了。

那年夏天，他到中贾壁村下乡。路上实在口渴，拐进一片菜园，让老乡卖他两个西红柿。一听这话，人家就笑了，说：“买什么呀？您这么大年岁了，随便吃吧。”他吃完后，掏腰包，坏了！一个子儿也没有。便急忙折回县城，找熟人借来五毛钱，又回来还账。那位农民仔细打量面前汗流浃背的老人，动情地问：“您是老八路？现在还真能碰到你这样的人啊！”一句话，杨润身流泪了，他痛心啊，现在有的干部破坏了干群关系，在给党抹黑；他激动，人们还留恋当年的老八路；他欣慰，自己没变，老百姓能慷慨地送给自己这样的一张“奖状”！

从此，他要求自己更苛刻了，农民发生争水纠纷他跑去调解，为双方立下“和解书”；青年人自由恋爱受到家长不合理干预，他苦口婆心地做思想工作，成全美满婚姻；路上遇到突然病倒的农民，他立即将病人送到医院；他乘坐长途汽车，主动给抱孩子的妇女让座；有一次，一伙山民因为争水双方动起了铁锹和锄头，路人畏惧不前。他扔下自行车，冲到人群中间，伸出双手，攥住了砸向对方脑袋的锹柄，厉声加以制止，平息了事态。之后，又动之以情，晓之以理，帮他们圆满地解决了争端；在一个寒冬腊月，他在县城农贸市场看到一位脸色苍白、眼睛红肿的小姑娘。作家的敏感，让他了解到小姑娘因生活贫困而失学时，立即找到县教育局，为其免掉学费，让她重新回到了学校……

近两年，和他相濡以沫的老伴儿病倒了，这使他很难过。他忘不了，这位生在西柏坡，曾多次与毛泽东、周恩来、朱德等老一辈无产阶级革命家拉家常的农家姑娘，在他政治运动受冲击时给他强大支撑的战友，风风雨雨六十年的贤内助。

他老伴儿姓闫，我有幸曾和她在一个单位工作了几年，是我们非常尊重的抗日战争时期就加入中国共产党的老革命。她长年分管文化系统的老干部工作，喜欢我们晚辈喊她闫大娘，反对喊她闫老，她觉得喊大娘像一家人、亲切。我们这一代人是二十世纪五十年代末或六十年代初开始学艺的。她看着我们一步步成长，我们也知道她许多令人敬佩的事迹。“文化大革命”中，杨润身被关进“牛棚”，戒备森严。那些所谓“精明”的“造反派”在这位老革命面前，简直是小巫见大巫。她能躲过“造反派”的严密搜查，给杨老送信，鼓励老伴儿挺住：“活着回来！”

闫大娘病倒了，但思维清楚。她最怕的是自己影响老伴儿写作，而杨润身又觉得妻子为自己付出的太多了，唯一的儿子负担也很重，自己应该伺候她。夫妇俩达成了一致的意见，一起去农村。杨润身可以一边伺候老伴儿一边创作。在那次“柏坡魂书画展”中，我又看到了这位有着同样精气神儿的闫大娘。这对相濡以沫六十余年的夫妇，在农村悄悄地度过了两个人的“六十年钻石婚”。没惊动任何一个人,没增加一盘美味菜肴,他们是在享受自己亲手写下的美好文字中的美好境界，在美好的时代，来庆贺自己美好的晚年。

杨润身说:“人,苦恼有苦恼的结局,乐观有乐观的收获。我情绪丰满,不思年老,制服苦恼,战胜疾病,还要写下去。”

这就是我们天津老作家杨润身的精气神儿，这个精气神儿,是源自他深层次的对“福”字的理解和追求;对“我”字的坦诚和无私;对“情”字的修养和珍惜。在这种境界中,他自享其乐,并在不停歇的拼搏中,凝聚着从事革命文艺工作的永不懈怠的精气神儿。

永远的老杨

——贺杨润身笔耕七十载感言

◎ 滕　云

永远的老杨——这是我的第一句感言。

老杨今年八十八岁了。我们作为晚辈,按规矩,不应该称他"老杨",辈分不对,不合敬老之道。我们应当称他"杨老",或"杨老师",或文气一点称"杨老先生",或正式一点称"杨润身同志"。身居官位的人会称"润身同志"。后二称,对于非"官"非"长"的我们来说,似乎不大相宜。而前数称,称"先生",敬则敬矣,有客气之感。称"老师",称"杨老",敬则敬矣,有相隔之感。与其敬而远之,不如敬而近之。那么还是称"老杨"吧。比起直呼姓名"杨润身"来,"老杨"是含有亲切之感的敬称。比起称"先生""老师"来,"老杨"是可以平身相交之称。比起称"杨老"来,"老杨同志"是可以把距离缩小之称,"老杨"更是可以零距离相处之称。必亦正名乎。正名是自然选择的产物,是名副其实的结果。许多相熟的人都称他"老杨",此称呼亲切、平等、质朴,名如其人,恰如人们对他的体认。十年以前,二十年以前,三十年以前,人们就这样称他了。从那以后又若干年,人们还在这样称他,还会这样称他。他一如既往而且更加让人感到亲近,受到人们的尊重。他是永远的老杨。

永远的笑模样——这是我的第二句感言。

老杨最新的作品,刚出版不久的长篇小说《艰难的跋涉》,主人公肖像是“穿一身褪色的旧式中山装，头上罩着印有蓝道道的羊肚毛巾；个子不矮，壮壮实实；红脸膛，黑眉毛，五官的尺寸一律大号，有棱有角地刻在脸上。看上去是一张天然的笑脸。笑容厚厚实实，内涵极为丰富：善良、和蔼、诚实、正直无所不包。而且笑容坚实如铁……”我看作者对主人公那平凡又极有特色的容貌刻画，可认作是作者中青年的自画像。中年以后，除了身板不再壮实，脸膛不再发红而是发黄之外，也仍然是作者老年的自画像。这自画像有两个招牌式的特征，一是那件褪色的中山装，一是那张笑脸。我认识老杨二三十年，看到的永远是那么一张“天然的笑脸”。这不仅是一张生理的笑脸，还是一张心理的笑脸，一张个性化的笑脸。既是对人的笑脸，也是对生活的笑脸。他自幼至老，一辈子真是“艰难的跋涉”。幼年吃糠咽菜，青年转战艰危，中年受到批判，老年病魔缠身。生活艰苦，疾病痛苦，抗过去！政治磨难，政治铁帽，压不倒！他心中有阳光，脸上有笑容。“文化大革命”后流行伤痕文学，老杨作品中的农民、农村干部主人公，个顶个性格刚毅、乐观、风趣。他说：“我无权把伤痕、泪水强加给他们。同时，我本人也实在不愿意给‘眼泪热’再增加一点点热度。”[①]他说农民和农村干部固有的美德是：“勤劳、纯朴、乐观和对社会主义的热爱。”对此他不仅几十年感同身受，而且融入自己的血液，化入自己的灵魂。他说“农民喜欢比较，容易满足”。比较什么？比较旧社会与新社会，比较改革前后的生活。老杨声言：“我也是翻身户，也是改革开放的受益者。农民因比较而知足，我也没有丢失这一习性……知足者常乐。”[②]老杨与农民乡亲习性一个样，又比农民乡亲站得更高。老乡指望一家一户奔好日子而知足；老杨是知国家根本大事、历史根本趋势之人。他常所乐的，也不是一枝

①② 摘自《杨润身小说选》，百花文艺出版社，1985年。

一节，一梢一叶，随风摇摆的小乐，而是大树参天、根固本安的大乐。我每次见到老杨，哪怕他正病着，我见到的都是他乐呵呵的面容，谦虚、诚恳、温厚，仿佛天生的那样。我翻阅案头上老杨历年馈赠的作品，扉页所印作者照片，正面的，左侧面的，右侧面的，都是一脸并不张扬的、深有内涵的笑模样。你可能见过有作家用“善良、和蔼、诚实、正直”等词语来形容主人公的笑脸；但你见过作家同时还用“厚厚实实”“坚实如铁”“无所不包”来形容主人公的笑容吗？我是看见过的，那就是老杨笔下主人公的笑模样。我是看见过的，那就是老杨本人永远的笑模样。

永远的平山老乡——这是我的第三句感言。

老杨标志性的常新笑容，永远漾在他脸上。老杨标志性的褪色中山装，永远穿在他身上。那曾经是平山老农不变的衣衫，如今，平山的后生娃们怕是早换上西装了，村子们也换装了。老杨不换，比平山老乡还平山老乡。“我生来是个农民，”他说。①“他本来就是种地挖土的农民……也是解放区的民兵自卫队员。他锄过地，也赶过牲口，打过游击，”老友康濯说。

永远的农民作家——这是我祝贺老杨笔耕七十载的第四句感言。

生他的是农民父母，养他的是党和国家，这不是唱的歌词，不是喊的口号，讲的是一句大实话。这个山村娃只上过一年零两个月正式小学。离开乡村小学后的这个好学的农家少年，又回到了乡村小学，不是复学，而是从教，当了柴庄村小学的年轻老师。“当小学教师有两件大事要做：一是教娃娃们识字，二是参加村里的文娱活动。”②什么文娱活动？唱歌，演戏。这是革命

①② 摘自《杨润身小说选》，百花文艺出版社，1985 年。

根据地特有的农村文化景象。柴庄成立了剧团，老杨（那时应是小杨）领着乡亲们、师生们自编自演宣传群众、娱乐群众的街头剧、舞台剧。几年间他和乡亲们编演过不少《柴庄穷人翻身》就是代表。革命老区群众文化热流把这个十七岁的村小老师，带入了、推上了他未来文艺创作长旅的首途。柴庄剧团的红火，远近闻名，受到晋察冀中央局表彰，成了边区群众文化的一面旗帜。组织上把这个能编剧会演戏的村小学老师，调进边区群众剧社，新中国成立后把他送到中国作家协会文学讲习所[①]学习。他参加改编电影剧本《白毛女》，写《探身记》，写中长短篇小说。他成了全国知名的农民作家，一个专业的农民作家。他的笔所专之业是文艺创作剧本、小说、散文。他的心所专之业是为故乡农村、农民、农业写作。他从穷人翻身，写到开放富民。他的创作遵循一条主线：紧跟时代，贴近农村生活潮流；几十年坚守，从不游离。不仅是题材，他的人物塑造遵循一条主旨："不离根，不忘本。""根"是艰苦奋斗的革命传统，"本"是农民本色；几十年一贯，根深本固。他的作品充盈"土"气，从生活、人物、语言到叙述方式，体现着介于纯文学与俗文学之间的一种农家审美类型。农民文学是一种可意会却难定义的文学类型，其自身品质有高有下，这取决于作品状态和作者的修养。农民作家当然首先要看他的农家出身，但更重要的取决于他的隶属的农家身份、文化身份和文学身份。这里我说的是"农家"身份，不是说农民身份。这里我所说的农家不仅指农民家庭。这里我所说的农家文化身份不指作者的文化水平，我指的是可比类中国传统学术家

① 中国作家协会文学讲习所（简称文学讲习所）创办于 1950 年 10 月，原称中央文学研究所，1984 年改为鲁迅文学院，至今已有 61 年的历史。为方便读者阅读理解，后文统一使用"文学讲习所"指称该机构。

数的“农家”，那是反映农耕文化、农民思想的一种重要学派。在文学创作领域，也可以有“农家”一派。本来文学是不应以题材、作家的社会身份分疆划界的，何况随着现代化的进程，工与农，城与乡的社会边界也在模糊化。但是社会生产的分工是不会泯灭的。社会不能没有粮食等农产品，工厂化农业也依然是农业，农场主、农场工人在社会身份上也仍然可以认定为农民，社会各行各业中毕竟还会存在围绕农业发展、主要为农业发展服务的行业和人们。文学领域，作家人群中，如果有重农一派存在，难道是不可能、不合理、不需要的吗？不过从传统和现状看，革命战争年代在解放区涌现的农民作家，1949 年后涌现的农民作家，由于种种主客观原因，在实践过程中的变化是很大的。有些著名的农民作家，后来成了文学大家，有些连作家也不是了。我们的老杨，出道时是农民作家，十年、二十年后还是农民作家，如今七十年了，他依然是农民作家。他的精神，他的坚守，他的矢志不渝，文学界无人可比。他可说是中国当代农民作家中的唯一了。

我们热诚地祝贺永远的农民作家老杨长盛不衰。

重返生活的海洋

——我所认识的杨润身

◎左　森

由于同乡的关系和乡亲们讲故事一样的介绍，我从小就熟悉了杨润身这个剧作家的名字。我们家乡人叫他杨憨，而且，杨憨的名声远远超过了杨润身。以后，我听说流传于家乡的白毛仙姑的故事，有杨憨参加，编成了《白毛女》电影，又看了他的《探亲记》《山村会计》两部电影，越发敬仰这位知名的剧作家了。

我在天津上大学，杨润身也在天津，由于年轻人的矜持和腼腆，我始终没有勇气去拜访他，在我心里，那样声名赫赫的大作家，尽管是老乡，恐怕也不那么好见吧？

后来，“文化大革命”开始了，想不到农民作家杨润身成了全国知名的“大毒草”。江青说《探亲记》算是“修到家”了！这些，我只是从传单和传言中得知的。这时的杨润身一家已被赶出来，住在一个小杂院里了，之后稍松，杨润身虽可以回家，但每天出入，仍有人监视。

我第一次拜见杨润身是 1980 年的夏天，他仍然住在天津一座二层楼顶头的一间房里。老杨谈话自然、朴实、热情，完全是一副老乡亲的样子。他那浓重的乡音，我听来尤感亲切。他向我讲了被江青点名以后的苦难遭遇，说他在动乱年代与创作几乎绝缘，甚至对任何电影、电视都反感，一位作家下了这样的

“决心”:永远不拿笔!一个剧作家立了这样的“大志”:坚决不看戏!他是嚼着黄连度过了这与文艺“绝缘”的漫长岁月。

为免触他的伤痛,我尽量不提过去,只是询问他最近的创作,他告诉我他刚刚提笔时,几乎失去过去那种趴在敌人堡垒边上写剧本的狂热的创作欲望,拈纸忘词,握笔忘字,仿佛得了创作上的”心肌梗塞症”,他写了几个短篇和两部电影文学剧本寄出去,均因“艺术水平不高”被退回来。由于作品问世太少,老熟人忘记了杨润身,年轻人不知道还有一个深受农民欢迎的老作家。杨润身一下子处于声誉寂寞之中。

杨润身觉得,他唯一的出路是到农村去!于是他暂时放下笔,下山东,走河北。在河北的遵化、青县、赵县、正定和天津的静海、宝坻等县,他做了大量的调查,掌握了活生生的材料。之后,他又回到了故乡平山县,在温塘蹲点。农村的新生活充实了他,唤起了他新的创作欲望,他先后发表了十几个短篇小说,其中有《人民文学》上的《奇案不奇》和《人民日报》上的《“孙悟空”赶集》,这两篇作品深为读者称赞。杨润身重新深入农村生活,果然有效,又操笔自如了。

当我又一次见到老杨时,他已经回到“老根据地”平山县扎根了,兼任县委常委。他把工作放在第一位,在实际工作中体察生活,更是真切深入,比走马观花收效大得多。老杨住在县招待所,反映问题的、找杨憨聊天的乡亲纷纷而至。他年近花甲,却把自行车带来了。平日除了集体活动外,老杨从不坐小汽车,他觉得步行、骑自行车、坐公共汽车可以看见农民的笑脸,听到农民的笑声,这是一种难得的享受。

“杨憨呀杨憨,当年替咱们农民写戏的杨憨又回来了!”故乡的乡亲们都这么传着。我和老杨说起来这件事,他眯起眼睛回忆说:"'憨',用咱们家乡话说就是'土包子',人们叫我杨憨,意思是'土老憨'。我过去在晋察冀边区民族革命中学学习,还担任剧团的副指导员,学校地点就在平山。那时,我穿着山里人的对襟褂子,光着脑袋,同学们叫我'山憨',后来传到县里,杨憨的名字就流传开了。" 老杨很欣赏这个绰号,他愿意这样"土",成为一个反映农民情感的"土作家"。他的小说就像他的名字,有点乡土的"憨气",这不正是他的所长、他的风格吗?

"好作品产生于生活之中",这是老杨的结论,也是众所周知的老生常谈,但真正持之以恒地坚持下去,却不是一件容易的事情。

目前,他的长篇小说《风雨柿子岭》出版了,另一部长篇小说《九庄奇闻》也付梓出版,他还在写若干短篇。焕发青春力量的杨润身同志正在新的农村生活的海洋里驰骋。

坚守信仰，紧跟时代

——纪念杨润身革命文学创作七十年

◎ 夏康达

杨润身同志在他八十八岁高龄时迎来文学创作七十年纪念，作为一个文学后辈，我首先向杨老致以崇高的敬意！

杨润身同志在抗日战争初期还不到十五岁时就参加了革命，1938 年加入中国共产党，此后一直在革命队伍从事文艺工作。时至今日，杨老的创作成果丰硕，是经典革命电影《白毛女》的主要编剧之一，到了耄耋之年还创作了多部长篇小说，是我国文坛一株永葆青春的常青藤！

今天，我们纪念杨老文学创作七十年，首先要学习杨老始终坚持崇高的信仰。他的人生信仰与文学信仰是一致的。杨老1938 年入党，多年来革命信念永不动摇，即使历经风雨，仍矢志不渝。尤其可贵的是，到了规定的退休年龄应该享受清福，安度晚年，他却不顾年老体弱，长期到平山深入生活。他挂职县委常委，做常委的工作，不享受常委的待遇。他不把自己当成生活的客体，只是下去体验生活，或者说干预生活、拥抱生活，而是完全融入生活，融入人民大众之中，和人民大众一起做生活的主人，同呼吸，共命运，休戚与共，同舟共济。他在平山的无数感人事例，充分说明了这一点。他说："文学离开生活，离开现实，就失去了生活的根基，文学脱离了人民，人民就会远离文学。"这就是他坚定不移的文学信念。所以他的文学创作就有了永不枯竭的源泉。

进入新时期以后，杨润身年事已高，仍笔耕不辍，至耄耋之年，又呈现一个创作青春期，乃是因为杨老虽老，但并不保守。时代在发展，杨老的思想也在前进。他欢呼生活的新气象，洞察时代的新潮流，关注社会的新矛盾，所以他的新作体现着一位老作家的新观念。这不是对时尚的追随，而是对社会发展的认同。我没有能够拜读杨老的全部新作，在读过的一些作品中，我们看到的是中国农村的现实风貌，是中国农民所期盼的愿景。我现在年纪也大了，深知老人容易怀旧，要保持对当下生活的认同感和敏锐度，并不是很容易的。所以我非常敬重杨老对自己故乡生活变迁的高度敏感和作品强烈的现实感。

杨老的故乡在平山，平山有个西柏坡，这是中国革命史上继延安之后又一个重要的地名。西柏坡精神是中国革命取得最后胜利、在胜利后仍须坚持的巨大的精神力量。杨润身同志作为一个老共产党员，作为一个老作家，作为一个平山籍的老革命，在中国文坛上，他无愧为坚持西柏坡精神的楷模。尤其在当前，文坛上出现了许多新现象，也涌现了不少好作品，但我们也常常感慨有一些我们的前辈作家所坚持的优秀传统被轻视乃至遗忘了。我们纪念杨老的革命文学创作七十年，就是要发扬杨老这样的宝贵精神。

“庆贺杨润身同志从事革命文学创作七十年活动”会场发言实录

◎赵　玫

赵玫（主持人：天津市作家协会党组成员　著名作家）

各位领导同志们，大家下午好！由中共天津市委宣传部、天津市作家协会联合主办的“庆贺杨润身同志从事革命文学创作七十年活动”现在开始！

首先，请中共天津市委宣传部副部长李毅同志宣读中共天津市委常委、宣传部部长肖怀远同志为本次活动发来的贺信。

李毅（中共天津市委宣传部副部长）

李毅副部长宣读了肖怀远部长的贺信。

赵玫（主持人）

中国作家协会主席铁凝，中国作家协会副主席、天津市作家协会主席蒋子龙，天津市作家协会副主席航鹰，著名作家闵人，河北省作家协会分别发来贺信贺词。

下面请天津市作家协会党组副书记、秘书长宋群利同志，介绍杨润身同志多年来的文学创作历程。

宋群利（天津市作家协会党组副书记兼秘书长）

各位领导、同志们：

今天，我们在这里举办庆贺杨润身同志从事革命文学创作七十年活动。首先，我代表天津市作协党组向走过七十年革命文学创作历程的杨润身同志表示衷心的祝贺和崇高的敬意！对各位领导，各有关方面的同志和朋友们出席今天的庆贺活动表示衷心的感谢！

杨润身同志自少年起就参加革命，1938年加入中国共产党，在晋察冀边区从事宣传工作。从那时起，他就开始了文学创作活动，1948年秋调华北群众剧社当演员，并从事剧本创作。天津解放时，随剧社进入天津。1956年调中国作协天津分会，1988年在天津市第三次作代会上当选为天津市作家协会副主席。

杨润身同志年近九旬，从事文学创作已经七十年了，七十年来，他用小说、剧本、散文记录着中国革命的历史，记录着自己思想情感的轨迹。早在晋察冀边区从事宣传工作时，杨润身同志创作的《柴庄穷人翻身》《山大王》等舞台多幕剧，曾获边区优秀创作奖和优秀演出奖。1945年，杨润身同志根据歌剧改编并参加拍摄了电影《白毛女》。这部影片获第六届卡罗维发利国际电影节特别荣誉奖。1956年，又在文化部举办的1949年—1955年优秀影片评奖中获一等奖。二十世纪五十年代，这部影片先后在三十多个国家和地区放映。

杨润身同志自1956年以来开始专业从事小说、话剧、歌剧、电影等文学创作。曾先后出版长篇小说《风雨柿子岭》《九庄奇闻》《魔鬼的锁链》《天堂里的凡人》《仙女峰的迷雾》《白毛女的儿孙们》《每当我走过》等九部；中篇小说《心连着心的人们》等；短篇小说集《千听百见的故事》等；话剧、歌剧剧本《献马》《星星寨》等；电影文学作品《探亲记》《山村会计》均由长春电影制片厂拍摄完成。百花文艺出版社曾先后出版了《杨润身小说选》《杨润身文选》《白毛女故乡的风采》等。

文学作品都是从现实生活中提炼出来的。离开了火热丰富多彩的现实生活,也就失去了创作的源泉。毛主席的《在延安文艺座谈会上的讲话》给了杨润身同志极大的创作启发:“中国的革命的文学家艺术家,有出息的文学家艺术家,必须到群众中去……”杨润身同志意识到在新的历史时期里,身居大城市,长期脱离曾经十分熟悉和了解的农村生活,对正处在巨变中的农村发生的新情况新问题不熟悉不了解了,他决心改变这种状况。二十世纪八十年代,身患多种慢性疾病的杨润身同志毅然背起他的背包,带着他的永久牌自行车,离开大都市天津,回到培育他、成就他的革命老区平山县,挂职县委常委,一面工作,一面深入生活,一面进行文学创作,在那里,他重新找回了自己文学生命的“根”,至今也没有离开。

二十多年来,他不顾年老体弱,始终扎根在平山,生活在农村,创作完成了一批反映农村和农民生活的文学作品,他创作的《失落的“无价之宝”》获金盾文学一等奖,《风雨柿子岭》获天津市鲁迅文学奖。最近他又刚刚完成了长达二十五万字的反腐败题材的作品《艰难的跋涉》,由百花文艺出版社出版发行。

七十年的文学创作历程证明,杨润身同志是一个无愧于时代、无愧于读者,也无愧于自己的作家。在天津文坛,杨润身同志德高望重,无论是文品还是人品都深受人们的尊敬。尽管他已进入耄耋之年,仍然精神矍铄、思维不钝、淡泊处事,不断有新的文学作品问世。他的文学创作为天津文学的发展增添了新的光彩,做出了重要贡献。杨润身同志不但以自己的作品影响了后来者,也用个人修养与人格魅力,赢得了人民的敬重。

我们庆贺杨润身同志从事革命文学创作七十年就要学习他的好思想、好品德,学习他热爱祖国、热爱人民的赤子情怀,学习他热爱文学、热爱生活的炽热情感。就要像杨润身同志那样，用手中的笔讴歌祖国、讴歌人民，创作出更多反映时代、反映生活的精品力作，为天津文学创作的大发展、大繁荣做出新的贡献。

最后再一次祝愿杨润身同志健康长寿、艺术青春永驻！

赵玫(主持人)

下面请原天津市作家协会党组副书记张洪义同志讲话。

张洪义(原天津市作家协会党组副书记)

杨润身同志从事革命文学创作已经七十年，我们举办这样一次纪念活动很有必要，非常有意义。首先，我以个人名义向杨老表示衷心的祝贺并致以崇高的敬意！

从年龄上讲，杨老是我非常尊重的一位长辈；从资历上讲，是我十分敬佩的老革命；从人品上讲，是我学习的楷模；从感情上讲，是与我无话不谈的忘年之交。十年前，在市委决定派我到作协工作的时候，我就听说了杨润身同志，以后陆陆续续知道了杨老来自革命圣地河北平山，是抗日战争时期就参加革命的老同志，一生中创作了大量的文学作品，“文化大革命”中饱受摧残，他的作品《探亲记》受到江青点名批判，离休后他依然笔耕不辍，是一位可爱可敬的老人。记得第一次见面是在纪念中国共产党成立八十周年纪念活动中，以后在机关、在医院、在他家中、在河北平山，我们多次交谈，他谈得最多的是对党的忠诚，对人民的热爱，是作家们之间的团结，是机关的稳定，是对我个人身体、生活、工作的关怀。

在与杨老的多次交谈以及与平山基层干部的多次接触中，我感受到了杨老对故乡山水和人民的热爱，感受到了平山县委、县政府和老区干部群众对杨老的爱戴。我听说了杨老在从基层返程的路上因干渴吃了村民的西红柿，为了这几角钱他又往返十几里专程送去了蔬菜款。我也听说了杨老主动向省委和市委反映县里一位领导的工作业绩优秀且品性优良，让这位干部受到了重用。我去平山县看望杨老时，中午安排我吃饭，杨老亲自拿出饭钱，再三叮嘱陪同我的家人和亲属一定不要花费公款。我在杨老家中看到的是与两位离休老干部身份极不相称的简陋陈设和简朴生活。从这些点点滴滴的小事中，我看到了一位革命前辈身上保持的清正廉洁的品行、艰苦奋斗的传统、疾恶如仇的精神、老八路的作风。我们多次请杨老为青年作家们讲传统，组织作家们去西柏坡参观，作家们都感到受益匪浅。而我个人从杨老身上则获益更多。在我工作顺利，取得一些成绩的时候，杨老总是热情地给予肯定，鼓励我继续坚持下去；在我遇到困难，工作不顺心的时候，杨老总是想方设法为我排忧解难，安慰劝导我要淡泊名利；在我两次做完心脏支架后，杨老多次打电话或来机关问候。我总说，人是应该懂得感恩的，杨老对我的关心是我一生中难以忘怀的。杨老关心的不仅仅是我个人，他更关心的是天津作家队伍的安定、和谐，是天津文学事业的繁荣发展。我多次听到、看到杨老对青年作家的关心、爱护，劝说和阻止一些不利于团结、和谐的事情发生。

作为一个年近九十高龄的老人，精神这样充沛，思路这样清晰，意志这样坚强使我们感到十分宽慰，我衷心祝愿杨老健康长寿！永葆革命青春！

赵玫（主持人）

下面请中国文联副主席、天津市文联主席、天津市作家协会副主席冯骥才同志讲话。

冯骥才（中国文联副主席　天津市文联主席　天津市作家协会副主席）

各位领导、尊敬的杨润身同志，还有文学界的朋友们：

杨老这七十年我认为是一个非凡的七十年，咱们都是写作的人，咱们都有一个精神生命，每个人都有这样的命运，你回过身来，每个人都有自己独特的价值和独特的意义。

我认识杨老的时候他根本不认识我，当时我在歌舞剧院画画。那时在文艺圈子里流行一首非常荒唐的歌曲，歌曲的名字叫《打扫》，都是用天津文艺界作家名字编写的，这首歌我还会唱第一句，我当时记得特别真，因为杨老的“杨”字都扬起来了，当时我们每天早晨出操的时候必须要唱这首歌，杨老后来就非常火了。

我和杨老还有一个特殊的缘分，我住在赤峰道的时候，我家的后面那个门就是杨老的家，当时杨老的孩子总来我这儿玩。我在认识杨老之前就有这样的缘分，后来又一起工作，七十年来，我觉得杨老写过像《白毛女》这样所有中国人都知道的、脍炙人口的作品，这是非常了不起的，他影响了几代人。

我刚才算了算，杨老是1923年出生，“文化大革命”开始时他四十三岁，这正是创作鼎盛年华的时候，他在那时候被关起来了，实际是他把最黄金的创作时间关起来了。在那一瞬间，我忽然明白为什么他这些年来回到生长的土壤里，而且接连写出这么多的好作品，应该讲改革开放以后才是杨老写作的最黄金时代，写作的人都是心心相系的，我们能体会他的心里、他的文学有一段时期是被抑制的，他是从五六十岁的时候才开始爆发。

我今天来主要还是代表文联，代表文联十一个艺术家协会和六千名艺术家对杨老表示感谢。

刚才我用了“同志”这个词，不像现在“先生”这个词时尚了，这个词意义又太多了。现在想起来不如“同志”纯洁，“同志”

在某些时候有点陌生，好像有一点过时，但是我们体会起来，在那个特殊时代里“同志”的称呼是神圣的，它对社会有共同的追求，有事业，有理想感，它是特殊时代产生的特殊的词汇，这个词汇能呼唤对方的精神。这个词是有神圣性的，所以说每一个时代都有每一个时代的精神，都有每一个时代的追求。

比起昨天来讲，我们今天的社会更多样化，我们可能更重视个性和所拥有的权利，这是我们时代的优点。但是过去的时代从来不拿 GDP 来计量文化，所以那个时代的文化可能更符合文化本身的特点，就是精神。可能那个时代的文化更单纯一些，更富有理想主义，在那一时代作家身上有很多优点是值得我们现在作家学习的，我们特别崇尚、迷恋他们的那种理想主义，他们的那种单纯，他们的价值观和人生观。

杨老就是带着这样的价值观、人生观和追求又回到了河北省平山县那个基层的环境里，他按照这样的理想，认真地来完成自己的文学，来完成自己的人生。我觉得一个人他有自己的理想，忠于自己的理想，忠于文学追求，就应该受到我们的尊重。我们是一个大家庭，就应该有老人，老人坐在那儿我们才感到温暖、可靠、踏实。

杨老今年已经八十多岁了，我祝他长寿，身体好，多吃营养的东西，多锻炼身体，有时间多写好东西给我们看。

赵玫（主持人）

我们今天的活动还特别请到了德高望重的市委老领导石坚同志和吴振同志。

下面首先请市委老领导石坚同志讲话。

石坚（市委老领导）

尊敬的老战友、老大哥：

我和润身同志同年入党，而且都是在文艺战线工作，我在部队当一个小演员，他在群众剧社当演员，我们之间有很深的友谊。因此，润身同志的活动我一定要来参加。

我刚才听一段讲话很感慨，“同志”叫起来更响亮更亲切，我就想起一件往事。党中央、华北局、天津市委做的决定，党内不称职务，而称“同志”，这个起源跟作家是有关系的。

作家王昌定同志给市委写过一封信，信中提到在党内一定称“同志”，为什么？他举出了《天津日报》的例子，大家一向叫他“王老大”，直到王昌定同志写信的时候，《天津日报》所有同志还都叫他“王老大”。市委立即转发了信并且加了批语，然后华北局做了决定，我们称“同志”。比如说周恩来同志可以称恩来同志。一位记者在《天津日报》头版发了一篇文章《让同志的称呼更响亮》，这句话在当时流行起来了，这是我的一点感慨。

我是个外行，我对文学不太懂。杨润身同志是在晋察冀抗日根据地，在人民群众的沃土上，在毛泽东思想的阳光雨露下成长的一位作家，是当之无愧的人类灵魂的工程师。提出“人类灵魂的工程师”这个荣誉称号也有七十多年了。1934 年，斯大林同志在高尔基家里开作家座谈会时提出，作家是人类灵魂的工程师，后来就扩展到艺术家、新闻、宣传、意识形态等更广泛的领域。当时，广大的知识分子受到了极大的鼓舞和激励，很多人都为革命事业奋斗，为人民而奋斗发挥了巨大的作用。

我觉得杨润身同志是当之无愧、名副其实的人类灵魂的工程师。七十年来，他用优秀作品和高尚的人品，特别是流淌在他血液当中的善良正直，洗涤和净化了千百万人民的灵魂。杨润身同志是党性和人性完美结合的典范。我为什么提出这个？因为二十世纪七十年代，我们的新闻界曾经为党性、人性的问题展开了一场争论，两位权威的人士发起了争论，提出到底是党性高，还是人性高？是党性服从人性，还是人性服从党性？当时争论得非常激烈，最后答案是党性和人性结合。

我认为杨润身同志七十年的文学创作生涯就是最好的回答，他把两点完美结合，他用实际行动给了新闻界一个正确的结论。

他对人民特别是农民做了很多贡献，他心里始终忠于党、忠于人民，他永远不忘毛主席打天下的话语。他当时推着小车千里送公粮，枪林弹雨抬担架、运子弹、运伤兵等等。如果没有千千万万的农民在毛主席领导下打天下，就没有今天，任何时候都不能忘记我们的农民。和平建设时期也是农民建设的时期，他们在城市里打工，收入微薄，一天几十块钱，依然在勤勤恳恳地劳动。

杨润身同志永远忘不了农民，他认为忘了农民就是丧失了良知，背离了我们中华民族的文化。

朱总司令曾经对作家们说：只有群众才决定你们是不是重要的作家，你们是不是他们欢迎的。老杨搞了几十年的创作，无论是西柏坡的人、晋察冀的人、天津市的人，还是全国的人都认为老杨是他们的人，是他们欢迎的人。

杨润身同志的文章生动、鲜明、朴实、真诚、优美、幽默，他给我们好多学校里的小学生、大学生都做过非常精彩的报告。他的讲话中充满了深刻的哲理，使广大群众受到了非常深刻的教育。

再次向杨老表示感谢！最后，祝愿杨润身同志，健康长寿，永不停笔，我们期待为他庆祝八十、九十、一百周年的活动。

赵玫（主持人）

下面请市委老领导吴振同志讲话。

吴振（市委老领导）

我和杨润身同志是老乡，我们两个县相邻，我比他大一岁，我们也是志同道合的好朋友。对杨润身同志从事革命文学创作七十年活动，我衷心祝贺。我觉得杨润身同志身上体现了很温厚的特色，这个特色是他的真东西，过去的70年，他有大量的写作，都是人们所喜爱的、很有影响的，我为我们这些老同志有这样的成就感到光荣和自豪！

现在，杨润身同志跟我一样都已经步入了老年时期，我想老年也有老年的优势，应该说现在杨润身同志的阅历比过去更深了，经验更丰富了，学识积累得也更多了，文字功底也更加深厚了，文学素养也更加丰富了，所以现在完全可以继续奋斗！努力奋斗！可以写出更好、更多生动的、鼓舞人心的、关于人民的、受大家喜爱的好作品。

我期盼着杨润身同志更加与时俱进，我祝愿杨润身同志身体健康、心情愉快，写作大丰收。谢谢大家！

赵玫（主持人）

感谢同志们刚才满怀深情又热情洋溢的发言。我们在这要说明的是，在听说举办杨老的庆贺活动之后，很多同志都提出来希望在会上发言，而且一些同志都特意写好了发言稿，可见大家对杨老的尊重和敬仰。但是由于时间的关系我们做了一些调整，我们把已经写好的发言稿复印放在文件夹里发给大家。天津市作家协会准备为本次活动出一期《天津作家》专刊，将把所有作品进行收录，如果其他的同志还想要发言也可以写成书面的文稿交由作协一并采用。

下面我们以热烈的掌声欢迎杨润身同志致答谢词。

杨润身（天津市作家协会副主席　著名作家）

我有很多话想说，心里也很不安，我经常生活在偏远的农村，很想和同志们见一面。今天在座的有领导、战友、老同志、老朋友，还有可以成为我老师的年轻同志，我见到你们心里特别感动。刚才冯骥才同志也提到了，我参加这样的一个会是头一回，参加批斗会有很多次，所以在这一个特殊场合里面心潮起伏。我十分感谢中共天津市委宣传部和天津市作家协会为我召开这次盛会。我十分感谢中国作家协会主席铁凝同志，中国作家协会副主席、天津市作家协会主席蒋子龙同志，天津市作家协会副主席航鹰同志给我寄来的贺信。我十分感谢中国文联副主席、天津市文联主席冯骥才同志和发言同志对我的鼓励。

同时，我心里也感到不安，出席会议的同志们，特别是老领导、老同志、老战友年纪都大了，年轻的同志、战友们都在忙于学习、工作。说实话，我实在不想耽误同志们的时间。开会之前我就提出不召开，我不愿意耽误同志们的宝贵时间。

我从事革命文艺工作已经七十年了，在天津文艺界可以算是一个年长的文艺工作者。我自抗日战争起，就开始为村剧团写作剧本，我写的和上演的街头剧、舞台剧，出版的小说、散文数量不算少，共有三百多万字吧，却没有一篇写出时代的伟大、农民的坚强，可以说没有一篇是“阳春白雪”，全是“下里巴人”。所以说实在的是不值得召开这样的盛会浪费同志们的时间，我坐在这里看见同志们真的感到很惭愧。

我自己感到欣慰的是：在革命战争期间，我经受住了枪林弹雨的考验。改革开放之后，面对商潮兴起，面对拜金主义无孔不入的泛滥,我没有忘记自己的理想和信念,没有忘记入党时的誓言,没有忘记自己是一名老党员,没有忘记佩戴过“八路”臂章。写作品时始终如一地铭记:为人民服务,为社会主义服务。

不管商潮如何泛起,不管拜金主义思潮如何泛滥,我经受住了糖衣炮弹的攻击。打倒“四人帮”之后,我下乡兼任县委常委,体验生活,有职有权,有权就可谋私。我不止见到过一次、两次红包,我心里清楚:只要对红包有了感情,收下红包,自己就不是共产党员了。每一次见到红包,我都毅然谢绝。

有一年,我步行往县城边上一个村里采访,将近中午时,我又饥又渴,路过一块西红柿地,我向老乡买了两个西红柿吃。吃下西红柿才知口袋里没有装钱,我回到招待所,拿了五角钱送还老乡。老乡惊奇地说:“哎哟,现在还有你这样的人吗?你一定是个老八路!”

到了晚年,听老百姓喊自己一声“老八路”,我就满足了!我这一生都是个老八路。

耽误同志们的宝贵时间了,谢谢在座的每一位同志、领导、战友、老朋友。

赵玫(主持人)

感谢杨老的答谢词!

通过今天的活动我们相信杨润身同志的创作精神一定会激励我们大家为人民奉献出更多、更好的文学作品。

另外,杨润身同志将他最近刚刚由百花文艺出版社出版的长篇小说《艰难的跋涉》一书亲自签名并送给大家。

会议结束,谢谢大家!

别记:在“庆贺杨润身同志从事革命文学创作七十年活动”

上，中共天津市委宣传部副部长李毅同志，代表中共天津市委宣传部和天津市作家协会向杨润身同志赠送了水晶纪念牌。

杨润身同志将自己的部分文学作品赠给即将开工建设的天津文学馆进行收藏。天津市作家协会党组副书记、秘书长宋群利同志向杨润身同志颁发收藏证书。天津市作家协会年龄最小的会员黄碧玉向杨润身爷爷敬献了鲜花。

2010年6月3日

于天津市文联大楼美术展览馆

赤子情深

——杨润身革命文学创作七十年有感

◎ 王家斌

从解放区来天津的作家,依然健在的已所剩无几了。而硕果仅存,且仍保持创作状态的,似乎亦唯有杨润身。更使我感慨的是,和许多老作家一样,虽然他这一生在创作上亦多坎坷,但对文学却一往情深。

若回想起来,我与杨润身的忘年之交也有近半个世纪了。我记得,我与他的第一次见面似乎是《新港》杂志编辑部召开的一个会上。当时,虽然我的《聚鲸洋》在全国已引起轰动,但不仅不敢以作家自居甚至在杨润身这样的老革命、老前辈的面前我连话也不敢多说。更何况,我对他编剧的电影《探亲记》又如此的钦佩与喜爱。

至于我与杨润身的真正交往,则是在我到作家协会之后。当时,因创作上的压力,很长一段时间我曾陷入不为人理解的苦闷中。这时,曾给我安慰与鼓励的,亦多为前辈的老作家。而杨润身则对我更关切,并经常与我谈心。使我最难忘怀的是有一次我和他从作协步行到他家,我们边走边聊。到了他家,我又跟着吃了顿没盐的大白菜。他因病不能食盐,也是人所共知的。

还有一次是去他的故乡平山去探访。身入其境,才真正理解了当年他何以能创作出《探亲记》这样的好作品,和后来又能创作出《九庄奇闻》《魔鬼的锁链》《风雨柿子岭》《白毛女和他的儿孙》《天堂里的凡人》《危险火花》等乡土原生态的长篇小说。

俱往矣。虽人生苦短，但作家却例外。因为，作家的生命是以文学来延续。

生命不息，创作不止。杨润身虽已笔耕七十年，仍如此的不甘寂寞，亦不能不说是一个感人的文学奇观吧。

老杨，你是我的朋友

◎ 吴若增

我知道，说“老杨是我的朋友”，人们一定会感到意外——因为倘是先前，连我自己(可能还包括老杨)，都会感到意外。也就是说，我吴若增和他杨润身能够成为朋友，本来是任何人都想不到的事情。

那是十几年前，我搬到现在住着的这个地方，离老杨的家不远。偏巧的是，我俩都有一个午觉后去街上散步的习惯。那时，我俩就常常会在体育馆一带碰面。碰面的时候，自然就要说点什么。说点什么呢？两个人的年龄、阅历、性格、观念……都相去甚远，甚至看起来完全不搭界，那就只好说说天气了吧？要不，就问问身体怎么样？奇怪的是，从第一次碰面，我俩就没有谈论天气，也没有谈论身体，而是直奔正题，且谈得真诚、坦率，观点虽然相左但却气氛融洽。

忘记那个话题是怎么引起来的了，只记得缘起是因为老杨说他认为“作家比谁都小”。我听了，当即反对，说“不对，作家比谁都大”。为了说明我的观点，我举例说，假如我是拿破仑手下的一个士兵，那么，我将毫不犹豫地服从他的指挥，毫不犹豫地执行他的命令；但是，假如我是一个作家，那么对不起，你拿破仑先生就只不过是我笔下的一个人物而已，因此，我就有权对你进行我的评价——不管你有多么伟大。老杨听了，没有正面反驳我，却讲起了他的经历。他说起了他小时候生活的艰难，说起了他怎样走上了革命的道路，说起了党和人民对他的培养……为此，他才说他认为“作家比谁都小”。老杨的话，给了我很大的触动，一下子，我明白了他为什么会写出那样的作品，也明白了他为什么会有着那样的情感与观念。甚至我还明白了像他那样的作家们是怎样看待历史，怎样看待生活的。我想，每个人都有自己的经历，经历会给人打上烙印。那个烙印，既是情感上的，也是观念上的，将其付诸文字，便是一个作家的文学表达。我尊重并欣赏这样的文学表达，因为它真诚，且发自内心。同时，我也为他的那颗知恩之心而深深感动。“这是个好人啊……”，我想。

有了这样的一个开头，以后我俩碰面时，聊及的话题就可以说是包罗万象了。有趣的是，还是因为上面说过的种种不同，对于许多问题，我俩常常见解有异，甚至冲突，但不管是他还是我，都能够直言相向，绝不隐瞒自己的观点。倘若碰到争议，也完全是心平气和，他说他的理我听，我说我的理他听，既无假意屈从，也无盛气凌人。这样的谈话，使我受益匪浅。首先，使我得以知道了对于同样的一个人或一个事物，还常常会存在另外的一种看法，而且那种看法居然也有它产生与存在的根由，甚至道理。而我先前却总是以为只有一种看法存在，并且只有一种看法有理，其他均属谬误。其次，我认真地听取了另外的那种不同看法之后，有时你会发现你的看法是错误的，或者是需要调整的。这样，就非常有益于你克服固执己见，或者有益于你防止思维偏激。最后，也是更为重要的，是这样的谈话使我清晰地体验到了交流与沟通的意义。这个意义，堪称非比寻常！

马克思和恩格斯对于社会主义和共产主义的定义是：在那个社会里，“每个人的自由发展是一切人的自由发展的条件”。而要使每个人都能够得以自由发展，那么，在思想上，那个社会就应该是多元的。所谓多元，就是允许并鼓励各种看法得以自由表达。可惜，中国几千年儒家独尊，早已形成了大一统定势。显然，这就是过去的中国难以进步的根源，因为它窒息了人的思想，阻塞了人的交流，令社会死水一潭。然而不幸的是，这样的一种习惯和定势，至今却还在荫蔽着许多人，使人们总是回避交流与沟通。或者相反，有了不同意见，就要形同寇仇，斗个你死我活。像是我和老杨这样，有着共同的兴趣与话题但却常常见解有异，却又能够推心置腹，坦诚相见，在认真地切磋之中得以互补，得以完善，得以提高的情况，应该说实在难得。可惜，我和老杨都是小人物，我俩的交流与沟通的意义，自然只能是局限在我俩之间。但是，这样的交流与沟通，却令我看到了一种未来——一种人与人之间真诚相见，善意交往的未来！

当然，反过来说，或者从本质上来说，其实我俩也早就发现并明白，我俩之所以能够如此交往，其根本原因在于我俩都有一颗共同的忧国忧民之心！是这颗共同的心，使我俩都有一个不断校正自己，不断正确自己的强烈愿望！应该说，正是基于这样的一个共同的基础与愿望，才使我俩越走越近！

同时，不谦虚地说，这样的交流与沟通，在中国当今社会，也是需要有一点善良，有一点人品，有一点教养，有一点胸襟的！

像是老杨这样的朋友，我曾经希望有所扩展，为此，也曾做过若干努力,可惜没有成功。这个没有成功的原因,主要在我,在我不是跟谁都好意思争论。因此,这样的朋友,在这个世界上,现在就只有老杨一人。

我感到很荣幸——但也感到很可惜。

平山故土的歌者

◎ 闫立飞

2003 年，已是耄耋之年的杨润身在他的长篇小说《危险火花》的后记中说："我抛不开故土之情，我的故乡在革命老区，每一寸泥土都浸染着受难同胞的血泪，每一座山石都刻着先烈的无私，故土成了我的生命。属于自己的时日已很短暂，更加眷爱故土，更加离不开故土，更加珍惜乡亲们的深情厚谊。"杨润身这句带有总结性质的话展现了其文学创作的总体面貌，即他的作品不仅主要取材于他的故乡冀西革命老区的河北省平山县，老区平山成为其创作灵感的源泉，而且他对平山故土革命历史的发展和对平山农民在各个历史时期命运给予关注。在创作了"平山系列作品"的同时，他也成为平山故土的歌者，成为一个"真正意义上的农民作家"。

杨润身的创作可以分为新中国成立前、新中国成立后的前十七年和新时期三个阶段。抗日战争时期，杨润身参加了村剧团活动，编演了反映八路军和当地民兵围困日本鬼子堡垒的《围困堡垒》和批评忘本思想的《炕头会》等剧作，从此开始走上文艺创作之路。新中国成立后，杨润身创作了《春节回故乡》《五亩山凹地》《父子情》《千听百见的故事》等短篇小说，创作了《探亲记》和《姜喜喜》等电影剧本，参与了电影《白毛女》的改编工作,成为著名的小说家和电影编剧。新时期以来,杨润身创作了《风雨柿子岭》《九庄奇闻》《魔鬼的锁链》《白毛女和她的儿孙》《托起黎明——白求恩的“女儿”》《天堂里的凡人》《仙女峰的迷雾》和《危险火花》等长篇小说,在长篇小说创作上取得了非凡的成就。

从剧本到短篇小说再到长篇小说,杨润身始终坚持现实主义的革命文艺路线,通过文艺作品反映故土平山革命历史和现实状况的同时,歌颂了平山干部群众大公无私、积极建设社会主义国家的优秀品质及其不忘本的革命优良传统,展示了他们敢于和党内党外各种不正之风与不良现象做斗争的坚定品格。为了创作现实主义的作品,杨润身不跟风、不回避,以农民特有的韧性耕耘在平山的泥土上。新时期初期,“伤痕文学”十分流行,有位好心肠的朋友反复劝说杨润身认准“行情”,紧紧跟上,但他却不愿意给“眼泪热”再增添一点点的热度,依然坚持自己刚毅、乐观的创作风格;面对党内出现的腐败现象与腐败分子,作家朋友劝说他要笑对不平,不必沉重,而杨润身难以做到,他说:“我脚踏革命老区故土,头顶蓝天红日,面对五彩缤纷,不管自己如何自我解脱,也丢不开乡亲们的期盼,脱不掉心里的沉重,只有一写为快!”杨润身不忘农民之根与革命之本,坚持党的正确路线,积极从事文学创作,正是他的这些坚持使其不仅成为“天津的赵树理”,而且也成为平山革命老区的歌者,并为天津文学植入了革命乡土的传统。

幸福老汉

——访作家杨润身

◎ 张京平

杨润身，66 岁，河北省平山县人。当地老乡叫他“杨憨”。

他也确实有些“憨”。穿着极普通的衣服，操着浓重的乡音，像一个农村的乡干部。从 1977 年起，他坚持在平山县挂职，一边工作，一边深入群众，进行文学创作。十年辛苦不寻常。在许多作家喊着写不出来东西的时候，他不但写出了一百万字的小说，还帮助当地解决了许多实际问题。

他是土生土长的平山县人，老一辈知道他“一条道走到黑”的个性，叫他杨憨。如今，中青年农民也都亲热地叫他杨憨。

憨虽然憨，却没有错。杨润身说：“猪往前拱，鸡往后刨。一人一个干法。在文学创作上，有的人善于想象，可以‘编’出动人的小说；有的人博采众长，坐在家里也可以写出好作品。我不行，我笨。我只能深入到我熟悉的生活中去，写自己熟悉的人。离开他们，我思路堵塞，心情烦闷，真是什么也写不出来——我笨呀！”

1980 年，杨润身终于得到了“解放”。电视台有人采访他，叫他笑一笑，他没有笑。他说，我已经不会笑了。有人对他说：咱们这一代是四部乐章：抗日战争以前——逃荒要饭，抗日战争以后——南征北战，“文化大革命”开始——接受批判，四化实现——买菜做饭。结论是:幸福老汉!杨润身不甘心去“买菜做饭”。几天以后,他卷起一个铺盖卷,骑上一辆旧的永久牌自行车,梗着脖子,去了平山县老家。乡亲们见他能活着回来,都很吃惊,有的人抱着他流泪。在这里,他觉得终于找到了自己的价值。他感到这才是真正的“解放”。经河北省委组织部的批准,杨润身担任了平山县委常委的职务(他是1937年参加革命的老党员)。在这里,他一待就是10年。平时骑着旧自行车东走西串,参加劳动,帮助老乡解决问题。落实政策时,他的清廉公正出了名,门口找他的人排了队。有人背后叫他“青天”。有一次,一位姑娘因父母包办婚姻,被关在家里。她托人送来一张纸条:“老杨,救救我!”老杨把姑娘和她的未婚夫一起送到公社,登了记。这样的事,他做了许多。

乡亲们和他熟了,叫他杨憨。拍他的肩膀,开他的玩笑;车胎没气了,帮他打气;走上坡路,过路人帮他推车;天冷了,有人悄悄送来棉大衣。

正由于与人民群众有了这种水乳交融的关系,杨润身感到自己文思泉涌。他创作的长篇小说《风雨柿子岭》《九庄奇闻》均取材于当地生活,1984年他获得了天津市鲁迅文学奖。

有一次,乡下发生了一个案子,一位农民在村口捡到一个提包,一打开,爆炸了。这本是一件谋杀案,但由于种种原因,凶手一直逍遥法外。在这个问题上,杨润身坚持法律面前人人平等。最后,凶手受到惩处。杨润身根据此事,写了富起来的农民,他们的矛盾和生活。这部30万字的长篇小说《魔鬼的锁链》,已被列入安徽文艺出版社的出版计划。杨润身还准备创作一部《戎冠秀》的电视剧。

“我当然也有不少的烦恼,也有痛苦。但我的心情总的来说是舒畅的。因为人民毕竟愉快了，尤其是农民。我生活在他们中间，常常看见他们的笑脸，能不乐吗？再说，我人是笨一点，但没闲着。我的生活是充实的。”杨润身最后笑着说，“我没有买菜做饭，但仍是一个幸福的老汉。”

老作家的新“苦闷”

——访著名作家杨润身

◎ 周凡恺　高　帆

著名作家杨润身说话时夹带着浓重的河北平山口音，举止做派也像个地道的农民。

我们见到他时，这位64岁的老人热情地从里屋拿出一盘苹果，说：“是我亲自从家乡的树上摘下来的，尝尝！”言语和神态中流露出对家乡的依恋和挚爱。粉碎“四人帮”后，他在家乡平山县兼任了县委常委，一年中大部分时间在那里度过。许多农民和他开玩笑说：“老杨，别当你的作家了，干脆一心给咱当领导得了！”其实，杨润身整年骑着一辆旧自行车各村跑，给农民解决实际问题。他的长篇小说《九庄奇闻》和《风雨柿子岭》就是在这种忙碌的生活中写出来的。他说：“我和农民住在一起，感到有种乐趣，中华民族的传统在他们身上体现得最充分。再说，我是个笨人，离开生活就无法写东西。

前一段时间，他曾苦闷过一阵子，这种苦闷包括对形势的估计和创作观念的更新。参加党的第十三次全国代表大会之前，他有两种担心，一是怕“左”的东西回头，他自己曾为此吃尽了苦头，我们的国家也为之付出了巨大的代价。这几年他生活在农民之中，眼看着农民一天天富起来，但“左”的幽灵依然在古老的大地上徘徊，因此他的心中时常罩着一层阴影。另一个担心就是怕中国全盘西化,没有选择、盲目地接受外来的东西,把我们民族中美好、优秀的东西丢掉。开完会回来,他的担心被打消了,虽然仍旧有些苦恼,但这是每一个作家都经历过的在艺术探索上的苦苦思索。他认为自己仍应该坚持现实主义的创作原则,但在写作方式上不能再固守老一套。如今,年轻人的观念在变,老年人的观念也应该不断更新。这个更新的过程也需要经过痛苦的挣扎。

农民出身的杨润身 14 岁就参加了革命，只读过一年的正规小学。凭着一股钻劲儿,他写出了电影剧本《白毛女》,小说《探亲记》《九庄奇闻》等优秀作品。他说:“这些作品都是生活赋予我的,因此我不能辜负生活。只有置身于农民之中,做一粒泥土,一棵小草,我才是个快乐的人,自由的人。”经过苦闷后的杨润身预感到自己在创作上将要有一个飞跃。但具体有什么计划,他又不想多讲,只说:“等写出来再说吧。”

天津“赵树理”——杨润身

◎ 马元暐

作家杨润身文化水平不高，小时候只念过一年小学课程和两个冬天的私塾，只是后来参加革命后才摘掉了“文盲”的帽子。可就这样，他迄今已发表了上百万字的作品，奥秘何在？

以平山为背景

很多作家都有自己的生活基地，杨润身的生活基地就是他的老家——河北省平山县。当年，杨润身穿着母亲用自己的嫁衣改的衣服，带着满腔仇恨，离开家乡参加了革命。没想到后来这块土地竟对他如此恩厚，可以说，他写的每一部作品几乎都是以平山的风土人情为背景展开的。由于作家对贫苦农民的生活有着亲身体验，靠着他较丰富的生活储藏。二十世纪五六十年代，他的创作达到了黄金时代，先后写出了《探亲记》《心连着心的人们》《前夜》《山村会计》等文学作品，并产生了一定影响。其中《探亲记》被拍成了电影，曾在苏联等国家上映，受到好评。周扬、赵树理、康濯等也都发表文章评论他的作品，他一时被誉为“天津赵树理”。

柳暗花明

“文化大革命”时期，杨润身的电影剧本《探亲记》被江青点名批判。厄运以后他几乎丧失了语言能力。他尝试着写了几篇作品，却被退回来了，在创作上他感到了从未有过的艰难。这时，他想起了他的老家平山。他一咬牙，扛起铺盖下乡了。这时他已年近花甲，还患有肝硬化、肾炎等疾病，不能食盐碱。这需要多大的决心呀！1977 年起，他又兼任平山县委常委。他下乡从不坐汽车，一辆破旧的永久牌自行车伴随他奔波在乡村的黄土道上。他积极帮助地方政府为农民落实政策，替农民排难解忧，每天都有很多农民找上门来要他帮助解决矛盾纠纷。有一对青年男女自由恋爱，家长不同意，杨润身就跑去做家长的工作。后来这对青年结婚后生了孩子，他们特意跑了四十多里地要杨润身给孩子起个名字。在火热的生活中，杨润身的创作激情又重新燃烧起来，他接连发表了长篇小说《风雨柿子岭》和二十多部中短篇小说，最近又有一部长篇小说《九庄奇闻》即将发表。

永做“乐天派”

1960 年，杨润身得了肝硬化、肾炎。当时，有人说他活不了两年了，可他却活了下来，并且写出了很多作品。靠的是什么？乐观。对生活持乐观态度是杨润身一大特点。他常常对人说：“我生活得很愉快。”他甚至有这样一个打算：以他在牛棚中的生活为素材，写一个短篇小说，用一种乐观的、黑色幽默的视角来重新看待那过去的日子。他与自己约法三章：不断到生活中去，只要生活能自理，就坚持下乡，不断学习，保持感情不淡化、思想不僵化、活力不退化。

他没有掉队

——记农民作家杨润身

◎ 滑富强

一提到杨润身，人们就会想到《白毛女》，因为他是电影《白毛女》的编剧之一。看到“杨润身”三个字，人们也自然会想到《探亲记》，因为他是这部电影的编剧，而且他为此付出了血的代价——江青曾说：“《探亲记》修到家了！”既然“修”，他当然就在“横扫”和“打倒”之列，他所经受的磨难，就不是用言语可以形容的了。

然而，杨润身没有沉湎于个人的不幸，他说：“我们党遭受了那么大灾害，我的不幸又算什么！”

1923 年 7 月 31 日，杨润身出生于河北省平山县农村。他 14 岁参加革命，1938 年入党。这个仅有小学一年零两个月文化水平的农村娃娃，在革命实践中刻苦自学，先后担任了边区小学教师兼校长，区委宣传委员，华北群众剧社编剧。从抗日战争时期创作演出的剧本《围困堡垒》，到解放初期的《白毛女》《山村会计》等电影剧本和小说，他一步步攀登，终于成了全国著名的农民作家，现任中国作家协会天津分会副主席。

当“文化大革命”结束后，他在政治上获得了解放，创作也获得了自由。然而，面对新的形势，写什么，怎么写，他却有些茫然。正如他自己说的那样：“我可怜得很，也可悲得很，还像个没有灵魂的泥胎,硬着头皮写了些小说、剧本,全像丑媳妇一样,难找到婆家。"我和老杨是共过患难的朋友,我了解他那一段时期的痛苦,一个作家恢复了创作自由,而拿不出像样的作品,能不焦虑吗?

他毕竟是一个有"根基"的作家,经过冷静反思后,他终于明白了,只有到"源泉"中去,才能获得创作的自由。尽管他被"四人帮"折腾得身体垮了,百病缠身,但却毅然带病深入生活,在遵化县、蓟县、青县"走马观花"之后,又回到故乡平山县"下马看花",兼任县委常委,长期"蹲"了下来。

老杨"如鱼得水",他活了,艺术生命复活了!他的创作灵感就像喷泉一样,激情喷涌而出——《奇案不奇》《"孙悟空"赶集》《重磅炸弹》《风雨柿子岭》《九庄奇闻》等短篇、中篇、长篇相继发表和出版,并在津京冀引起轰动。农民读者欢呼:"天津的赵树理又回来了!"

为此,中国作家协会天津分会和河北省花山文艺出版社,专门召开了"《九庄奇闻》讨论会"。著名评论家王昌定、阎纲、冯健男、滕云,著名作家张庆田、柳溪、蒋子龙等都出席了讨论会,高占祥同志也到会讲了话。与会者充分肯定这部现实主义新作。评论家们说:"《九庄奇闻》的出版,标志着杨润身的创作达到一个新的高度,具有继往开来的意义。"大家一致认为这部作品显示了作家借鉴民族传统的深厚功力,在技术技巧上绽放出了夺目的光彩。

革新的时代必然面临着文学的革新。一些老的作家和业余作者,如果不正视现实,依然抱残守缺,思想还囿于旧模式中,那只能自怨自艾,被文学竞争的快车所甩掉。农民作家杨润身没有掉队,而且在花甲之年写出了为人民群众喜闻乐见的艺术新作，这一事实，为思想僵化、裹足不前的作家敲起了警钟，也指出了方向。只有扎根于生活的沃土之中，才能扬长避短，发挥个人的优势，在艺术表现上刻意求新，才能拿出自己的“绝活”。

如今，杨润身这名老兵又在撰写新作，虽然医生曾断言，他的生命还只能延续两个春秋，但他是个“乐天派”，有着赵树理式的机智和幽默。他说：“只要马克思不召见我，我还要深入生活，还要写作。而且不重复他人，也不重复自己，要常写常新。”最近《蓝盾》《文艺》等刊物上发表的他的中篇新作来看，确实是新鲜生动。尤其是他作品中散发出来的平山地区语言的质朴芬芳，给读者留下了难以忘怀的记忆。正如作家兼评论家王昌定所说的那样：“《九庄奇闻》像埋藏在地下十年、二十年的老酒，越品尝越是回味无穷。”作家柳溪赞誉《九庄奇闻》是“老树新花”，我们祝愿杨润身这株文坛“老树”，结出更加丰硕的艺术果实。

一棵常青树

——记老作家杨润身

◎ 宋乃谦

“人之初，性本善。性相近，习相远。”《三字经》里这样说。我七八岁时已经识字了，偶然读到一本关于“三民主义”的课本，课本写道：“织席的睡土炕，织布的穿补丁，社会不平等。”在我幼小的心灵里，久久地盘旋着一个问题，为什么？当我长到十五六岁，看到了电影《白毛女》，我为喜儿不幸的遭遇流泪了。我憎恨黄世仁欺男霸女的霸道。喜儿撕心裂肺地呐喊：“爹爹！爹爹！为什么……”这一幕震撼了我的心灵，泪水洗亮了我的眼睛。离开影院，我的心久久不能平静，喜儿的“为什么”给了我童年的“为什么”以明确的答案，原来是阶级压迫造成的。我由衷地感谢作家、艺术家用艺术揭示了人间的真谛。我渴望拜见这位电影剧作家，很想拜他为老师。遗憾的是，很长时间我不知道这部电影的剧作家是谁。

8 年过去了，在中百站的大厅里，我终于见到日夜想念的杨润身老师。百人的大厅里，只有我们四人听课，杨老师课讲得很生动，不时逗得我们发笑。从作家的政治修养到深入生活，从艺术磨炼到典型形象塑造，至今我记忆犹新。在我们的要求下，他谈了《探亲记》的创作过程：“1956 年，我在本县滹沱河畔的一个村里蹲点，一位乡亲激动地告诉我说，大儿子不给他分文，盼望我能给他解决这一难题。之后又一位乡亲找到我，骂他儿子在外边升了‘高官’，忘了老爹，要我给他儿子写信，批评儿子一顿。两乡亲的难题我都给解决了，两乡亲的不快留在我的心里，像火一样烤着我的心。一咬牙，我三两下写出《探亲记》。”

没过多久，传来杨老受到批评的消息。我困惑不解。

又是一个春天，乍暖还寒的日子，我在市文化局落实政策办公室见到了杨老。办公室不像样子，书籍资料散落一地。几位老作家见到我们格外亲切，我和杨老 18 年不见了，他虽已过天命之年，但精神矍铄，听说我们要搞批判阴谋文艺讲座，杨老不假思索地说："我去讲第一课。"从此我们有了交往，结成忘年之交，他成了我的良师益友。

一

杨润身出生在旧社会最黑暗的年代。父亲是个勤劳善良的农民，身上背着 360 吊钱的子孙债，压得他翻不过身来。杨老上边有个哥哥，生活就够难了，又添一张嘴，日子怎么过啊。他刚哭出第一声，就被父亲投入水缸里。幸好奶奶知道了，从水缸里把他揪出来，使他见了天日。

年幼的杨润身，生性聪颖，7 岁就在村剧团里打大锣。一天，来了个算命的先生，看上了杨润身，对他父亲说，这娃会有出息的，好好培养他吧。可是生活苦啊，以糠菜充饥，什么槐花、榆树叶全都吃过。父亲还是让杨润身上了一年零三个月的学。艰难的生活不仅磨砺了他坚强的意志，还使他增长了才干。"九一八事变"后，日本帝国主义抓紧了对中国的侵略，村里来了共产党，王庭斌同志是他最早认识的党员。王同志在村里宣传"打倒蒋介石”，实行“耕者有其田”。杨润身听了心里像燃起一团火。王庭斌还准备送杨润身去延安学习。到了1937年，杨润身穿着妈妈出嫁时的一件上衣参加了革命工作。先担任交通员，后当过小学老师、校长、地区报社指导员。后来，日本人实施“五一大扫荡”，村庄都烧了，几个村并成一个村，四五家用一口锅做饭，制造了无人地带。鬼子在据点里见人就打枪，还经常来飞机轰炸，环境恶劣残酷。杨润身集教师、民兵、演员等身份于一身，就在敌人的眼皮子底下，在教室里他是老师，教娃娃念书识字；在鬼子的堡垒下，他是民兵。农民、民兵要娱乐，他编写剧本《围困堡垒》；农民要保卫翻身胜利果实，他写了《柴庄穷人翻身》；个别干部有忘本思想，他写了《炕头会》。在柴庄6年，他写出40多部剧本，有的演出百余场，在边区产生极大的影响。老作家康濯曾去柴庄蹲点，他领导的柴庄剧团获得晋察冀中央局奖励的“乡村文艺旗帜”。杨润身这个艺术家无师自通，他没学过简谱，却能识谱；没学过作曲，他还能谱曲；没学过编剧，也写了几十个剧本。周扬称赞“杨润身是多面手”，他的事迹上了边区的光荣册。时势造英雄啊，血与火锤炼了人民艺术家，可以说这是杨老人生中的第一个辉煌。

二

解放战争前夕，杨润身被调到华北群众剧社，开始了专业文艺工作，在华北群众剧社担任编剧，也扭秧歌。后应电影《白毛女》两位编导之邀，他参与创作了电影《白毛女》。他将对杨白劳、喜儿等贫苦农民的爱，对黄世仁、穆仁智的憎，全部倾注在电影之中。杨老不止一次对我说，他的父亲就是杨白劳，他欠下的阎王债直到土地改革才算了结。写到这里我突然想到列宁批评考茨基的一句话“剥削者不可能同被剥削者平等。”[①]我想杨老对这个真理理解得最深，尽管现在有些人不喜欢这话，但它是社会主义最本质的内容。由此我也想到电影《白毛女》，是它吹响了中国土地革命的冲锋号，是它动员了亿万农民起来参加土地革命。它对中国消灭两千多年的封建制度所起的作用，在某种意义上讲，不亚于美国斯托夫人的《汤姆叔叔的小屋》。他的历史功绩和艺术成就应彪炳青史。

谈到杨润身的文学生涯，还得从1950年说起。那年冬天中央文学讲习所作家班开班了，这是一所培养作家的学校，由著名作家丁玲主持。他聆听了赵树理、康濯等名家的教诲，并得到具体指导，同时有机会阅览古今名著。他的小说、电影剧本创作逐渐超出了他在戏剧方面的成就，开始进入了小说家与电影剧作名家的行列。

杨润身受时代的感召投身革命，同样受时代的感召进行创作。他与时代同呼吸共命运，自诩“遵命”文学，“在抗日战争的烽火里，我多次在鬼门关徘徊，仍没有忘记遵命”。“人民是母亲”，“土地是生命”，他时刻不离养育他的沃土，遵从母亲之命。正像一位评论家所说的，杨润身是一位把心贴在农民身上的作家。他接受的是生活的指引，他完全是按照复杂化了的生活的本来样子来认识描写人民的。从1938年入党时起，杨润身就立志为中华民族谋幸福，在残酷的战争中还要给民兵带来欢乐，他最忧虑的是人民得到的幸福是否还会失去，他最担心的也最憎恨的是干部的腐败，这也是人民最关心的。为此，他写了一系列作品。《炕头会》（剧本）批评了李守山的“忘本退坡思想”；《春

---

① 摘自《无产阶级革命和叛徒考茨基》，《列宁全集》第35卷，人民出版社，1992年。

节回故乡》(小说)批评了田顺子的忘本;《探亲记》(电影小说)写了一个儿子当了高官，不认贫农父亲的故事。他带着强烈的爱憎,塑造了田父耕勤劳朴实、充满爱心的农民形象,无情鞭挞了当了局长的儿子腐化变质的忘本行为。作家带着强烈的革命和社会责任感,向我们提出了一个重大政治课题:工农人民得到政权还会失掉吗？这是人民最关心的、想说而没有说出的,这不是杨润身杞人忧天,更不是呓语。列宁曾经告诫过,“只要社会主义革命还没有在一切国家内取得胜利，苏维埃共和国就有沦为奴隶的可能。”①生活实践证明了列宁的科学论断,也充分证明了杨润身这位当代作家远见卓识和艺术胆魄。《探亲记》是我们文学史上一块不可多得的瑰宝,在今天更显露出不朽的现实意义。

杨老有个绰号,叫山憨,在他老家的人们就直呼他“杨憨”。土地改革时他直面批评县委书记,说他们不太了解情况。“大跃进”时他批评徐水县向中央打了假报告,农村的浮夸风、共产风、一平二调破坏了生产力。杨老说:“照这样干要挨饿呀！”他心里焦虑,作为一名共产党员他对组织无话不说,憨实得很。忧国忧民是他的天性。一个农民来津在营口道卖西瓜,几个痞子围上来就抢,不给分文,老杨上前拦住与其讲理,其中有人认出“他是杨润身”,放下西瓜赶忙逃了。他常年在平山县委挂常委的职务,县里人们有事都愿意找他。青年结婚受阻找他,孩子起名找他,想离婚的找他,甚至羊不下崽儿也找他。下乡他不坐小车,都是挤公共汽车或骑自行车,见抱小孩的妇女他就让座。一次在公共汽车上,他还抓住了三个小偷。其中一个孩子被杨老抓

① 摘自《俄共(布)第七次紧急代表大会文献·关于战争与和平的决议》,《列宁全集》第34卷,人民出版社,1992年。

住后，他父亲领着他到县里向杨老道歉。杨老还有一个外号叫“菩萨爷爷”，因为他抑恶扬善，助人为乐。这样一位爱民为母，公而忘私，仗义执言，心地善良的人却遭了难。1968年2月21日，江青在千人大会公开批判了《探亲记》：“《探亲记》可修到家了。”

江青诬蔑了杨润身，让他在“文化大革命”中遭了难。一名有坚定理想信念，用科学理论武装自己的作家是经得起火与血的洗礼的。十年革命，十年囹圄，九死一生，自从奶奶把他从缸里拉上来，他见了天日；日本鬼子的炸弹曾深深地把他埋在土里，战友们把他拉上来；一次得寒病，战友们抬他走到半路上，他停止了呼吸，战友只好将他埋掉，并通知了他父亲，杨父恐狼吃了他的身躯，找到埋的地点，发现他有了呼吸，又将他背回家；一次战斗中，牺牲了很多战友，母亲听说后，以为他也死了，正在村口给他烧纸，他突然立在母亲的面前。战火没有夺去他的生命，十年劫难却令他痛苦。杨润身对这段生活是这样描述的：“我没有把理想信念作摆设，我不为我的苦与辣感到遗憾，我认为自己可减少一点形而上学，对人对事说得全面一些、深厚一些，这也不是坏事，可以促使自己发奋。”写到这我突然想起屈原的诗句，“亦余心之所善兮，虽九死其犹未悔”。这话赠给我的老师杨润身是恰如其分的。

三

“飘雨不终朝，骤雨不终日。”杨老在天命之年迎来了文艺的春天。我拜他为老师，他称赞我是第一个为他鼓掌的人。党的十一届三中全会后，他带着病回到故乡——河北省平山县兼职体验生活。故乡的田园，乡亲的炕头给他增添了无限的快慰。农村那多彩的生活，激励他拿起笔，歌颂美好。一天，一名姓赵的老汉找到杨润身说:“老杨,你去也得去,不去也得去。”说罢把老杨的行李放到自行车上,硬拉着杨润身来到他们村上。杨老走门串户地访问,农民们竟喊出:“疙瘩怎么又活了?”(疙瘩是新中国成立前判死刑的地主)。原来这个新支书是造反派,拒绝执行党的十一届三中全会决议,欺男霸女,无恶不作。农民说他“比真龙天子还真龙天子”“比阎王爷还阎王爷”。他欺压群众为所欲为,侵吞公款不择手段,县里公社有靠山,草菅人命,只手遮天。县委常委讨论后撤了他支部书记一职,可杨老胸中的怒火还在燃烧,他用了40天的时间,写出了小说《九庄奇闻》,奉献给读者一个朴素、热情、明朗的农村生活画面,一群真实的农村人物活脱脱地呈现在读者面前:下放的县委书记华满山,地道的老农张乐乐,作恶多端的支书姜红牛,大队秘书王顺喜,都有其鲜明的个性。《九庄奇闻》在杨老的创作历程中,是一部具有继往开来意义的作品。

20世纪末的中国文学已形成一个没有主流的多元共生的局面。在市场经济下,为人生、为艺术的美学原则已演变为迎合读者和市场而写作,假文学应运而生。有的新贵慕名,开出万元高价请杨老为他写篇吹捧短文,被杨老拒绝了。杨老不需要钱吗?他儿子下岗,儿媳脱职,孙女患病,仅靠他的工资维持一家人的生计,生活十分拮据,但他不食嗟来之食。最使他难以保持冷漠、难以淡忘、终日魂牵梦绕的是那些为国家建设牺牲小家利益的乡亲,他们坚强、淳朴、无私、善良的心灵之花,不时地在杨老心中开放。他每年要花去半年多的时间生活在乡亲们的田间地头、炕头上。是故乡的沃土使他根深叶茂,果实累累。在近20年的文学生涯中,杨老出版的长篇小说有《风雨柿子岭》《魔鬼的锁链》《托起黎明——白求恩的“女儿”》《白毛女和她的儿孙》《天堂里的凡人》等6部，还有散文集《白毛女故乡的风采》。当我接过他新出版的《天堂里的凡人》这部厚厚的长篇小说，崇敬之情油然而生，一位年奔耄耋的老人，竟有如此旺盛的创造力，令我钦佩。我眼前站着的老师分明是一棵栉风沐雨、顶天立地的青松啊。《天堂里的凡人》故事发生在西柏坡，新中国从这里走来。乡亲们在战争年代做出了巨大牺牲，建设时为修岗南、黄壁庄两座水库，他们搬上荒山秃岭，重建家园，小说讲述了西柏坡由富变穷，乡亲们拼搏创业的故事。这本书全方位地描写了新中国成立后直到改革开放中国北方农村的生活，写了农村的喜怒哀乐，塑造了白梨花这个与白毛女有相同命运的妇女形象。她正直、善良、坚强、无私，是中国农村中的坚强力量。杨老献给我们的是一朵圣洁的心灵之花，我被她深深感动，她的形象在我的心里回荡着历史的厚重感。白梨花是杨老创作历程中的重大丰收，在中国文学宝库中是不可多得的人物形象。

杨老是跨世纪的老人了，应该庆贺。他说："属于我的时间已经不多了，不多的时间就似黄金、珍珠。我欣然地拥抱黄金、珍惜珍珠。我是土地的子孙，情感世界没有少过泥土，我将一如既往，把自己看作泥土，面对可爱的祖国，面对人民的欢歌，面对人民的锣鼓，能栽一棵树，就栽一棵树，能铺一尺路，就铺一尺路。在新世纪里，若能让人民看到一小片绿叶，就是我莫大的幸福。"

新的世纪，新的召唤，生命科学的新突破，我深信杨老这棵常青树会更加郁郁葱葱。

“平山情结”美的爆闪

——读杨润身长篇小说《天堂里的凡人》

◎ 王之望

老作家杨润身的长篇新作《天堂里的凡人》,取材于冀西革命老区平山,较之他以往的小说,续写的时间跨度长从20世纪50年代后期到党的十一届三中全会和改革开放以后,穿插了大量情节,写了半个多世纪的历史,使作品具备了深邃厚重的历史反思意识。

小说写的是在党教育和领导下成长起来的广大农民群众。它以博大的结构、起伏跌宕而悬念丛生的情节和鲜活质朴的语言,娓娓动人地讲述了乐民庄的昨天和今天。在这里,“凡人”曾经进行过十分惨烈、不屈不挠的抗日战争,更写了乐民庄百姓在社会主义建设中,响应政府号召,修建岗南、黄壁庄两大水库,主动从“天堂”宝地搬迁到荒山秃岭,暂时由“乐”变“苦”。对于“左”的狂潮,他们敢“顶”敢“抗”。在“大跃进”运动中抵制“三风”把损失减少到最低限度;“文化大革命”中,竭力维护正常生产和生活秩序,保护国家干部,挫败一小撮人一次又一次的破坏图谋。党的十一届三中全会以后,在改革开放和“富民政策”的鼓舞下,他们求富蓬勃奋发之情之力一发不可收拾,乐民庄又由“苦”变“富”、变“乐”,未来更“像彩虹一样美观”。小说艺术地昭示人们:尽管历史经历了“风风雨雨”和“坎坎坷坷”,但凡人命运和利益抉择总是与党的正确领导历史前进的趋势保持着最深刻的联系。“凡人”不凡,“凡人”是创造和书写历史的主人。中华民族的全面振兴,归根到底,需要民族精神和力量的大凝聚大发扬。

亨利·詹姆斯说:“小说越能成功地反映一个与众不同的独特的心灵就越成功。”“凡人”在广阔的历史背景下,以它的读者喜闻乐见的特有的艺术形式和风格写人叙事,取得了可与詹氏主张相媲美的艺术效果。而且,小说不只是成功地刻塑了“一个”,而是为数众多的“与众不同的独特的心灵”:耿直无私的“天津人”,与群众血肉相连的老县长,憨厚正派的狗吃,快人快语的田冬梅,见风使舵、左右逢源的杨万一,自私而倔强的姜富贵,以及奸滑的缑羊头,面善而心恶的川川……当然,其中最为成功和最有魅力的人物当数主人公白梨花,她有一朵宛如“清澈的山泉,无瑕的白玉”般美丽纯洁的“心灵之花”。

白梨花是一位普通而又非同寻常的“凡人”。她一生经历了太多的苦难:恰逢豆蔻年华,就遭遇“白毛女”式的不幸,只身逃离虎口,来到乐民庄;在欢庆革命胜利的日子里却因误会而被她冒死救过性命和深情挚爱的丈夫抛弃;十年内乱中,她失去了情同生母的婆婆和养母;年届花甲,她又失去了后半生唯一的依靠,养子牛牛……但精神上,她却又是最为富有的,作者为我们塑造了一个社会主义新人和“四个现代化“创业者光彩照人的形象。作为乐民庄的带头人,她奋发图强,经营策划,为全村“奔甜”致富“而忧,而怨,而怒,奋力拼搏”。在开放搞活和土地承包经营问题上,有的村干部认定这是“辛辛苦苦几十年,一夜回到解放前”,成了改革的“顶门杠”;还有的村干部利用职权,“带头致富”,只顾自己“吃香喝辣”的。但白梨花绝不做“顶门杠”，更不搞个人发家致富——拒绝别人十几万元年薪的工作机会。她牢记党的宗旨和共产党人的职责与使命，一面鼓励大家“八仙过海，各显其能，光荣体面”，一面领头把包括孤老病残在内的农户动员“在一起奔小康，修公路，开铁矿，闯出了一条集体致富的道路。当有人问白梨花这样干事业“图得甚”？她说：“不就图自个儿共产党员的牌子不倒嘛！”牌子不倒就是对最高理想境界的信仰不动摇，追求这种理想的信心不动摇。她品德高尚而情感真挚，她心里装着全村百姓，及时为他们排忧解难；她待人真诚，对伤残年迈的婆婆贤惠，对从小失去父母的养子疼爱胜过亲娘，对邻里乡亲也莫不贴心贴意地关照。作者借书中人物之口赞叹道：“人世间要少了真情，人在生活里就难感受舒畅，活的没有什么意味了”。拥有一片真情是白梨花形象最为独特和闪光的一点。

小说调动深厚的艺术功力和技巧，多层次、全方位地刻画白梨花形象，使之十分丰满动人。这样一个有坚强党性和高尚情操、有远大理想和科学态度、有求实精神和创造能力的现代化建设带头人形象，是当代文学一个可贵的收获。它完全切合我们时代和人民对文艺创作的迫切需要。白梨花的形象有坚实的现实依据，是我国农村深化改革和现代化建设飞速发展的艺术表现。也必然对培养“四有”新人，提高人们的思想道德品质，激发广大群众的社会主义积极性，起着极大的激励作用。其次，《天堂里的凡人》着力描绘和讴歌的白梨花那种高贵品德和情操，是对中华民族美德的继承和升华，是人类道德质量发展的崭新境界。它在改革开放和建立社会主义市场经济过程中，在东西方思想文化相互激荡碰撞的情况下，对于推进社会主义精神文明建设，抵制和反对拜金主义、享乐主义、个人主义，以及一切腐朽思想道德的侵蚀，粉碎国外敌对势力对我国实行“分化”“西化”的图谋，保障建设中国特色社会主义事业的顺利发展，都具有莫大的意义。

《天堂里的凡人》还有一点值得着重提及的，是它对“焦点”艺术的运用。段宝林先生总结托尔斯泰关于艺术的观点：“艺术品中最重要的东西，是它应有一个焦点才成，就是说，应当有这样一个点；所有的光集中在这一点上，或者从这一点放射出去。”[①]艺术焦点是与作品整体结构密切相关而又意义重大的一个艺术单元，颇类于诗歌中的“诗眼”，散文中的“文眼”，戏剧中的“戏胆”。其存在方式和位置则因作品整体构建之需要而定。《天堂里的凡人》的“焦点”不是别的，就是不大惹人注意的一件小“道具”——王可以的“爱物”唢呐。唢呐虽小，可“曲儿小，腔儿大”，是作家艺术匠心之所在。它在作品里主要出现过两回。一是因乐民庄搬迁修水库，王可以认定从此“天堂失落”，爱物唢呐再也无喜庆欢乐之用，遂将它藏入地下，却由细心的牛牛和白梨花保存起来。再次出现是乐民庄集体致富。喜迎白梨花与王斌重归于好之际，王可以高举金光闪闪的唢呐吹出欢快的《迎亲曲》。唢呐的掩埋和复出，分别出现于小说的开头和结尾，从整体结构上起到了以点为眼，首尾呼应的功能。它在作品中发挥了强大的整合凝聚效应，使整部小说天衣无缝，异常严整。焦点还具有涵纳巨大的思想艺术能量的效应。唢呐的一“没”一“出”，紧扣了乐民庄的一“苦”一“乐”，展示了乐民庄人民牺牲了局部和暂时利益却最终赢得了整体和长远利益，乐民庄的发展历程又是全社会的一个缩影，我们党克服和纠正了自

① 摘自《西方古典文学作家谈文艺创作》，春风文艺出版社，1980年。

身的错误，找到了建设社会主义的正确途径，使国家和民族走向全面振兴，深层次揭示了社会向前发展的本质趋势。

当今创作界，各种思潮、创作方法和艺术技巧日新月异，不断创新，这是文艺事业兴旺发达的一种表现。但创新并不意味着只是一味地追逐新潮，像杨润身这样孜孜不倦地执着于对自己所熟悉的生活题材进行挖掘，并不断有所发现，有所创造，同样值得尊重和肯定。然而局限也往往在这里。即程度不同地重复自己。应该说，杨润身作品中人物性格是有区别的，但《天堂里的凡人》中个别人物形象似乎在他以前的作品里依稀能找见某些影子，这不能不说是一种遗憾。

一个山民的命运交响曲

◎ 于彩芹

老作家杨润身同志的新作，长篇小说《魔鬼的锁链》问世了。这是作者在粉碎"四人帮"以后新的创作高潮期的又一力作。

这部小说展现在读者面前的是太行山间一个叫白羊关的小小山村里发生的令人触目惊心又发人深省的故事。作品着力刻画了一个大名牛三、外号丑三、别号魔鬼的人物形象。牛三是一位在革命战争年代参军，胜利前夕又因故离队，在土地改革和"文化大革命"中都饱经忧患的山民。作者用一种冷峻的笔调叙写着这个人物令人感叹、痛惜和深思的悲剧命运。

从书中人人都能看到，悲剧始终伴随着牛三。那么，面对悲剧，牛三的态度如何呢？作者说："牛三生来就是个和悲剧打交道的角色！牛三生来就把悲剧看成他至高无上的乐趣！有悲剧才有牛三，没有了悲剧便没有了牛三。"

杨润身同志用重笔叙写了牛三悲喜交加，大起大落的坎坷命运，从多个侧面刻画着这个山民。他的正直、善良，他的聪慧、果敢，他的倔强性格与对悲剧命运的泰然处之，都显示出一种震撼人心的人格力量。牛三既非大智者，也非大勇者，但是我们无法不对他肃然起敬，因为他的人格力量深深地打动了我们。

这部小说描述的故事，刻画的人物引发我们去思索生活、人生和命运。从这部长篇中,我们悟出些什么呢？生活是艰辛的,人生是有缺陷的,命运是无常的,那么人应该怎样面对这些呢？是被艰辛的生活压垮,是对不完满的人生牢骚满腹,还是任无常的命运去摆布？不,都不是。接受艰辛的生活,直面不完满的人生,笑对魔鬼的锁链般的命运。也许这就是作者所要告诉我们的。这样的一种生活态度饱含了中华民族传统的尚实精神,是一种积极的人生态度。

毫无疑问,小说主人公的一生是个悲剧。作者在展示这一悲剧的过程中,无时无刻不让读者产生一种命运感。这不是唯心主义,而是一种深刻的历史唯物主义。牛三的悲剧不是单纯的性格悲剧,也不是一种宿命论的悲剧,而是个人的性格与社会现实互为因果,相互作用导致的悲剧。无论顺境或逆境都能处之泰然,这是一回事;能够逃避或改变命运的安排又完全是另一回事。坚持人生有价值的正义、善良、美德,不向现实屈服,就可能会导致悲剧;而放弃这些,向现实妥协就有可能逃避或改变悲剧命运。但太现实了也就太庸俗了,逃避了不该逃避的悲剧命运,于人生有价值的美德也就不复存在。我们由此可以看出,牛三这个人物形象,其内涵是深刻而丰富的。他的魅力就在于坚持正义和美德,在命运的起伏中能够控制感情,这就是不论顺境还是逆境能够处之泰然。

在《魔鬼的锁链》中,杨润身同志在现实主义的基础上融入了一些表现主义的写作方法,这一点不论是在结构情节方面还是在刻画人物方面都很明显。比如写牛三这个人物的悲剧命运和精神世界就较多地体现了表现主义“不是现实,而是精神”的原则。作者跨越了对于暂时的、个别的现象的抒写而展示了某种人类抽象的品质和永恒的生活真理。

这部长篇小说的认识价值和审美价值都很突出。主要人物性格鲜明,情节跌宕起伏。只是,次要人物性格似不够明显,难以给人较深的印象。

发掘农民的心灵美质

——长篇小说《魔鬼的锁链》读后

◎文　津

杨润身是实践毛泽东文艺思想卓有成效的作家。他以改编、创作电影《白毛女》《探亲记》《山村会计》等作品享誉文坛。党的十一届三中全会以来，他不顾年老多病，一直在河北省平山县兼职，深入生活，保持着旺盛的创作激情，继《风雨柿子岭》《九庄奇闻》之后，最近，他又奉献给读者第三部长篇小说《魔鬼的锁链》。这部作品浸透了作者对农村现实生活的独特感受和对农民命运的深切关注。写得相当朴实和厚重。在描摹农村现实的真切、透视社会生活的深刻和塑造人物形象的独特上，都达到了新的高度。

塑造生动感人的艺术形象是长篇小说创作的中心课题，也是现实主义文学创作的核心，这篇作品通过对各种各样的农民形象的塑造，揭示了当前处于变革中的农村新风险，错综复杂的人际关系，农民的命运，思想感情和希望，尤其是主要人物牛三形象的塑造，更倾注了作者满腔的激情，他着重表现的是在平凡生活中这个青年农民身上的崇高品质和英雄素质。牛三高尚的心灵是在艰苦的人生磨难中闪光的。它经历着生活的重压，屡遭厄运的打击，尤其在“十年浩劫”中，更受到非人的遭遇。处在极端的屈辱的境遇中，但他仍然保持着人类的高尚心灵。

人性的善良、正直、无私。平反后，他舔去身上的血迹，抚平心灵的创伤，追随社会主义的信念未减，意志不灭，对党始终忠贞不贰。这个历经人生磨难，身居陋室，一贫如洗的普通农民，毅然地把香港巨富马云山为报答他当年的救命之恩赠给他的一百万元无私地捐献给家乡的公路建设，突然读者眼前升腾起了一道耀眼的闪光，人物崇高的精神美迸发出来了。

在缔造艺术的同时，作家一方面运用平中出奇的手法，从平凡中表现出崇高；同时更注重体现出美丑对比，坚持了以丑衬美，丑中见美的美学原则。最明显的是牛三自身外貌丑与心灵美的对比，牛三外貌的丑，不是天生的丑陋，而是战争恶魔所致，他脸上、躯壳、胸膛上的累累伤痕，都是被“子弹咬过、炮弹啃过的”。牛三外貌的丑，是他为了祖国的解放和人民的幸福而在战场上英勇杀敌的光荣标记，是屡建战功的记录。这种“丑”的本身，就衬托着美，包含着美，就强化了他心灵的高尚和美好，增强了人物历史感、立体感，真实地表现了人物的形象的完整性。

文学作品要把人物写活，最重要的是刻画出人物的灵魂来。为了生动鲜活地刻画出牛三的性格，作家在描写人物自身以丑衬美、丑中见美的同时，还注意把他放在现实的人际关系中，同各种不同人物用更加对立的方式，进行个性刻画。其中最突出的是牛三与张吉林这两个人物在思想道德、灵魂上的强烈对比，从而收到扶正灭邪、扬善惩恶的作用。其实人们“见善足以戒恶、见恶足以思贤”。作家笔下的张吉林，是在改革开放形势下一个卑劣的以权谋私、财迷心窍的个人主义者自私渺小的形象。他把票子看成亲爹，利用手中的职权和强有力的关系网，在推行农村经济承包责任制过程中，采用各种卑劣手段侵吞集体和农民群众的财富，毫无顾忌地损害党的威望。作品对张吉林这种严重损害人民利益的不正之风、违法违纪、损公肥私的行为进行了猛烈的抨击。同样在金钱面前，牛三表现出的确是一种崇高的人格。他铮铮作响的语言，使马云山做梦也想不到居住陋室、身穿旧衣、脚蹬破鞋、土里土气的牛三在金钱面前是如此一种气概、一种大富翁所没有的气概！在牛三这个人物形象的刻画上，作家严格地遵循现实主义原则，注意了人物性格、心理的丰富性、生动性描写，在不损害牛三这个农村新人形象的基本品质的前提下，也写到了他思想上的不成熟，甚至缺点、错误。由于作者从真实的生活出发，没有拔高人物或贬低人物，没有神化人物和僵化人物。就使得牛三这个人物形象显得格外真实、亲切，也更加丰满、扎实。

《九庄奇闻》:一部奇而实的作品

◎ 黄泽新

近年来,读描绘农村社会主义变革的作品,我有这样的感觉:轻飘飘的作品多,深沉厚实的作品少。有些作品回避在群众眼睛中像钉子一样的尖锐的矛盾,漠视人们命运和心灵的变化,捕捉一点生活表象,穿插一点爱情纠葛,就敷衍成篇。《九庄奇闻》之所以值得称赞,就在于这是一部直面人生的作品,是一部敢于揭露现实矛盾和污秽的作品,是一部真切地表达了群众心愿和爱憎的作品。

九庄是一个有着光荣斗争历史的老革命根据地。但是,在“左”倾狂潮席卷全国的时候,姜红牛等几个坏家伙篡夺了领导权,他们敲诈勒索,贪污盗窃,强奸妇女,欺压群众,其作恶之多、心术之坏和新中国成立前本村大恶霸“疙瘩”一个样。在这伙人的作践下,这个富有生气的村庄变得死气沉沉,一些蒙冤受屈的群众暗暗地流泪,一些有正义感的人胸中积满了忧愤……正当群众焦渴地盼出气、盼解放、盼光明的时候,党的十一届三中全会的阳光照射到了这个浓雾笼罩的山庄,党的好干部华满山昭雪平反,当了县委书记。他披荆斩棘、排忧解难,给这个山村带来了新的生机。九庄这里发生的一切,并不是个别的,而是有普遍性的。作者通过九庄这个典型,对我国农村近几十年、特别是党的十一届三中全会前后十几年的历史性变化做了很好的概括。

读这部作品,我们突出地感到作者把自己的眼睛紧紧地盯住人物,把人物和时代紧密地连接在一起。时代的风雨,历史的尘垢,深深地烙印在人物的足迹中,也深深地烙印在他们的心灵上。

张乐乐是小说中写得最好的人物。他“曾受尽了人间的苦”,也享受过新中国成立后的甜。他生性幽默风趣,乐观开朗。然而在“风雨如磐”的日子里,他的性格被扭曲了。他“想哭不敢哭,不想乐也得乐”。从他强作的笑颜中我们看到了流向心灵深处的泪。作者在这个人物身上,把悲与喜、滑稽与崇高自然而和谐地融为一体。在农村题材作品中,有不少喜剧性人物。像《暴风骤雨》中的老孙头,《红旗谱》中的老驴头,《李双双》中的喜旺,等等,张乐乐和他们在喜剧性方面有相似之处;但内在的质却不同。张乐乐的喜剧性性格是在非常时期形成的。小说着力描写了张乐乐人性的丧失和复归,喜笑中掩藏着悲哀。这一艺术形象,是杨润身同志的独特艺术创造。

姜二秃也是一个写得很成功的人物。他的悲剧性格和悲剧命运给这部作品增添了很大的感人力量。早在20世纪20年代,鲁迅就以他特有的犀利笔触揭露了蒙昧的不幸,杨润身在这个人物身上所反映的也正是这种蒙昧现象。姜二秃本是支部书记姜红牛的爷爷,由于身份的差异,姜二秃反过来像孙子对待爷爷那样对待姜红牛,毕恭毕敬,唯命是从。尽管如此,他还是没有免遭毒手,死于姜红牛的恶言中伤。更可悲的是至死还没觉悟,还不知道自己是怎么死的。他死前对妻子说:“一年来,红牛和咱走得多近乎,不成了一个姜字掰不开?……让我的‘路线’提高了多少？……地位提高了多少？”把凶手当作至亲，这正是姜二秃的蒙昧之处，也是命运悲剧的思想根源。

其他人物，也大都写得真实生动。华满山、丁贵武、田瑞英等人的性格都具有比较丰富的社会内涵。他们都以自己独特的命运，独特的心灵反映出社会生活的一个方面，从而使这部作品具有深厚的历史感。

杨润身同志不只对人物做了历史的把握和表现，对于环境，对于场景以至于陈设，也都用一种历史的眼光审视和安排。作者特意把故事安排在老革命根据地。这里的土地，洒过烈士的鲜血；这里的花草，受过先辈们汗水的滋润。这一切，不只是唤醒人们对于前驱者的缅怀，还启示人们对于现实的沉思。当今九庄发生的腐败现象与革命传统多么不相称，又是多么让人痛心。小说写红霞遭受姜红牛侮辱后，气愤至极，想投水自杀。他寻死的路，正是烈士用鲜血捍卫过的路：红霞想起烈士们，想起她被污辱，眼泪哗哗地往下流，把口一张，又把心里的话说出来：“敬爱的烈士叔叔们，你们的英姿要是还在，求你们原谅我，红霞走过你们战斗过的地方，你……你们流下的是血，我……我流下的是泪，你……你们怎么也不会想到，就是在你们流下血汗的地方，我被披着人皮的野兽糟蹋了，我没有脸再活下去……”这回忆，这倾诉，更加激起读者的愤慨，更加促使人们深入地思考。

这部小说在表现历史感方面确实有丰富的内容和独到的表现，成为本书的一大特色。但优点和缺点往往是联系在一起的。或许是由于作者过多地考虑了历史方面，对于未来，对于理想似乎着色淡了一些。我也想过，这部小说重点描写的是 20 世纪 70 年代后期的农村生活。那时，广大农村刚刚从“左”的禁锢中复苏过来，忙于清理历史的沉积，还没有出现很多激励人心的新气象。但是，党的十一届三中全会再次强调“四个现代化”的任务，它耀眼的光芒投射到事事物物上。从这个角度较深入地观察和表现农村新生活、新人物，是完全可能的。比如，在刻画华满山这个形象的时候能否把他胸中的宏图大业写得充分些？对于群众改变贫穷落后的愿望能否写得鲜明些？对于富有朝气的青年人的心灵和追求可否着墨多一些？如果加强了这些方面的描写，就会把现实和理想结合得更好，作品的时代色彩也就更加强烈。

在艺术表现上，《九庄奇闻》的突出特点是以传奇手法表现非传奇的内容，从而使这部描写人情事态的小说具有浓厚的传奇色彩，增强了它的感染力。

小说一开始，就提出“疙瘩又活了”。这是本书的纲，全书的魂，也是作者精心安排的最大的悬念。疙瘩，九庄罪恶累累的大恶霸，40多年前就被处决，怎么又活了？群众惊讶、纳闷、思量、探询；心怀鬼胎的姜红牛到处追查是谁“造谣惑众”，这就使得日常的社会政治问题具有侦破小说似的传奇色彩。悬念，本是传奇小说常用的艺术手法，而杨润身同志能从生活中提炼出有思想分量、有吸引力的问题作为艺术的悬念，兼具作品的思想性与艺术性是十分难得的，如果作者不善于提取艺术悬念，不做这样的艺术处理，只是平铺直叙姜红牛其人其事，那么作品就会显得平淡无奇了。书中还有其他一些例子，也证明了这一点。

为了增强作品的传奇性，杨润身同志还设计了一些由误会引起的矛盾冲突。华满山回乡探望舅舅时，已经平反昭雪，恢复了县委书记的职务，但是，他没有公开自己的身份，仍然戴着右派分子的“黑帽子”来到九庄。这种安排，使他能亲眼看到许多触目惊心的现象，能和各色各样的人展开灵魂的搏斗。这本书的骨架正是建立在这种误会所引起的矛盾冲突上。如果一开始就亮明华满山的县委书记身份，那就没有“戏”了，小说的整个结构都要改变。误会的手法是古已有之的，或男扮女装，或女扮男装；或以贵为贱，或以贱为贵；或以真为假，或以假为真……由此生发出层出不穷的故事，生发出无穷无尽的情趣。当然也有手法拙劣而露出破绽的故事，令人兴味索然。应当说，杨润身同志关于华满山的一系列戏剧性冲突处理得很好，给人以真实自然的感觉。

《九庄奇闻》还吸取了传奇小说中常用的巧合手法。巧合，不能失之于巧，要巧得真，巧得实。杨润身较好地把握了这一点。第36章写华满山去买蜂蜜，碰到麦田跑水淹没了道路，端木副局长让华满山替他扛自行车，并把他背过去，华满山本着助人为乐的精神，答应了他的要求。这种巧合是两人性格在特定环境中碰撞出的火花，是真实可信的。第40章写姜红牛气急败坏地审问洪土娃，土娃不服，斥责姜红牛“肮脏、污浊、恶毒、下流、卑鄙、无耻”，姜红牛恼羞成怒要把洪土娃抓起来。正在这关键时刻，只听门外“通通”两声脚响，又“咣当”一声，办公室的门被踢开了，紧接着冲进一个汉子，汉子把手一挥：“我看哪个再敢侵犯人权！”来人正是华满山。他的到来，确实“巧”！然而并非不可能。因为九庄是他经常来的地方，在偶然性之中包含着必然性。这种巧合，使白热化的矛盾冲突出人意料地一下子解决了，取得戏剧性的效果。

《九庄奇闻》的语言也是值得称道的。杨润身同志来自农村，熟悉农民，小说基本上是用农民熟悉的语言写成的，通俗易懂，形象生动。色调鲜明的个性化语言，突出了人物的风采，而谚语、俗语、歇后语的适当运用又增加了全书的情趣。这里随便摘取几例：华满山在批评1958年的工作作风时说："动机再好，热情再高，屎壳郎变不成黄牛，粪草灰做不成面条。"这两个比拟，是对吹牛、浮夸最深刻的揭露，也是最辛辣的讽刺，比照搬一般的政治语言生动有力得多。又如对丁贵武写字的描述："他的字写得不好，像他做的荞麦疙瘩一样，大小不一，奇形怪状，有的像燕飞，有的像马跑，有的像猴子摔跤。"这里没有沿用一句人们惯用的抽象形容词，而用一些人们熟悉的活蹦乱跳的动物形容字形，确是一种创造。它有着抽象形容所难得的新鲜和逼真。小说在描写人物时，尽量使抽象品格具体化，给人以真切的实感。如："肉蛋娘家庭出身不错，爹是刨一镘头吃一口的正经庄稼汉，娘是缝针穿线又围着锅台转的忠厚人。"如果只说爹是"正经的庄稼汉"、娘是"忠厚人"就显得抽象、一般，而加上"刨一镘头吃一口""缝针穿线又围着锅台转"就具体、生动、有实感了。这是杨润身同志的语言的妙处。在我国现代文学史上，不少作家在语言的通俗化、群众化方面下了不少功夫，取得突出成就，赵树理就是优秀的代表。但是近年来，有些作家忽视群众语言，他们用一种文绉绉的语言描写农民的生活，表达农民的感情，常常显得格格不入。杨润身同志坚持运用群众语言写作，并取得显著成绩，这是非常可贵的。

最后再谈一点小意见：绰号的运用。我国古典小说如《水浒传》等喜欢给人物起个绰号。有些形象的绰号简直像给人物佩戴胸章，异常鲜明地表明了人物的个性特征。现代文学中，一些注意继承民族艺术传统的作家也喜欢给人物起绰号，像赵树理笔下的"三仙姑""二诸葛""常有理""小腿疼"等等。但是，从总的文学发展趋势看，这种手法的运用越来越少了，这可能与人民的文化素养和艺术趣味有关。文化素养高的读者似乎不大满足于这种简单的、直露的表现方法。《九庄奇闻》给不少人物起了绰号，有的生动，有的不那么生动，有的有必要，有的似乎不那么必要。给人物起绰号，还是以少而精为好。

从以上分析，我们不难看出，《九庄奇闻》是一部有着深刻现实内容的作品，是一部继承和发扬了我国小说艺术传统的作品。从文学的创新方面来看，它似乎提供的东西不多，但从亿万群众的文化生活的需要来看，它无疑是一份很有营养、很有滋味的精神食粮！

杨润身和《九庄奇闻》

◎ 蒲　人

杨润身是一位敢于“干预现实”的作家，1956年，他怀着一腔激愤之情，写出了批评一些进城蜕化忘本的干部的电影文学剧本《探亲记》，1957年，因此险些被打成右派。1960年，他在乡下兼职体验生活期间，对“大跃进”运动中产生的浮夸风提出异议，被定为“右倾机会主义”，受到留党察看的处分。“文化大革命”中，《探亲记》被江青点名，他也成了反革命，劳动改造达十年之久。粉碎“四人帮”后，党为这个忠厚老实的“农民作家”平反了，杨润身同志不顾重病在身，回到家乡平山县兼任县委常委，又写出了一部“干预生活”的力作——《九庄奇闻》。

这部小说以党的十一届三中全会为背景，通过揭露太行山下九庄村里在“四人帮”时期爬上支部书记位子的姜红牛的所作所为，深刻揭露了“四人帮”一伙给党和人民带来的沉重灾难。小说揭露了许许多多姜红牛之流制造的令人发指的“奇闻”，但不使人感到悲观失望，因为小说揭示了这样一条真理：任何把自己摆在与广大人民对立位置上的人，他注定要灭亡。作者满腔热情地歌颂了党的十一届三中全会给农村带来的巨大变化，展现了广大农民在扔掉枷锁之后的振奋心情。

《九庄奇闻》在揭露姜红牛一伙的同时，塑造了一批光彩照人的正面人物形象:一心为人民工作的县委书记华满山、温柔善良的农村妇女田瑞英,爱憎分明的新一代青年洪土娃……小说在塑造人物时,没有简单地将人物脸谱化,如对张乐乐性格多侧面的描写,对丁贵武复杂心理的刻画,不仅使这些人物真实可信,而且令读者在他们的身上可以看到时代的烙印,使人物和时代紧紧地结合在一起,从而使作品更广阔地展现出了一幅时代生活的画卷。

杨润身善于安排故事结构,《九庄奇闻》的故事曲折,情节跌宕起伏,具有很强的吸引力。

一部现实主义的力作

——浅谈长篇小说《九庄奇闻》

◎ 蒲　人

《九庄奇闻》出版后，在文艺界引起了一定的反响，熟悉杨润身同志创作经历的人，都认为这是老杨继《探亲记》以后的一大突破。一些基层干部和农民写信给老杨，说老杨写的是“现实中的事”，说的是“咱们想说的心里话”，“打心眼里喜欢这部作品”。当年《探亲记》发表后，曾引起了多少震动啊！可杨润身因《探亲记》而遭厄运，直到创作《九庄奇闻》时还心有余悸。但是，文艺界毕竟到了阳光明媚的春天了，历史证明了敢于直言的作家和他的作品的意义。《九庄奇闻》再也不会有《探亲记》那样的厄运了！

老杨曾担心的就是《九庄奇闻》和《探亲记》一样触及了现实生活中的尖锐矛盾。《九庄奇闻》写了一个共产党的村支部书记横行霸道，为所欲为，成了一个“土皇帝”，和这个村旧社会的一个恶霸地主“疙瘩”一般无二。故事开篇，老杨借张乐乐之口道出这个支部书记是“疙瘩又活啦”。共产党员的支部书记竟变成了恶霸地主“疙瘩”，这是不是对党的否定？当初某出版社看了这部小说的初稿，肯定作品的同时，也曾提出回避“疙瘩又活啦”这句话。我和老杨就这个问题进行了反复讨论。我们一致认为要看问题的实质，姜红牛是“文化大革命”中窃居了九庄村支部书记的位子的，他加入共产党，并不是为人民谋利益，而是要满足个人私欲。因此，他掌权之日，便是和广大人民对立之时。他不是一个共产党人，正像“四人帮”不能代表党一样。他是一个混进党内的蛀虫。描写他的兴起，正是对“四人帮”一伙反动本质的深刻揭露；他的灭亡，正说明了党的伟大光明。这丝毫无损于党的形象，反而揭露了一些披着“共产党员”外衣的党内蛀虫，他们实质上和恶霸地主一样，这正是本作品的现实主义力量所在。终审这部小说的《长篇小说报》主编和出版社总编辑肯定了我们的意见，广大读者也肯定了这部作品。

说《九庄奇闻》是一部现实主义力作的另一个原因，是作品对人物深入的、多侧面的、复杂化的描写，是作品在表现生活上达到了一定的历史深度。姜红牛这个形象在前几年的农村是很典型的，是真实可信的。除了姜红牛外，作品塑造的其他人物，如肉蛋娘、王顺喜、张乐乐等，都具有鲜明的个性，而他们的个性之中又包含着复杂的多方面的东西，这些东西都带有历史的印记。如张乐乐，他是一个善良、朴实的农民，热爱党，热爱社会主义，但由于姜红牛以及“左”倾路线的迫害，他自暴自弃，完全丧失了自己的人格。张乐乐是一个地地道道的中国农民，他的性格带有中国农民历史传统，同时也反映着现实生活。他的命运是我们这些年在政策上得失的一面镜子。其他人物，如华满山、丁贵武、姜二秃等，其性格都带着深刻的社会生活的烙印。这一系列的人物形象，使作品较深入、广泛地展现出了那个时期的社会生活画面。有的作家曾为写现实生活的作品生命力不强而苦恼，转而致力于历史题材和田园诗的创作。其实，其作品生命力不强，正是因为他在观察生活和塑造人物上缺乏一个现实主义作家的认识，停留在肤浅的表面上，作品当然就变成了政策的“传声筒”了。我相信，不论在哪个时代，不论是一般读者还是历史学家，他需要了解那一段中国农村生活的话，《九庄奇闻》不会没有用处。

虽然《九庄奇闻》还有这样那样的缺陷，但其取得的成就却为我们提供了一些值得思考的问题。中国作家协会天津分会和花山文艺出版社联合召开的“《九庄奇闻》讨论会”即将在石家庄举行。我相信，经过对《九庄奇闻》的讨论，我们一定会得出不少对当前创作有益的东西。

读《九庄奇闻》随想

◎哲　明

杨润身同志是个农民出身的老作家,他坚信“生活是文学创作的源泉”,始终坚持长期深入生活,同农民兄弟保持着亲密的血肉关系。因此,他最了解农民的心声、愿望和要求。《九庄奇闻》是他根据自己在农村中的所见所闻,以及自己的亲身体验和感受,经过辛勤的艺术创造而创作出来的一部现实主义的作品。它深刻地揭露了“十年浩劫”给农村和农民带来的破坏和灾难,生动而形象地说明了党中央有关彻底否定“文化大革命”,彻底肃清“四人帮”的流毒的指示精神,是多么必要和正确!长篇小说《九庄奇闻》可以说是近年来出现的反映农村题材的有一定深度的好作品之一。它标志着杨润身同志的小说创作达到了一个新的高度,比较突出地体现了作家长期以来在文学创作实践中对真、善、美的艺术追求。

杨润身同志善于从丰富而复杂的生活素材中,提炼矛盾、排布故事。他把《九庄奇闻》中的矛盾冲突集中为“疙瘩怎么又活啦”这个耐人寻味的问题上。疙瘩是谁呢?他怎么又活啦?疙瘩不是别人,正是那个被抗日民主政府镇压了的九庄村头号的恶霸地主,这一早被遗忘了的历史渣滓,新中国成立后都这么些年了,怎么在大街上又有人喊:“疙瘩怎么又活啦?”这就是

《九庄奇闻》“奇”的所在，也是摆在九庄村农民面前的一个亟待回答的尖锐问题。

“疙瘩怎么又活啦”这句话既通俗，又形象，既点出了问题的要害，又符合农民的思维习惯。可以说是作者别具匠心的艺术概括。作品通过有人在丁字街里喊“疙瘩怎么又活啦”，引出了一系列的情节和人物：肉蛋娘和高羽巴为了向姜红牛报功，便一口咬定是张乐乐喊的。在姜红牛等一些坏人掌权下的九庄村，没有张乐乐说话的地方，他真是有口难辩。于是，引出了张乐乐的身世，以及他一家在旧社会受恶霸地主疙瘩的欺压凌辱的悲惨遭遇。正当“张乐乐头上冒出虚汗，结结巴巴地说：‘我怎么会盼疙，疙瘩又回来……”处于为难境地之时，有个“汉子麻利爽快地告诉高羽巴：‘高队长，是我喊的疙瘩又活啦！’”这个汉子不是别人，正是那个一身正气的被罢了官的原县委书记华满山，是他为张乐乐承担了责任。接着，又引出了华满山的革命经历，以及他坎坷的生活道路。姜红牛一伙为了给华满山罗织罪名，挖空心思地扯华满山与田瑞英的“关系”。这样一来，又引出了田瑞英来到九庄村嫁人，以及她不幸的生活命运，等等。这种故事的结构方法，通过“疙瘩怎么又活啦”这样一条主线，把人物和情节串起来，脉络清楚，层次分明，在艺术上也是很有特色的。

《九庄奇闻》所反映的是党的十一届三中全会召开前后那一特定历史时期的农村现实生活。然而，它所揭示的思想内容却是十分广泛和复杂的。小说透过对现实生活的描写，进而对历史做了回顾和反思。作者从辩证唯物主义的观点出发，剖析了党内极“左”路线的滋生和发展，直至“文化大革命”达到了登峰造极的地步。小说通过对田瑞英、张乐乐和红霞等人的不幸遭遇的具体描写,有力地揭露了极“左”路线对党和国家造成的危害,给人民群众带来的不幸和痛苦,表现了作者对农民的无限热爱和深切同情。我们先来听一听田瑞英的控诉吧!小说中有这样一段描写:田瑞英撩起衣襟擦泪,又深情地看了华满山一眼:“俺那儿有天灾,领导人也有问题。咱公社里的贾书记,光知道吹牛卖谝,光知道往他的功劳簿上画红道儿,省里的一个领导人往俺们那儿去参观,他强迫社员们把冒了红缨儿的玉米栽到公路两边,栽几十里长,二三里宽。省里的领导人走了以后,玉米死个光,糟蹋的粮食没有数。他往上汇报一亩地产几千斤、几万斤,按他汇报的产量让社员们交征购,社员们交不了就强迫,把社员们的粮食全购去了。俺婆婆、俺女婿的身子骨都不壮,没的吃,一下都躺倒在炕上爬不起来,俺的一个邻居嫂子叫俺出来,俺就瞒着俺婆婆、俺女婿出来了,想法子给他们弄点吃的,把他们的命保住。妇女家可有什么法子?俺……俺就……”听了这位受害者如泣如诉的叙述,我们可以清楚地看到“文化大革命”中的问题,它并不是偶然的,而是有思想根源和历史原因的。

另一位受害者是张乐乐,这个贫农的儿子。新中国成立后过了几年安稳的日子,“文化大革命”后,他唯一的儿子受了极“左”思潮的影响,在造反派姜红牛的煽动下参加了武斗。当戽斗犯了错误后,姜红牛反诬他一贯反动,结果被判了十年刑。姜红牛掌握了大队党支部的大权,对张乐乐进行歧视和打击。小说中有一段对张乐乐在姜红牛娶儿媳妇的宴会上唱老喜歌的描写:新中国成立以后,他乐成了习惯,唱上了瘾,在三年困难时期都愿意乐一乐,唱一唱。“四人帮”横行之后,特别是儿子戽斗进了监狱之后,他再也不愿意乐,再也不想唱。此时此刻,他看到了姜红牛、端木副局长、巴主任等是天，他是地，他不想笑而只想哭！然而，他想哭不敢哭，不想乐也得乐，还得乐得唱出能让姜红牛等贵客们开心的歌……张乐乐越耍越来劲儿，越蹦越卖力；越唱越逗乐，可叫姜红牛、端木副局长、巴主任等贵客们开心开足了……张乐乐再一用劲儿，猛地打个飞脚，一步没站稳，“砰”一声摔倒在地上，摔得嘴角里流出鲜血……人们读了之后，无不为之心酸，这是对姜红牛之流多么深刻的揭露呀！

再一位受害者，就是田瑞英的女儿红霞。九庄村的造反派姜红牛，篡夺了大队的领导权之后，打击干部，贪污腐化，欺男害女，无耻地强奸了红霞，使她怀了孕。红霞姑娘受此羞辱，痛不欲生，在寻死时被华满山救了。

小说中所描写的这三名受害者，都是贫下中农的后代，是我们党在农村的基本群众，为什么这些安分守己的农民，在新社会却遭到如此的苦难呢？这主要是极“左”路线造成的恶果。作者巧妙地对现实和历史进行穿插描写，既体现了现实与历史的内在联系，又可加深我们对现实的理解。这种写法，使作品更加深刻，更有认识价值。

当然，作者在小说中对极“左”路线和现实生活中不合理现象的暴露，是为了展示我们党的正确路线和正确力量，并坚信我们党能战胜和克服它们。作者不是在那里说教，而是通过活生生的形象来表现。小说着力塑造了像华满山、丁贵武和洪土娃等这样一些立场坚定、观点鲜明、敢于斗争的正直的共产党员和革命青年，他们不愧是我们党的正确路线的维护者和中坚力量。农民出身的县委书记华满山，在 1958 年就公开抵制“左”的歪风，1959 年便被打成右倾机会主义分子，他在“文化大革命”中也不能幸免。尽管他的政治生涯是坎坷的，但他对党一直抱着坚定的信念，一刻也没有忘记为党的事业去战斗。他到九庄村，对姜红牛的所作所为、倒行逆施，看在眼里，记在心上。他深入了解洪土娃的揭发材料，团结、教育、鼓励丁贵武和洪土娃起来同姜红牛一伙进行斗争。虽然，华满山说“疙瘩怎么又活啦”是他喊的，这是为了给张乐乐解围，但是，在他心里早已正确无误地意识到疙瘩的阴魂已在姜红牛身上复活了。姜红牛披着九庄大队党支部书记的外衣，干了许多疙瘩想办也办不到的事。在这场斗争中，小说以愤怒的笔触揭露姜红牛一伙在九庄欺压乡亲、横行霸道，是违反党的原则的，是不得人心的，表现了一种必然覆灭的趋向。而对华满山等人的斗争精神，则以满腔的热情加以赞颂，表现出一种党的正确路线一定胜利的坚强信念，揭示出历史发展的必然趋势。

在“十年动乱”中，尽管“四人帮”把社会风气污染了，搅乱了人与人之间的关系，但中华民族的美德在人民群众中永远也不会泯灭。作者以纯朴的感情歌颂了人们的心灵美和道德美。作品中有这样一段描写：当华满山要和田瑞英成亲的那天晚上，田瑞英说出了她到九庄来嫁人，完全是出于无奈，是因饥荒想出来给婆婆、女婿弄点吃的，以保住他们的性命。田瑞英的眼泪和苦诉，像重锤击中了华满山的心窝，他不再等田瑞英把话说完，猛地站起来，拔腿朝外走去。过了半个钟头，华满山拿着一沓粮票、一沓钱票返了回来。他把粮票、钱票放到田瑞英面前：“瑞英，受了眼下的委屈吧。困难很快就会过去，这是二百斤粮票，二百块钱，明天拿回家。”华满山安慰田瑞英几句，代田瑞英关好屋门走了出去，自己跑到大队羊圈里去过夜。此时此地，其情其景，十分感人，表现了一个共产党员的纯洁心灵和高尚品德。

杨润身同志是一位长期同党内极“左”路线斗争的坚强战

士，从1959年党内反对所谓右倾机会主义开始，他就受到批判，在政治上经历着坎坷的命运，直到党的十一届三中全会后才得到平反。极“左”路线的受害者所受的打击，所尝的苦头，他都受过尝过。因此，在作品中的受害者身上，我们可以看到作者自己的影子。我们从小说中可以感受到，作家的主体意识是十分鲜明的。文学作品作为作家头脑中的产物，是必然要表现自我的。当然，自我也不能无限膨胀，它也要受到时代精神、政治原则、道德观念和社会审美理想的制约。杨润身同志在《九庄奇闻》中，对这一问题的处理是比较好的，是很注意掌握分寸的。因此，小说虽然写的是历史性的悲剧故事，但并不低沉，更不阴暗，而是激人奋起，给人们以信心和力量。

我们肯定了《九庄奇闻》所取得的成就，并不是说它已达到完美无缺的地步。当然，它在艺术上也还有不足之处，如从作品的时代背景来看，对党的十一届三中全会以后全国的发展形势同九庄现状之间的矛盾，渲染得还不够。我们希望在《九庄奇闻》续篇中，能看到一个在四化建设道路上阔步前进的新九庄！

鲜血谱出胜利歌

——读长篇小说《风雨柿子岭》

◎奚　海

一

真实地反映历史，艺术地再现特定历史时期人民生活波澜壮阔的斗争画面，通过典型环境和典型人物的成功塑造，揭示社会发展的客观规律，对人民进行形象生动的革命传统教育，仍然是当前社会主义文艺的重要课题之一。杨润身同志的长篇小说《风雨柿子岭》，在这方面做出了可贵的艺术实践，现在我们来剖析一下它的思想意义和艺术特点。这将是有趣和富于启迪作用的一次尝试。

自从1840年鸦片战争，特别是"九一八"事变，日本帝国主义武装侵略中国以后，中国人民在遭受原有的封建主义的残酷压迫以外又遭到了帝国主义的血腥蹂躏，从而陷入了空前的苦难和屈辱之中。长篇小说《风雨柿子岭》的故事正是以抗日战争全面爆发为历史背景，以柿子岭田二牛一家的苦难生涯和壮烈斗争做主线，概括了中国人民从沉睡到觉醒，从奴隶到主人的革命历程，从而形象地揭示了这么一条真理，农民阶级唯有在中国共产党的领导下组织起来，拿起枪杆子，与帝国主义和封建地主阶级进行不屈不挠的武装斗争，才能赢得本阶级的彻底解放。柿子岭的风风雨雨，仿佛是新民主主义革命时期整个中国的缩影；而田二牛一家以及柿子岭人民的命运，不仅因为它真实地再现了整个历史时期的社会生活而使曾经与书中人有着同样经历，走过同样道路的老一辈人读起来倍感亲切，同时也使青年一代看到了他们的祖辈和父辈对于革命道路的艰苦探索。看到祖国戴着镣铐，付出重大代价而受到教育。小说采用的是第一人称的写法，它以田二牛的儿子，抗日儿童团团长田犟巴的语气、心理经历、见闻铺成故事，描写风物，显得亲切自然，语言质朴流畅，富有浓郁的生活气息和鲜明的地方色彩，这些都给作品增添了感人的魅力。除此之外，小说还在以下三个方面给读者留下了深刻且有益的启示。

第一，小说以鲜明的艺术想象向人们指出，无产阶级及共产党，是世界上最彻底的革命人道主义者，资产阶级和一切剥削阶级，总是极力鼓吹人道主义，把自己打扮成悲天悯人、普度众生的救世主；与此同时，他们猖狂地诋毁无产阶级，污蔑共产党是魔鬼，人民大众则是群氓和暴徒。但是，《风雨柿子岭》却用真实的艺术想象戳穿了这种欺世谎言，有力地证明了封建地主阶级、国民党反动派和日本帝国主义，才是真正的吃人魔鬼；另一方面，杨润身同志精选了人民群众细心抚养、全力救护恶霸地主刘老春的孙子帅帅和共产党人李老玄舍身抢救、优待日寇俘虏的动人情节，描绘了共产党人"实行革命的人道主义"和解放全人类的伟大胸怀，展示了他们令人感泣的人性美和人情美。帅帅是刘老春家的独苗。在一次敌人的突然袭击中，当大家以为帅帅已被炸死而准备掩埋时，抗日老村长却亲自做着仔细的检查，"像救羊羔一样把刘慧生的儿子抱在怀里，口对口地给那孩子做起人工呼吸来"，最后终于把他救活，并吩咐把他送回去。如果没人收,"柿子岭村政府和农救会把他养起来"。以后帅帅就一直受着田犟巴和其他革命群众的精心照料抚养。又是在敌人的大扫荡中,田犟巴等不顾自身安危,冒着枪林弹雨,背着帅帅撤退,倒是汉奸刘慧生穷追不舍,终于亲手枪杀了自己的亲儿子!李老玄正确对待日本俘虏的故事,则从另一侧面体现了中国人民伟大的人道主义精神。当李老玄舍身赴水把一个濒临死亡的日本兵救上来,并背着他送回村里去,鬼子却突然死死咬住他的后脖颈。但当愤怒的群众要把鬼子砸死时,李老玄却不顾脖子鲜血直流,制止了群众,保护了俘虏。回村后又让他吃大米饭炒鸡蛋,最后把他安全送往后方。以上两个事例充分说明,我们党,我们无产阶级和劳动人民群众坚定不移地贯彻执行党的路线、方针、政策,与革命人道主义精神的一致性;而"惨无人道""灭绝人性",却不折不扣是封建地主阶级、资产阶级和一切剥削阶级的固有属性。现在还有人不明白人性、人道主义的积极本质,或者被西方资产阶级文化中所歪曲宣扬的虚伪人道主义、人性论弄得头晕目眩、困惑迷乱的时候,读一读《风雨柿子岭》不就可以使头脑清醒许多吗?

第二,小说尖锐地提出来"同志了也还会不同志"的思想,启示人们要做一个合格的革命者,就要时时严格要求自己,永远保持清醒的头脑,不特殊,不骄傲,全心全意为人民;否则就会蜕化变质,成为革命的绊脚石,甚至走向自己的反面,堕落成革命的敌人。在小说结尾处,已经成了区干部的田二牛给田犟巴写了一封信:"你槐槐伯伯说把捡的红皮带送给了你,你扎在腰里很惬意,很威风!这个事情不大,可是不大对头!我还听人说,你到外村去,人喊你,小农会,你张口答应。人把你让到热炕头上请你吃好的,你伸手把碗端起来,你好大的面子!你咋能想不到，群众是把对党的爱护、对农会的拥护放到了你身上。一个同志，越是看到群众拥护党，越要谦虚谨慎，越要好好地给群众干事情，永远不能把党的威信当作自己的什么来看待！我对你说，不注意，同志了也还会不同志！”这种出自一个饱尝忧患、久经锻炼的农民干部朴实肺腑之言，它的丰富内涵是用不着任何阐释，就可以一目了然的。然而，他的话语振聋发聩、撼人心弦，富于警策力量和深刻的教育意义。他富于哲理性的思想光辉将如照亮航程的灯火一样，成为人们前进的导引。

第三，长篇小说所反映的特定历史时代和典型环境是极端残酷的，对田犟巴来说，全家四口人中死去了母亲、哥哥和父亲三口。柿子岭村的群众累遭地主恶霸、国民党反动派和日寇法西斯的屠杀洗劫，真可谓是血雨腥风，长夜无边。但是，当我们在阅读这部小说时候，却没有感受到战争的恐怖，人生的渺茫，以及颓废、消极、窒息、绝望的感觉。恰恰相反，一种昂扬的激情，爽朗的调子，战斗的旋律和灿烂的“亮色”，贯彻和笼罩着全书，使人振奋鼓舞、信心百倍地看到人民革命事业必胜的壮丽前景，社会主义文艺正应当通过典型环境和典型形象的真实创造，有力地揭示出革命击败反动，光明战胜黑暗，美和崇高代替丑和卑下这样一种历史发展的必然规律，鼓舞人民的斗志，推动历史前进，而绝不是相反。

二

19世纪俄国文艺批评家杜勃罗留波夫曾评论道：“艺术家对世界的看法本身是评定他的才华的钥匙，这应当在他所创造的栩栩如生的想象中去寻找”。这也是就是说，艺术形象塑造得成功与否，是鉴别作家才华和作品成败的关键。用这个尺度来衡量,《风雨柿子岭》的人物塑造是有特色的。特别是田二牛、田犟巴、王增福等典型形象具有真实鲜明,栩栩如生,具有他们独特的性格风采。

田二牛是被作者着力刻画的最重要人物之一, 在小说中,作者极少对他作静态的描写,而始终把他放在他同周围人物的复杂关系之中, 放在尖锐的社会现实生活的矛盾冲突之中,来揭示他性格的各个侧面和复杂的内心世界。小说一开始,作者就把他推入了激烈的斗争旋涡里。这个不屈于命运的人,以罕见的韧性和倔强,在自己祖传的三亩地上打井找水,以求彻底改变种地靠天的被动局面,夺取好的收成,从而摆脱刘老春的控制和剥削。然而出乎他意料的是,他这种从经济上去赢得独立和自由的抗争意志越是顽强,他自己就越是迅速地钻入地主阶级设置的罗网。结果是生计无着,家破人亡,他几乎被逼入绝境。事实证明,不从政治上根本推翻吃人的社会制度,他这种个人奋斗式的纯粹经济斗争绝不可能有什么出路。因此,田二牛"打井丢地"的情节,就具有了十分深刻的典型的概括意义。误捉和营救共产党人刘栋的传奇故事,则是他诚实而懵懂的思想性格向着憬然彻悟突变的生动写照。自此以后,在党的直接教育下, 在细致复杂的群众工作实践和对敌斗争的艰险环境中,这个愁苦阴郁、倔强刚毅的普通农民,终于迅速成长为一个机智果断而又沉毅老练的无产阶级革命战士。在田二牛身上,我们可以看到我国新民主主义革命时期一代农民走过的曲折的清晰印迹以及他们思想性格的折光和投影,从而使他的形象具有了更为广泛的概括性和典型性,显得分外真实而丰满。作为全书故事叙述者的田犟巴,则是作者着力刻画的第二个重要人物。直到小说结尾,他还是个未成年的孩子,所以作者力求避免把他写成一个“小大人”，而始终从少年人的思想性格特点出发来塑造他的形象。例如他不辨真假，一听即信，毛毛躁躁地误把两个便衣特务当作同志，带领他们去山里找他父亲，使父亲险遭捕杀；他把一条写有名字的口袋借给别人去向外村地主“接粮”，直接导致了他哥哥篓篓的被捕牺牲。这些不落俗套、别具匠心的情节，准确地展示了田犟巴简单幼稚的性格特点。当篓篓详细地向他介绍那次打击地主的动人情节时，他兴奋地夸赞篓篓说，“照着你进步劲儿，打倒蒋介石的反动统治，你得闹个区长、县长的当一当”，孩子的率真之状，简单可触可摸。而当他父亲担任区农会主任，积极推动减租减息，革命取得初步胜利以后，外村人高兴得都叫他“小农会”。本村人也待他分外亲热，槐槐伯伯还拿着一条中央军溃逃时，丢下的红皮带送给他时，他就当真把皮带扎在了腰里。人家夸他威风，他也不觉得有愧，得意扬扬，踌躇满志，那稚气天真、单纯可爱的少年革命者的性情神态，惟妙惟肖地跃然纸上，真可以呼之欲出。

王增福是另一个被刻画得相当成功的艺术典型。由于他经济条件比较富裕，他的思想性格中庸守旧，自私狭隘，明哲保身和胆小怕事，他同情贫苦群众的悲惨遭遇，但连拿出几个窝窝头来帮助别人也舍不得，他痛恨刘老春的横行霸道，但当着他面却总是满脸堆笑，表现得十分谦卑恭顺。当革命洪流眼看着要使刘老春遭遇灭顶之灾时，他和大家一样兴高采烈，宣称这一回他那个“王”字上有了一“点”——当家作“主”了；但一有风吹草动，他又立即惶惶然失去了主心骨。一次村干部丁顺吉故意在刘老春面前装出低姿态，使得刘老春又一度嚣张起来时，王增福就像钻进了闷葫芦，犹如坐上了火锅上，哆哆嗦嗦不安地说：“怪不得人们说，枯死的老树干金柴，多壮的毛草不过斤，这个山大王的根茬还大着呢。”但在从区里回来的田二牛揭开了事实真相,刘老春悻悻然溜掉以后,躲在铁拴家的王增福又迅速跑了出来,猛向丁顺吉伸拇指:“你将刘老春耍得好!像黑丑砸了他的牌子一样过瘾,像高吉祥骂他十八辈祖宗一样痛快。”前后不过十分钟,竟如此判若两人,把他既赞成革命又惶惑胆小、左右摇摆的思想性格刻画得入木三分。

另外几个人物如高吉祥、老正、顺吉、黑丑、李老玄等,虽然作者对他们在敷色着墨上多寡不等,有的甚至只是几笔速写,但都比较准确地勾勒出了他们的性格特点,给读者留下较深刻的印象。

在艺术结构上,《风雨柿子岭》继承我国古典小说和民间说唱文学的传统特点,运用一人一事或一家一户的命运贯穿到底的纵深结构方法,而不做多个故事的横断面的并列叙述;在激烈的矛盾冲突中,在迅速发展变化的运动态势中展开故事情节,突现人物性格,而不做过多烦冗的静态描写或心理分析,因此令人读来自然流畅,单纯集中,情节发展快,故事性强,情趣盎然而富有感染力。

曾经被恩格斯誉为“在小说的性质方面发生了一个彻底的革命”的法国著名女作家乔·桑,一生极力主张描绘的简朴性。她曾称自己在简朴里的确看到而且也感到了美。《风雨柿子岭》是简朴的,在它那里我们看不到虚假肤浅和绮靡矫饰,有的是真挚单纯、醇厚质朴。这种素淡的返璞归真的艺术风格,也给读者留下了良好的印象。

三

小说也还存在着一些缺陷。择其要,这里讲两点。

第一，小说对于妇女形象的塑造基本上是不成功的。全书比较重要的妇女形象共有三个，这就是田犟巴的母亲、李奶奶和秀青。她们正好是柿子岭村三代妇女的形象，塑造好这三个人的典型形象，可以使柿子岭这幅风俗画卷的色彩更绚丽。内容更丰富，生活气息更浓郁。具有更为宏阔壮丽的社会概括意义，从而为整部长篇小说增添毋庸置疑思想艺术魅力。然而在这方面，作者显得有些漫不经心。田犟巴的母亲，虽然被赋予了冷峻刚强，宁折不弯的性格，但却很快就被刘老春打死后秘密弃尸枯井。因此她那不畏强暴，不认命的独特个性，就如一尊未完成的雕像一样，眉目神情显得模糊。其实她这个被反动地主阶级咒骂为“妨人精”“扫帚星”的形象，完全可以在而后阶级斗争的暴风疾雨中做出惊人的然而完全合乎她性格逻辑的发展，从而为中国妇女的解放运动建树殊勋。老一辈的李奶奶，除了给人以善良和饶舌，有时还迷信特别执拗的印象外，几乎就没有别的性格侧面了。至于秀青姑娘，尽管斗争环境是那样紧张残酷，她都基本上游离于整个冲突之外，终日沉湎在对于黑丑的羞羞答答的痴情中，很少有属于她那个阶级的逐渐意识到了自己历史使命的更为自觉积极的行动，以致她的形象显得不够真实。早在 1927 年，毛泽东同志曾经指出：“最近农民运动一起，许多地方，妇女跟着组织了乡村女界联合会，妇女抬头的机会已到。”[①]因此，如果不囿于某个局部的小范围的真实，而把妇女运动放在风雷震荡、地覆天翻的以整个大的历史背景上去考察和描绘的话，一个个敢于承担历史重任的风姿飒爽的妇女形象也许就会接踵而来，从而为整部作

① 摘自《湖南农民运动考察报告》，《毛泽东选集》第 1 卷，人民出版社，1953 年。

品增添光彩。

第二，小说对于反面人物的塑造，显得有些公式化，概念化和漫画化，无论是恶霸地主刘老春，伪军和伪保安队头目张风武、胡镇山，还是汉奸刘慧生、狗腿子池仁良，他们的性格大多没有太明显的差别。当然应该公道地说，这种在塑造人物特别是反面人物的有害倾向，并非《风雨柿子岭》所独有。所以，借此机会对这个问题多说几句管窥之见：以期引起评论界和创作人物形象，历来就有两种理论，一为类型说，一为典型论。类型说只强调生活中某些人或事的表面的共同特征，而不去深入研究他们更为深刻的内在本质及其独特个性。在塑造正面人物时，类型说主张从正面人物（或英雄人物）的抽象概念出发，去罗列和堆砌一系列英雄事迹，将其塑造成极端理想化的、甚至头上罩着光环的救世“超人”；塑造反面人物则主张从反面人物的抽象概念出发，搜集拼凑人类的一切丑行劣迹，将其塑造成歪鼻歪眼，十恶不赦的恶棍。在世界文学史上例如在古希腊悲剧、史诗乃至 17 世纪古典主义文艺作品中的人物，大多即是这种类型形象。只是在马克思主义诞生以后，才旗帜鲜明地提高了科学的典型论。这就是恩格斯在《致玛格丽特·哈克奈斯》和《致敏娜·考茨基》这两封著名信件中所说的那样，要十分重视“个性描写”，要“真实地再现典型环境中的典型人物”，使“每个人都是典型，但同时又是一定的单个人，正如老黑格尔所说的，是一个‘这个’，而且应当是如此”。这是文艺理论史上的一次革命。尽管如此，类型说并未就此绝迹，有时甚至泛滥成灾。“四人帮”横行时期那些“三突出”的千人一面、千人一腔的作品及其人物形象，实际上就是这种理论的畸形儿。另外由于按照类型说去创造人物形象比较省力。所以也往往被一些较少生活积累、对自己所描写的人物缺乏熟悉和了解的作者所乐于接受。为了更准确、真实地反映我们这个千姿百态英雄辈出的伟大时代。我们应当认真学习和掌握马克思的典型论,深入火热的现实斗争生活,熟悉自己所要描写的对象,为创造出无愧于我们伟大时代的作品,为建设社会主义精神文明做出贡献。

把奖章献给故乡的杨润身

◎布　衣

早就听说电影《白毛女》的编剧之一杨润身常年居住在平山县，而与这位耄耋老人见面却是在平山县温塘镇东山坡的植树地点。

那是一个初春的早晨，这位因为编导电影《白毛女》《探亲记》《山村会计》而为众多观众所熟悉的老人，正在与一群北京来的青年志愿者交谈。老人边聊边低头在随身携带的笔记本上记录，白发被春风吹乱，一颗未老的心被春天的气息鼓动着……

80年前，杨润身出生在平山县温塘镇附近的一个村庄，14岁便走上了革命的道路。作为长期生活、工作在基层的文化工作者，1949年他受邀参加了影片《白毛女》的拍摄。据报道，《白毛女》当时在全国20家影院首映第一天，观众即达47万多人。无论文化界还是普通观众都热情称赞《白毛女》是一部非常成功的作品。该片在1951年7月捷克斯洛伐克举行的第六届卡罗维发利国际电影节放映时，座无虚席，并荣获该电影节的第一个特别荣誉奖。该片还获得了中华人民共和国文化部1949-1955年优秀影片一等奖。

尽管这段经历距今已有半个世纪之久，但提起往事，老人仍然十分激动。他说："《白毛女》之所以能成功，既有艺术方面的原因,也有社会方面的因素,而社会的因素占主导。我父亲就是杨白劳式的农民,我姑姑的一些经历就像白毛女,我把对地主的恨都给了恶霸黄世仁,把对父亲、对姑姑的爱都给了白毛女。就是因为倾注了真实的情感,所以人民才喜欢。获奖时,我和导演王滨、水华没要国家给我们每人发的奖金,只拿了一块金质奖章作为纪念。现在我准备在我生命结束之前把奖章献给我的故乡。”

由于对家乡的爱,这位中国作协天津分会副主席 20 多年来一直长住家乡。战争年代,他用“杨憨”作笔名,发表了不少文章,乡亲们喜爱他憨憨的淳朴劲儿,亲切地叫他憨子,几十年过去了,他的这种憨劲儿一直保持至今。在平山县兼任县委常委,他两袖清风,“无特殊情况不坐小车,远路乘公共汽车,近路骑自行车。不走后门,不开后门,不吃请,不收礼,认认真真地给农民做些事……”这段自叙正是他生活的真实写照。

杨润身是一位高产作家,其作品以情动人,具有浓厚的生活气息。特别是那些有关家乡的文章,无处不流露他对家乡那浓得化不开的乡情。老人说:“我的乡亲们最爱桃花,最漂亮的姑娘叫桃花女,结婚的新房中都贴着用红纸写的字符‘桃花女在此’。”杨润身笔下的桃花女子们,个个“身如白雪,面如桃花,唇如樱桃,俏丽无比”。杨润身笔下的家乡,“桃树密布,千株万棵,一望无际,株株开花吐艳,棵棵放彩溢香。翠蓝的蓝靛,火红的红靛,善鸣的百灵,愉悦地在树间飞舞,尽情地在枝头歌唱。”杨润身笔下的家乡每年三月悠然而来的桃花水则更是“入水沐浴,污,不脱自落;病,不除自愈”。家乡简直就是杨润身骄傲的资本。

老人喜欢提及的童年往事,一是“站大堂”。“大堂”就是高高的一堆粪土，谁先站上去谁就是王，而他则断不了站在“大堂”上。二是敲大鼓。温塘村村有武术会，村村有大鼓，杨润身8岁就开始操起鼓槌，九九八十一个鼓点成为他生活的兴奋点，直至今天，80岁的杨润身还能抢起鼓槌敲上一段。

2002年温塘镇举办首届桃花节，杨润身请来老朋友——著名诗人贺敬之、电影表演艺术家陈强等一些战争年代曾在这里生活过的老艺术家。在影片《白毛女》中饰演地主黄世仁的陈强，不顾86岁的高龄充满激情地唱起了当地民歌《山药蛋》。80岁的贺敬之被温泉度假村聘为名誉村长，这位曾担任过文化部部长的诗人激动得流下了热泪，他说：“我当过这长那长，就是没当过村长，我觉得最幸运的就是这个村长，这个村长当定了。”

听人介绍，老人杨润身的老伴儿因“文化大革命”的迫害至今精神不好，生活在天津的儿子、儿媳现今都下了岗，在内蒙古工作的女儿生活也遇到了困难，但这些并没影响杨润身为家乡做事的热情。如今80高龄的老作家仍笔耕不辍，他说：“我知旧社会饥寒交迫，我知先烈们的浴血奋战，我知幸福时光来之不易，所以我要用笔换来更加美丽的家乡。”他写家乡发生的变化，写家乡人的美德。老人称赞为保卫人民财产而献出生命的村信用站信用员李新书为“花中雪梅”；称为荒山的绿化奋斗了近14个春秋，一次次与死神擦肩而过的温塘镇武装部部长李顺国为奇人。他期望自己的文章能激励更多的人为改变家乡面貌而奋斗，令他欣慰的是他已经看到了各级政府的工作人员与当地百姓一道努力，为共创美好的家园而努力。

老人现在最大的快乐就是动员更多的人在家乡种植桃树，使桃花、桃花女、桃花水等等相互关联起来，真正成为一种文化。他说自己可能吃不上亲手栽种的桃子了,但这个事业就是他生命的延续。

在老人再三的鼓励下，我们也在东山坡上栽下几棵桃树苗,于是,在这里我们便多了一份希望,同时也有了一份非比寻常的牵挂。

一个令我尊敬的党员作家

◎ 王道生

很高兴今天参加杨润身同志革命文学创作七十年活动。我在2006年去平山采访过他，从他身上受到很深刻的教育。

杨润身同志首先是一名共产党员。党员是干什么的？党员是“完全”“彻底”“全心全意为人民服务”的。

有一年冬天，有位老乡到县政府招待所找到老杨，找到他卷起他的被褥就往他车上捆。干什么？要他跟着到老乡村里住一住，看一看。他说他正忙。老乡说：“你忙也得去，我是个老党员，比你年岁大。”说着蹲在地上哭了。老杨只好跟着他，推着车子被褥到他们村里住了下来。群众听说老杨来了，把他团团围住，控告村支部书记欺男霸女，贪污腐化，成了压迫农民的新地主、新恶霸。那正是腊月初九，天寒地冻，他在村里住了一个月，与村民同吃同住，调查了解，掌握了确凿的情况。回到县里，他把这个土皇帝的情况在常委会上做了详细汇报，尽管这个人有后台撑腰，县委还是做出决定把他拿下，重选支部书记。替老百姓除了一害，解决了问题。事后，老杨以此为素材，创作了一部长篇小说《九庄奇闻》，获得了天津市鲁迅文学奖。

温塘镇的党委书记智全海讲了这样一件事。老杨的老家所在村北马冢村的村支书叫杨八一，是他亲外甥。工作有干劲儿，就是作风不民主，在村里搞一言堂，就他一个人说了算，结果弄得班子不团结。老杨知道后把杨八一叫到家里，狠狠地批了他一顿。后来，又把村里的全体干部都集中到镇里去开会。老杨说："看到你们争权夺势搞派性，支委会和村委会不协调，村里管理混乱，建设不好，主要原因是杨八一民主作风太差，我痛心啊！"老杨在会上哭了，所有的干部都受到震动。他说在村里当干部，最关键的是要把一个"私"字变成一个"公"字，处以公心，什么事都好解决，处以私心，村里永远也搞不好。在老杨的帮助和教育下，北马冢村的领导班子变好了，现在成了全县"十大红旗村"之一。

"杨青天"这名字，老百姓可不是轻易叫的。老杨生活在群众中间，工作在群众中间，群众希望什么，满意什么，愤恨什么，他脑子里都清清楚楚。他不光是采访写作，还随时发现问题解决问题。有一次他去赶集，集快散时，他看见一个卖猪肉的女孩在哭。他走过去问："你哭什么？"女孩说："眼看着猪肉卖不出去，卖不了猪肉，我就没钱上学了。"女孩边哭边推起车往家走。老杨看着那女孩走远的背影心里酸酸的，便跟着那女孩走，一直走到她的家。展现在老杨眼前的，是女孩精神失常的父亲和有残疾的母亲，她家住的还是抗日战争以前的破房子。老杨受了很深的刺激。自己的生活苦吗？比这一家人优越多了！他这个共产党员不能不管。他给女孩留了一些零花钱，自己就跑到县教育局反映这个女孩的情况，教育局同意女孩免费上学，老杨又给女孩找了个学校。类似这样的事不止一件。

1996年夏天，南贾毙村两家农民打架动了刀子，双方都在纠集亲戚准备大打出手。公安局没管，村干部不管，老杨听说了，放下正写的稿子跑了去，苦口婆心，化解矛盾，给双方写了和解书,避免了一场流血冲突。那年八月十五中秋节,两家都请他去吃饭,老杨说,你们好了,就等于请我了。

平山县文化馆的付俊霞一提起老杨就说:“他可是个好人,就愿意帮助人,只要是群众找到他,什么事都愿意管。”

有的农民买不到化肥,找他帮忙,他四处联系,很快帮人家买到了。

有个服务员因坚持制度得罪了干部,单位领导要辞退她。老杨知道了,去找单位领导评理,最后把服务员留了下来。

更被人们传为佳话的是这样一件事。有一天夜里,回庄的妇联主任急火火地来找老杨,说她的女儿红霞失踪了,她说红霞不是上吊了就是跳井了。老杨立刻帮着她家到处找人,直找到第二天天明,也没找到红霞的影子。后来还是红霞自己回来了。这到底是怎么回事呢?红霞对老杨诉说委屈,说她和南马冢村的富海搞对象,两个人情投意合相互爱慕,愿意结婚。但遭到红霞父母的反对,说回庄在平原,南马冢村在山区,哪有平原的女儿往山区嫁的?红霞坚决要嫁,父母就狠手打了她。她一气之下,跑出了家门。老杨听明白以后,对红霞说:“结婚的事,你放心吧。把富海找来,我领你们去登记,先领了结婚证,再做你父母的工作。”老杨这次破了例,找县里要了一辆小汽车,让一对年轻人坐着小汽车去乡政府登记。乡政府的秘书一看是坐着县里的小汽车来的,痛痛快快给办了手续。然后,老杨让红霞先别回家,他自己去找红霞父母做工作。老杨说:“自由恋爱,自愿结婚,这是受国家法律保护的。现在他们已经登记,你们不要这个闺女,就等于丢了她,你们不傻吗?认了这门亲事,闺女还是闺女,还多了一个女婿,多好呢?”红霞的父母终于被说通了。最后,吹吹打打、热热闹闹地办了喜事。一年后,红霞和富海抱着孩子,拿着蜂蜜、花生、鸡蛋到招待所谢老杨。老杨说:“东西全拿回去,你们一家来看我,我就很高兴了。”红霞说:“东西可以拿走,您给孩子起个名字吧。”老杨说:“行。”想了一下,说:“就给小闺女起个‘小燕’吧,希望她像小燕子一样快乐、自由飞翔。”

招待所的小曹还讲了另外一件事。她们村有一个女孩,经人介绍嫁了一个男人,婚后发现这男的患有痴呆症。女孩觉得自己受了骗,很委屈,到法院提出离婚。而法院不给判离。女孩坚决不跟这个男人过,又没有办法,就找到在县政府招待所工作的曹淑霞。小曹说:“我也不认识法院的人,再说,我一个服务员,没权没势的。你去找老杨吧,老百姓都叫他‘杨青天’,他可给老百姓办事了。”女孩找到老杨诉说自己的遭遇。老杨听了,很是不平:这么好的一个女孩子,怎愿意跟这么一个男人过一辈子?他去法院,要求依法保护女方的正当权益,正视男女双方感情破裂的现实。法院终于判决离婚。事后,女孩带着土特产来谢他,他一概不收。他说,他看见女孩有了笑容,就是最好的回报了。老杨说,整天和人民群众生活在一起,急他们之所急,爱他们之所爱,做他们之所需,他这个老共产党员的政治本色就不会丢。

老杨说:“我这个作家,这些年在平山,写了七部小说。它们是《白毛女和她的儿孙》《天堂里的凡人》《仙女峰的迷雾》《魔鬼的锁链》《危险火花》《风雨柿子岭》和《九庄奇闻》,还有一本散文集《每当我走过》。我的这些作品,几乎都是群众找到我,给我讲的故事,让我写文章。这些故事都是来自生活,来自农民。前面提到的《九庄奇闻》是最能代表我的作品。我知道,我的作品艺术水平不高,与别人的阳春白雪相比,我的是下里巴人吧。”

老杨为什么会有这种感觉呢?他与贺敬之等人创作的《白

毛女》和他的《探亲记》都是很优秀的，他的《九庄奇闻》《风雨柿子岭》获天津市鲁迅文学奖，他还有一部中篇小说获得全国公安文学一等奖。这些作品虽然没人“炒作”，但它们是生长于人民、服务于人民大众的文学。它与当前文坛上的所谓“创新文学”从根本上划清了界限。

我告诉他，有的地方把《白毛女》改编成黄色小品，白毛女喜儿成了“三陪小姐”，“黄世仁入了党、做了官，县上省上当模范”了。去年浙江的一本文学杂志发表了一部《新沙家浜》的小说，把阿庆嫂描写成和胡传魁勾勾搭搭的淫婆荡妇，把抗日战士郭建光描写成贼眉鼠眼的情夫和小丑，引发了沙家浜人民的公愤。还有南方一家大报的《新闻周刊》，在头版刊发了一篇模仿《共产党宣言》的笔调写成的《享乐主义者宣言》。最后一句是“一个享乐主义者失去的只有疲惫，而他们获得的将是全部精彩。全广州享乐主义者，联合起来！”这是“阳春白雪”吗？它们尽可以一时哗众取宠，但绝不会被最广大的人民群众所接受。

老杨说：“我写的都是‘遵命文学’，遵老百姓之命，写真实反映现实生活的文学。我这个人若离开了生活，就一个字也写不出来了。我现在还能拿笔，还能写，但如果离开土地，离开农民，看不见他们的喜怒哀乐，我就写不了东西了。你问我为什么常年住在平山，就因为平山有我创作的源泉。”

泥土润笔香

——访著名作家杨润身

◎ 任会君　刘　宁

当杨润身老人温湿而又亲切的手握住了我们的手时，一种“仰视”的忐忑心理顿时消失。杨老虽已68岁，但岁月的皱纹掩盖不住他矍铄的神态，思维敏捷、妙趣横生、川江放瀑般的谈话使你感到他还是正值壮年。

杨老现任天津作协副主席，党的十三大代表。家喻户晓的电影《白毛女》出自他与同侪笔下。近年来他的长篇小说《风雨柿子岭》《九庄奇闻》在天津市获奖，中篇小说《失落的“无价之宝”》在全国获奖。我们去时，看见了他的长篇新作《魔鬼的锁链》清秀恬淡的样本。交谈中，杨老告诉我们，从1980年起他就长年在平山体验生活。初始，他并没有想写什么。“文化大革命”中，江青借他的电影剧本《探亲记》发难。江青一句话使他在“文化大革命”中遭到了长期的监禁、批斗。平反后的他已经不会笑了。电视台让他亮相时笑一笑，训练了好几次也未奏效，仍是一副苦相上了台。在这时候，他回到了故乡。

乡亲的拥抱，峻山的灵气，土地的宽怀，使他神经复苏，笑了出来。他挂职当了平山县委副书记、常委。当时他没有想到自己是作家，想到的只是自己是党员。春蚕未泯，总要为家乡人民做点事。他像当年的老八路，一辆自行车伴他上山，从生产安排到离婚打架，平山县妇孺都知道有个明白人杨老头，有疑难就找他。

在泥土的养育下，杨润身的文思也汩汩涌出，笔底奔放起来。中篇长篇接连问世，典型环境全取材于平山。读他的作品，你看到的是大山的伟岸，山道的迤逦，村民的艰辛，乡情的淳朴。福福、罐罐、牛三、孙黑猫……连主人公名字都出自乡亲之口。

杨老告诉我们，他能写一点东西，全是党和人民抚育提携的结果。他14岁参加革命，党送他到民族民主革命中学念书。抗日战争时期，他领导的平山县柴庄剧团成了晋察冀边区群众文艺的一面旗帜。新中国成立后被送到文学讲习所学习，有幸与赵树理、柳青、陈登科、康濯等朝夕切磋。“可惜老赵老柳已仙逝作古。但是现实主义的创作方法是没有过时的。现在有些作家认为文章重在表现自我，创作全靠灵感。我人笨，写自我一个字也写不出来。我的生命，我的感情，都是乡亲们给的。我的创作也得益于他们。”杨老说到激动处，站了起来。

《魔鬼的锁链》写好后，杨老先拿给一个青年农民看，问他喜欢不喜欢？青年说，喜欢，就是感觉前七章有点松散。杨老毫不犹豫地砍去三章。然后又拿给两个中年农民、两个老年农民看。在他们说出“爱看”后，这本书才付梓。

望着平山县城一间房里简陋的摆设和一桌摊开的稿纸，想起来以前别人介绍的杨老有高血压和肾炎，不能吃盐，有时一个馒头就酱油就是一顿饭。我们劝他保重身体，平山毕竟不比天津生活方便。杨老笑了：“我已卸任了，从前年起就不当副书记了，只挂了个常委。我这个人命大。30年前得肝硬化时，医生就说我活不了几年。现在不仅活下来了，肝病也好了。一想起平山人民当年流的血，现在流的汗，我就感到于心不安。那年秋季大扫荡，我们那个区一天就死了四百多人。我写的还不到人民为革命贡献所做的九牛一毛。一想到余年有限，我就得加紧啊！”

心中的白杨

——献给人民作家杨润身最后的岁月(组诗)

◎ 任会君

祈福

我的泪,
滴在你的面颊,
你不再沉睡。

正如你的泪,
洒在故乡的大地,
浸润了冰封的山水。

泪会说话呀,
听那天地之心,
正悄然以对……

白杨不老

你的根,
扎在故乡大地,
每一粒沙子都紧抱你。

你的枝,
伸向故乡丽日,
每一缕阳光都亲吻你。

白杨啊,
在你红红烛光里,
挺拔着故乡不老笔!

红头绳

从我们的家乡，
你怀揣一根红绳，
踏过山水万重。

几经生死啊，
红绳牵着你的心，
一松不松。

今又生死，
你的天空，
依然飘着那红绳！

春光

红红大年，
洁洁病床，
你的脸上写满春光。

又一寒冬挺过，
九十七岁的你，
何等坚强！

你本人民战士，
持笔如枪，
定能冲破道道死亡……

回家

昨晚一噩梦，
听得你，
唤我最后一声。

今来我唤你，
曾多么明亮的眼睛，
再不能睁。

知你欲归田垄，
就让我扶你，
踏上回家的路程……

白杨

在我的故乡，
有棵白杨，
挺立高山顶上。

翠叶光光，
玉树昂昂，
一如你堂堂。

从今想你，
便回乡紧搂，
我亲亲的白杨……

与老作家杨润身的文学情缘

◎ 邢建军

上初中时，就自费订阅文学刊物。到学校图书馆翻阅报刊成为放学后的习惯。大约是1980年，在《人民日报》上看到了一篇小说，作者就是杨润身，平山籍的著名作家。当时，对他万分崇敬，他笔下鲜活的人物形象，给我留下了很深刻的印象。

本乡本土，泥土味浓郁的文学作品，打动着一个文学少年的心灵。由此，尝试着写一些短小文字，投递给《河北文学》《建设日报》等报刊，也有少许"豆腐块"见诸报刊不起眼的位置，但回报最多的，往往是纷沓而至的退稿信。

当时，县文联的文学刊物《百合花》，也摆放在学校图书馆的书架上，便经常借来阅读。记得有一期《百合花》上，见到了焦彦龙部长的一篇散文，标题好像是《我和老杨》。作家杨润身的平易近人，豁达朴实形象跃然字里行间。作为爱好文学的小青年，自然就特别想见到"老杨"，想让杨老给点拨点拨。

一次偶然的机会，我听说杨老从天津回到平山，住在县招待所。就和峰奇等文友拿了自己的习作，前去拜访。杨老见到家乡这些爱好文学的后生们，非常兴奋，他不厌其烦地讲述着自己的创作经历，给我们少年心头点播文学之火。他说，平山后起之秀这么多，要集中培训一下，并让文联拿出一个培训计划，让县里帮助解决会场问题。

不几天，一场规格很高的文学培训班在县招待所举办。杨老穿了一身朴素的中山装来到会场。他幽默地说："现在实行送红包，我也给大家带来了一个红包。"说着，他把手中的一个红书包举了举，从里面拿出课稿。

杨老的幽默，引起了大家哄堂大笑，一下活跃了会场气氛。杨老很认真地翻阅着课稿，悉心给大家授课。把他的创作经历，写作技巧毫不保留地传授给大家。整整一上午，会场座无虚席，大家平心静气耐心听讲，珍惜着这一难得的机会。印象最深的，是杨老讲到"拿来主义"，他说初学写作，有难度，但是不怕，我们可以效仿，把一些好的词句"拿来"，变成自己笔下的东西。这一窍门让我受益终身。其实杨老讲的"拿来主义"，就是多学习，博览群书，增长知识。在写作时，许多日积月累的知识就会跃然脑海，手到擒来。

记得一次拜访杨老，他谈起他刚刚写出的西柏坡题材作品，他说，自己站在西柏坡，感觉到这是一块很踏实的土地。由此，我每一次到西柏坡采访，都强烈感受杨老的这一比喻，在很多西柏坡题材的写作中，都用上了"踏实的土地"一词。在《人民日报（海外版）》发表的散文《西柏坡》中，我就用了一句"站在西柏坡的1949年，站在实实在在的泥土上，站在乡亲们中间……"

在我的印象中，杨老永远都是一个憨厚的农民形象。他从不穿西装，每天穿着洗得发白的中山装，出现在大小场合。在杨老心头，始终有一颗农民的纯朴之心。

几次看望杨老，他总是热情，悉心询问我的创作情况。我总是推脱说自己工作忙，影响了写作，如今写作少了。而杨老也总是善意批评我，工作和创作没有冲突。

一次，和当时担任县文联主席的付锋明，陪同时任石家庄市文联主席的周喜俊老师前去看望杨老。当时杨老已经腿脚不便，但他还是让保姆扶着，坚持站起身来，和我们一一握手。他笑声爽朗，与我们攀谈，充满了对文学的热爱和对生命的豁达与乐观。

周主席觉得谈的时间长了，与我们会意与杨老作别。杨老坚持着站起身来，让保姆扶着，一直把我们送到门口。在杨老身上，我们感到了一个革命者和著名作家的宽阔胸怀。杨润身说："人，苦恼有苦恼的结局，乐观有乐观的收获。我情绪丰满，不思年老，制服苦恼，战胜疾病，还要写下去。"

2012 年 7 月，适逢杨老 90 大寿。县委给文联下达了一个任务，创作一批贺寿书画，为杨老祝寿。付锋明主席组织我和商一英、武小桅等人，连夜为杨老创作了一批贺寿书画作品，其中有一副中堂对联，还有几幅条屏。付锋明和商一英联袂创作了国画寿桃。大红的寿桃，浓酣而艳丽，热烈而又沉着，纵横淋漓，生动活泼，寓意杨老高寿，创作丰收。我和武小桅用大红洒金宣纸创作了"寿"字中堂，连夜装裱，第二天一早，送到杨老家中。

杨老看着家乡人为他创作的书画，喜出望外，连连称赞。至今，那些书画，还挂在杨老生前的县城住所。那副中堂对联由我题写，我记得内容是："不懈奋斗著述等身激情傲骨；德艺双馨硕果累枝妙笔鸿篇"。

依然记得 2012 年 3 月 2 日，平山作协举行工作会议，进行班子换届。那一年，已经年迈的杨老，让人搀扶着坚持来到会场，看着一个个年轻后生，杨老满脸欣喜，话语也多。正是早春，窗外，一场春雪不期而至，纷纷扬扬。杨老满面春风地说："春天来了，你们的春天，也是我的春天……"

脚步匆匆，杨老在家乡的土地上，留下了一路春风……

一肩敢挑万家忧

——深切缅怀杨润身老师

◎ 杨继平

抗日战争期间，河北省平山县出过两个比较有名的“文八路”：一个是《没有共产党就没有新中国》词曲作者曹火星，一个是电影《白毛女》剧作者之一杨润身。前者曾任天津市文化局局长，后者是天津市作家协会副主席。

曹火星去世较早，我久闻其名，不得相见。在平山工作期间，只与他女儿曹红怡女士共同出席过一次捐赠活动。与杨润身主席则交往较多。3 月 24 日，听到杨润身老师离世的消息，我虽然已有思想准备，但心里还是止不住的难受，他的音容笑貌瞬间涌上心头。

记得第一次去拜访他是一个寒风凛冽的冬日。杨老住在平山南关一个普通居民小区，一排红砖墙，用预制板盖顶的五楼中间单元的一楼西门即是他的住室，两室一厅约 60 平方米，卧室兼会客室四面白墙落地，临窗放一过时米黄三屜桌，桌上一摞天津市作协红头稿纸，上面遍布手写字迹，床上摆着太行山人家常用的棉布被褥。因木制窗户和薄皮铁门密封不严，不时有冷风吹进。杨老身材高大，身穿过时的灰布中山装，脚蹬一双自制手工黑布鞋，热情欢迎我的到来。身居著名作家的“寒舍”，看着杨老的装束，我一下子很难把眼前的杨老与我想象中的天津市作协主席、新中国成立后行政11级的大干部对上号。

陪同的平山县文化局智局长介绍我当过兵且爱好文学，杨老马上和我有了共同语言。他亲热地拉我坐在床沿，一边嘘寒问暖，一边回忆他当“八路”的经历。他最自豪的是15岁入党，穿上了军装，佩带上了“八路”臂章，跟着共产党走上了一条民族解放的光辉道路。从那时起他就坚定了永远跟党走，全心全意为人民服务的赤胆忠心。杨老说：“战争年代，共产党员的先进性需要通过鲜血和生命的代价来检验。我曾工作的柴庄离鬼子炮楼仅3里地，解放战争时到前线演出，也从没个躲闪，我感觉自己无愧于党的培养。”他看我还年轻（在他眼里一般人都年轻），又说：“现在和平建设，发展市场经济，社会环境变了，糖衣炮弹的考验比枪林弹雨还厉害，你们当领导的能不能坚守住呀？”杨老一席话，既是基于历史的镜鉴，也有对于现实的忧患，一片拳拳忧党之心。智局长说，杨老祖籍北马冢村，往西就是西柏坡，杨老经常跑到党的七届二中全会的旧址去看一看、坐一坐，重温“两个务必”。看着杨老真挚的表情，听着知情人的详细介绍，我慢慢品味出了“杨老之问”沉甸甸的分量。

从杨老“寒舍”出来，我边走边问智局长，怎么杨老这么“穷”呀！智局长回答说，按说杨老可不穷，20世纪50年代初，他把《白毛女》《探亲记》的奖金和稿酬都交党费了，那时的奖金够在咱县城买半条街！再说他工资也不低，但不少钱都让他资助困难户了。

和杨老接触多了，我逐渐理解和接受了他的言行。杨老出身于贫苦劳动人民家庭，新中国成立前一直在农村工作，他土里土气的着装打扮不是刻意为之，他和劳动人民有着一种天生的、难以割舍的、千丝万缕的情结。新中国成立前夕，杨老随解放军进入天津城,临走前老母亲嘱咐儿子说:“孩呀,你可要记住,活到80,也不要忘本,自己是一个受苦人的儿子。”杨老说他们那代人就那样,多少年和党风雨同舟,与人民鱼水情深,已经结成了一体,分不开了。

2012年的春天,杨老打电话说要见我。下班后我急匆匆赶到他家。原来,百花文艺出版社出版了杨老的散文集《故乡情韵》,杨老要专门送我一本。读完他的大部分作品,我和杨老有过几次“文学艺术”交流,还请教了他不少平山逸事,对他的人生价值观和创作思路有了比较深入的了解。

在中国的作家里,杨老敬重孙犁,但最喜欢赵树理。他说“山药蛋灾年救命”,“山药蛋派”接地气,在文学通俗化上做出了大贡献,将文学还给了人民。纵观杨老的一生,他没有为钱而写过一个字,他写的都是“遵命文学”,遵老百姓之命,为占中国绝大多数的基层群众代言,反映“草根”的喜怒哀乐,每部作品都充满了一个作家对人民的诚实的心。如果说他的作品《风雨柿子岭》歌颂的是抗日战争时期老区民兵为追求翻身解放而奋勇斗争的事迹的话,《白毛女和她的儿孙》《艰难的跋涉》等作品无不歌颂了基层农村干部勤政为民的光辉形象。但是,他最见不得群众受苦受难,更看不得群众受压,创作上敢于直面发展过程中带来的问题。1956年,他在平山一个农村驻村,几个老人找上门来,有的骂儿子进了城当了官忘了爹,有的诉说孩子进城连一封信也不给写。杨润身坐不住了,针对这一现象,写出了电影剧本《探亲记》。经北京电影制片厂拍摄后,电影《探亲记》在全国放映,教育了一大批人。改革开放后,杨老长期下沉平山县委挂职。有一次,有位老乡找到他的住处,抱起铺盖就往他自行车上捆,说无论如何请他到村里看看,搬走压在村民头上的“石板”。杨润身听后立即跟着他到村里蹲点,吃住在老乡家,详细了解基层干部违法乱纪、欺压百姓的材料，并向县委做了专题汇报,县委调查后严肃处理了有关干部,为民解民忧、除了害。事后,他还以此为背景创作了长篇小说《九庄奇闻》。还有一次,针对农村人情消费和高价彩礼，东回舍镇柴庄村的一个老乡对杨老说:“一切向钱看的、势头叫人受不了！你写本书编出戏,破一破这种风气吧！”对此,杨老没有一听了之,他深入山村,上门入户,走访群众,创作了长篇小说《魔鬼的锁链》,对这一现象予以批评引导。

看杨老的作品，你可以感受到他那种简单朴素的风格、简约通俗的品质。他常说自己的文学水平不高,我感觉那是杨老自谦,他的作品虽然土得掉渣,但是拙得可爱,特别是和人民群众永远“不隔不疏”,非常难得。这得益于他坚持大众化写作和农民式创作。不管文坛风气怎么变幻,文学样式如何创新,他始终有着自己对文学的理解和农民式的天真与固执,他已经把人民作家和人民群众的界限抹平了。

去年,我曾专门去天津探视杨老。按照他的一贯要求,我没敢带鲜花和果篮,而是带去了最实用的平山小米和玉米面。此时,躺在医院病床上的杨老已经不能说话,握着他瘦弱的手,看着他苍白的面庞,我的泪水在眼眶里打转,久久说不出话来。询问他儿子杨老清醒时有过什么交待,他儿子杨云说:我老爸一辈子没向组织讲过价、伸过手,他只交待去世后一定要把他的骨灰埋到家乡的太行山上,他想和乡亲们永远在一起!

近现代的平山,人杰地灵,人才辈出。我想,历史注定会记住一些人,杨润身先生必定是其中之一。

杨润身和电影人物“白毛女”的创作

◎ 彭秀良

2009年10月,《文艺报》资深编辑、著名文艺评论家熊元义到华中师范大学汉口分校讲学,提到“白毛女应该嫁给黄世仁”的观点近来在年轻人中流行。他认为这表明人们由20世纪40年代对群众疾苦的同情,演变成而今对权和钱的膜拜。两名女生当场对白毛女不嫁黄世仁不理解,表示,如果是她,就会嫁给有钱的黄世仁,哪怕黄世仁年纪比自己大许多。于是,10月16日她们成了各大媒体评论的焦点。

40岁以上的人可能都知道“白毛女”的故事,对喜儿的遭遇深表同情,对黄世仁则充满愤恨。人们知晓“白毛女”的故事大多来自于1950年东北电影制片厂(长春电影制片厂的前身)拍摄的同名影片,该片创下了新中国电影收视率第一高,并于1951年获第六届卡罗维发利国际电影节特别荣誉奖,1957年获文化部1949—1955年优秀影片一等奖。“白毛女”的故事又来自于“白毛仙姑”的民间传说,发生在河北省的平山县或阜平县,距革命圣地西柏坡不远,1945年曾被改编为歌剧,电影是在原来歌剧的基础上重新加工创作出来的。下面我们就从歌剧《白毛女》的诞生说起吧。

毛主席说,我们要往"白毛女"的故乡去了

1948 年,毛泽东同志率中共中央前委离开陕北,即将东渡黄河向晋察冀边区转移的时候,对身边的工作人员说:"我们要往'白毛女'的故乡去了。"具有丰厚诗人性格的毛泽东对于民间传说是非常感兴趣的,他之所以知道"白毛女"的来历,就是源于 1945 年由延安鲁迅艺术学院(以下简称"鲁艺")集体创作的歌剧《白毛女》。该年 4 月 28 日,歌剧《白毛女》为参加中国共产党第七次全国代表大会的 1435 名代表和延安各机关的首长们进行演出,受到热烈欢迎,后在解放区各地陆续上演,深受广大人民和八路军官兵的喜爱。

歌剧《白毛女》是在毛泽东《在延安文艺座谈会上的讲话》精神的指引下诞生的, 其中还穿插着许多不为人知的细节。1944 年 4 月,"西北战地服务团"(以下简称"西战团")由周巍峙同志带队,奉调回到延安。"西战团"成立于 1937 年 7 月,成立后不久即由丁玲率领开赴抗日前线,以后一直坚持在华北抗日根据地创作、演出。"西战团"回延安的任务是学习总结,差不多有点整风补课的味道。不过这时候"抢救运动"已经得到有效的制止。因此,在返回延安的途中,"西战团"团员们想得最多的是怎样把那出反映敌后人民生活与斗争的话题《把眼光放远一点》搞得更好一些。凌子风、陈强、岳慎、李百万、郝汝惠等都参加了演出,他们得让延安的朋友看看:晋察冀的高粱米,也是很养人的呢!

1944 年 5 月 27 日,在"鲁艺"召开的欢迎会上,"西战团"演出的《把眼光放远一点》和其他一些节目,得到了观众的一致好评。作为"鲁艺"的院长,周扬在演出结束后会见了"西战团"的

编剧邵子南，很自然地问了一句："最近在忙点啥？"身为解放区最有权威的文艺机构"鲁艺"的院长，周扬的问话自然也就有点例行公事的味道。因此，当邵子南告诉他，"搞了一个戏曲剧本，想请周扬同志指教"时，他也就很随意地说了一声："好呀，拿来看看呀！"

其实，周扬已经不是第一次听到白毛仙姑的故事了。在此之前的1944年5月，《晋察冀日报》记者李满天在给周扬的信中，就已经谈到了这个故事。故事情节很简单，说在一个山洞里，住着一个浑身长满白毛的仙姑。仙姑法力无边，能惩恶扬善，扶正祛邪，主宰人间的一切祸福。至于这仙姑到底身居何方则说法不一，山西人说在河北，河北人说在山西，反正就在晋察冀地区的一个山洞里。可以说，民间流传的有关白毛仙姑的版本，还没有超出侠义话本的范畴，而且传说中还有不少封建迷信的成分。但是，周扬却从李满天描述的民间故事中，从邵子南还没有定稿的戏曲剧本中，看到了一种新的东西。尽管他还一下子说不准确这新的东西到底是什么，但艺术家的直觉告诉他，这种新的东西肯定值得探求。周扬立即决定由"鲁艺"创作并演出一部大型舞台剧，就以"白毛仙姑"为题材。

起初，《白毛仙姑》的创作班子由戏剧系主任张庚总负责，编剧邵子南，导演王滨、王大化、舒强，至于作曲则几乎汇集了音乐系所有的精兵强将：马可、张鲁、瞿维、向隅、李焕之。后来，编剧换成了从文学系调来的贺敬之、丁毅，新剧本确立了"旧社会把人变成鬼、新社会把鬼变成人"这样一个新的主题，而这恰恰正是创作之初周扬看到但是没有明确说出来的那个"新的东西"，因而得到了周扬的热情肯定。开场曲《北风吹》用河北民歌《小白菜》作基调，首场演出时当《北风吹》的旋律奏响之后，几乎所有的观众都进入了忘我的境界，演出过程中首长席后面的几个女同志失声痛哭。

从山村里走出来的作家杨润身

杨润身是谁呢？他是电影《白毛女》的三个编剧之一，而且是三个人中今天唯一健在的一个，同时还担任着天津市作协的副主席。青少年时代的坎坷经历是他创作电影人物“白毛女”的有利条件，可能也是他能够加入影片主创队伍的主要原因。

1923 年，杨润身出生于平山县一个叫北马冢的小山村。父亲是一个受尽地主剥削的杨白劳式的穷苦农民，为人淳朴、善良，心灵手巧，会木匠、石匠，还会一手好农活儿。那时家里只有 11 亩沙薄漏地，为把沙地变成水田，万般无奈向地主借了 360 吊钱，打了一眼井。可是井打成了，水田有了，不料从此背上了一身沉重的债务，年年把地里打来的粮食用来还地主的租子，永远还不完。幼小的杨润身过年都吃不上饺子，更穿不上新衣服，看到的总是父亲的愁眉苦脸，听到的总是父亲的唉声叹气。创作剧本《白毛女》时，杨润身主张添加的杨白劳为还黄世仁的账当场数钱的情节，就是小时候看父亲数钱的翻版。他的父亲每到年终还借款的利息之前，总要把洋钱拿在手里敲一敲，辨别一下钱的真伪，这个举动在杨润身的头脑里定格了大半辈子。杨润身说，小时候就经常听奶奶讲“白毛仙姑”的故事，在他幼小的心灵里，对恶霸地主充满了仇恨。由于家里穷，杨润身只受过几年的私塾教育，文化功底是比较薄弱的，但他肯于读书动脑筋，倒也积累了一些文化知识。

1937 年抗日战争全面爆发，村里来了八路军，贫苦的农民们得到翻身解放，年仅 14 岁的杨润身参加了革命队伍。第二年，他入了党，先后当过勤务员、小学教师、报社指导员、区宣传委员。他善琴能鼓，登台演戏，自编自导了《围困堡垒》《炕头会》《一碗饭》《水清鳖出》等街头剧和舞台剧40多部，揭露地主的罪恶，鼓舞人民的斗志，在晋察冀边区产生了很大影响，他本人还获得“模范干部”的称号，他领导的柴庄剧团被树为晋察冀边区乡村的文艺旗帜。尤其难得的是，杨润身带领剧团排练和演出了歌剧《白毛女》，给后来推荐他参加电影创作的康濯留下了深刻印象。1948年和1949年之交，经时任晋察冀中央局宣传部长的周扬同意，杨润身被调入边区群众剧社，接下来又进入天津市文化局。

故乡的热土养育了杨润身，也滋润着他心中的创作之泉。平山地方的习俗是姑娘在家梳辫子，出嫁到婆家要打发结。杨润身很小的时候，他有个本家姑姑，看上了邻居家的一个小伙子。有一天，杨润身趁他姑姑一个人在屋里，猛地推门走了进去，看到他姑姑正在学着打发结。姑姑的脸一下子涨红了，低声地嘱咐小润身：“出去可不许乱说！”小润身马上明白了姑姑的心事，她正为她的情人打发结呢。《白毛女》里杨白劳给喜儿买来一根红头绳，那是为待嫁之人准备的，已婚的女子是用不着梳辫子的，浓郁的风情自然地流淌着，艺术的真实源于生活的真实。

电影剧本《白毛女》创作的前前后后

据曾担任过河北省作协和文联主要领导职务的康濯回忆，把歌剧《白毛女》搬上银幕的想法最早是著名导演水华提出来的，水华又拉上王滨一起编写剧本、做导演。不管是谁的主意，反正水华和王滨联手拍摄了电影《白毛女》。水华是新中国电影的开拓者之一，他也曾参与过歌剧《白毛女》的创作，除去电影《白毛女》以外，他还拍摄了一系列优秀影片，如《林家铺子》《在烈火中永生》《伤逝》等。王滨当年的名头比水华响得多，1935 年就自编自导了影片《海葬》，1947 年开始在东北电影制片厂任导演，而且是歌剧《白毛女》的导演之一。

水华就拍摄影片《白毛女》向康濯征求意见时，康濯便向他推荐了杨润身。康濯的意思是请杨润身担任顾问和参谋，直到双方见面交谈，水华便热情地邀请他参加创作，成为编剧之一。杨润身有着非常丰富的农村生活经历，他给剧本贡献了不少重要的生活原料和艺术构思。已 87 岁的杨润身回忆起参加电影剧本《白毛女》创作的情景时，依然抑制不住内心的激动。

1949 年秋，正在天津市文化局创作室任编剧的杨润身接到组织上的通知，让他到文化部电影局报到。到了电影局才知道，是让他参加电影剧本《白毛女》的创作。随后，他和王滨、水华等人住进了位于西单舍饭寺附近的花园饭店，一住就是七八个月，他们不厌其烦地反复讨论、修改故事情节。剧本没有写完他们就去了长春，在东北电影制片厂继续写作、修改剧本。两三个月后，剧本杀青，他们转移到平山拍摄外景，等外景拍摄完，杨润身就进了丁玲主持的文学讲习所学习，那已是 1950 年的冬天了。杨润身说，三个人改编一个电影文学剧本还用了一年的时间，下的功夫是相当大的，拍出的电影才会那么感动人。在剧本的创作过程中，王滨参加的时间不多，他负责场景的编排，杨润身主要是跟水华讨论故事情节的安排和发展。

水华特别细致，对每一个环节和对话都不放过，仔细推敲。杨润身为杨白劳设计的台词里有一句歇后语“骨头里熬油——不容易”，刚开始不是这句，是“荞麦皮里榨油——不容易”，水华觉得不好懂，杨润身想了想就说出了前面那句，水华大声叫好，就这么定了下来。还有一个细节，杨白劳在影片中的首次亮相是在地里割谷子，用镰刀拄着地站起来，那是因为割谷子腰痛，不好起身的缘故；陪着父亲干活儿的喜儿用镰刀刮脸上的汗，那时农村的女孩子没有用手绢的。这些细节的设计非得有北方农村的实际生活体验不可，否则很难想象得出来。

杨润身回忆说，电影《白毛女》与歌剧比较，做了四个重要情节的改变：一是杨白劳过年时是出去躲账还是还账。歌剧里说成是杨白劳出去躲账，他没有钱还账。影片里杨白劳变成了还账，他们总共有四个整劳力，挣的钱够还利息的，所以没必要躲账。而且，杨白劳还了利息，黄世仁还要霸占喜儿，想本利全收，一个恶霸的形象就这样定型了。二是要不要"小白毛女"的问题。喜儿被黄世仁强奸生下了女儿，人们叫她"小白毛女"，歌剧里让"小白毛女"活了下来。影片改成了"小白毛女"出生后不久夭折，使地主的孩子失去活下来的机会，这在当时的政治语境里是顺理成章的事情。三是加强了爱情戏的比重。歌剧对喜儿和大春的爱情表现得不够，显得很单薄。电影剧本对他们的爱情施了重墨，大春在地里割谷子时给喜儿摘柿子吃，喜儿在山头上放绳子拉半山腰里砍柴的大春上来，把两个人的恩爱之情渲染得很透彻。这样处理的效果是，反衬黄世仁的罪恶更大了，而情节也更加丰满。四是喜儿和大春要不要结婚。歌剧里的喜儿和大春没能结合在一起，写电影剧本的时候，这个地方也成了争议的焦点。有人说，大春当了干部，娶喜儿不合适。人家喜儿逃进深山等了他那么多年，如果他不娶喜儿，还算是革命干部吗？争论了很久，最后周扬拍板定案，一定要让他们结婚，影片这才以喜剧形式收尾。杨润身对影片的结局给出了一个有趣的解释，他说:“团圆是中国戏的传统,中国戏里面悲剧很少。我们不能把喜儿弄成个更加悲剧性的人物,那样就太伤害观众了。”

影片公映后,杨润身收到了许多群众来信,还有很多观众来找他。他记得,有一位观众是哭着找到他的,边哭边问:“电影里的故事是真的吗?”杨润身耐心地安慰他:“是真的。”周扬观看影片后评价说:“拍得很生活化,创造了生活的真实和艺术的真实这两个艺术的典型。”茅盾则说:“电影里的‘白毛女’是另一个‘白毛女’。”他的意思是指电影里的“白毛女”和歌剧里的不一样,是一个全新的艺术形象。

晚年杨润身

在电影《白毛女》之后,杨润身又写了《探亲记》《心连着心的人们》《姜喜喜》等小说和剧本,依然散发着浓厚的乡土气息。但是,《探亲记》给他带来了灾难,“文化大革命”期间江青以《探亲记》丑化干部形象为由指示天津市革委会对杨润身进行批斗,杨润身遭受了巨大的打击,但他仍然保持乐观的态度,相信真相一定会大白于天下的。

党的十一届三中全会以后,杨润身离开了天津,返回故乡居住。在平山这块他所熟悉的土地上,与农民朝夕相处,一起劳动,一起吃住,一起谈天说地,一起品味苦乐。他真心实意地为群众排忧解难,想方设法地帮助群众致富。他熟悉身边的人和事,了解群众的喜怒哀乐和生活的酸甜苦辣。正是如此,他同群众结下了血肉相连、情同手足的深情厚谊,使自己“处处感受到父母之爱,乡亲之情。雨中,送我一把雨伞;雪中,把我拉进暖屋;病中,为我煎好草药;遇险,帮我脱险……”他在总结自己多年创作体验时说:“作家把群众的喜怒哀乐放在心上,是自己的天职和本分,是义不容辞的责任和义务,写出人民的苦与乐,是对自己的安慰,是一种幸福。只要我能动,就要到人民中间去。”当谈到创作与生活的关系时,他说:“文学离开生活,离开现实,就失去了生活的根基;文学脱离了人民,人民就会远离文学。”进入古稀之年后,杨润身还写了3部长篇小说,获得了空前的创作的丰收。

87岁的杨润身看上去身体很硬朗,走路时步子迈得蛮快,比壮实的小伙子慢不了多少。他还计划再写一部长篇,但是精力已不允许他这么做了,不过短一点的文章还做得来。在临分手时,他送给我一本最新的《西柏坡文学》,那是平山县文化局办的一份文学刊物,上面登着他的一篇回忆文章——《无价之宝》,里面写道:“人,苦恼有苦恼的结局,乐观有乐观的收获。我收获丰满:不想年老,不想呜呼,制服苦恼,战胜疾病,活到了87岁。”

扎根农村,一生乐观,这就是杨润身的人生哲学。

北马家出了个《白毛女》编剧杨润身

◎ 王朝辉　于　洁

他是天津市作协副主席，笔耕不辍的同时还在家乡平山县挂职担任领导工作，每年大部分时间都是在平山县度过的；他是电影《白毛女》的主要编剧，也是平山县北马家村走出来的“人民的儿子”。“做梦都想不到啊，变化太大了。”日前，身在天津的著名作家杨润身接受记者的电话采访时，深情地说起了故乡的变化。

父亲就像杨白劳

“咱们是老乡啊。”84 岁的杨润身还保留着一口地道的平山口音，虽然没能见面，但是从声音里就能嗅到一股浓浓的乡土气息，“有胃病，血压高，但还能动弹。”他乐呵呵地说。和气、亲切、幽默，这是他给记者的第一印象。虽然身体不太好，他还是每天坚持写作，“我这两天在天津主要是检查一下身体，同时写一点小玩意儿，散文什么的，天冷一点我就回去。”杨润身说。

1923 年，杨润身出生在平山北马家村。“那时候农民的日子过得苦啊。”杨润身说，那时的北马家是一个贫穷的小山村，穷人多，地主也多，阶级剥削和压迫非常厉害。在他童年的记忆里，全家人挤在四处透风的老房子里，一家人从早到晚在地里辛苦劳作,因为欠地主家的债务,不得不把每年打来的粮食还租子,永远还不完。“我的父亲就是个典型的杨白劳式的农民。”杨润身说,小时候就经常听奶奶讲“白毛仙姑”的故事,在他幼小的心灵里,对封建地主阶级充满了仇恨。

创作《白毛女》电影剧本

1937 年抗日战争全面爆发,14 岁的杨润身穿着母亲的一件大花袄,毅然跟着八路军走上了革命道路 ,第二年就加入了中国共产党。经过战火的洗礼,杨润身成长为一名优秀的文艺战士。杨润身在当时属于晋察冀边区的平山县柴庄村当教师时,发挥文艺特长创作并导演了《炕头会》《交公粮》等街头剧和舞台剧,在广大群众中产生了极大的影响,自此声名鹊起。

1949 年天津解放后,文化部和中央电影局的同志找到了杨润身,给了他一个特殊的任务:作为主要编剧,创作《白毛女》的电影剧本。杨润身没有任何犹豫,一口就答应了下来。新中国成立之前,杨润身完成剧本创作,受到各界好评。1950 年,东北电影制片厂拍摄了这部作品, 所有的外景都是在平山县拍摄的,天桂山、滹沱水……都出现在了这部经典的电影中。杨润身则跟着剧组,跑前跑后忙了几个月。

1951 年电影公映后,喜儿、杨白劳、大春以及黄世仁成了家喻户晓的人物。1956 年,《白毛女》剧本获得文化部 1949—1955 年优秀影片一等奖。但杨润身只接受了发给自己的奖牌,一分钱都没有往家里拿,奖金上交给组织。

做梦都想不到

如今,北马家村已经发生了沧桑巨变,昔日的穷山沟变成了社会主义的新农村，一排排整齐漂亮的别墅，取代了杨润身印象中低矮阴暗、四处透风的茅草屋。作为村里的成员，杨润身也分得了一套别墅，他每年都会去住一阵子。杨润身说，他正在规划给村里建一个图书室，“读书是好事，尤其是孩子们更应该多读书。”杨润身说，现在图书室正在建设，等建成后，他要购买一些书籍，连同自己的藏书一起送给图书室。

在坚持写作的同时，杨润身一直在关心家乡的建设。“1937年我穿着花袄去参军的时候，做梦都想不到家乡变得这么好，做梦都不敢想在有生之年能从住了几辈子的破房子里搬出来，住上宽敞漂亮的别墅。”已经年逾八旬的杨润身动情地说，“这都要感谢党和政府，感谢这个时代，感谢改革开放。”

人间最贵是精神

——访著名作家杨润身

◎ 曹继铎

正值冰天雪地的数九隆冬，我赶赴平山采访了电影《白毛女》编剧、著名作家杨润身，了却了我许久以来的一桩心愿。

这次采访，给我留下印象最深、令我最感动的是杨老说的这几句话："作为一名党的文艺战士，我只要脑子还清楚，身子还能行动，就不离开人民，不离开土地，不放下手中的笔。"我想，杨老这几句话，集中体现了一种极为可贵的为国为民无私奉献的精神：亦即他毕生不遗余力地为社会变革呐喊，为时代进步欢呼，对创造历史的人民讴歌赞美，对腐朽事物鞭挞揭露的精神；他的坚持真理、刚直不阿、百折不挠、勇往直前的精神；他的自觉自愿地长期植根于群众生活之中，与群众同甘共苦、血肉相连的精神；他的矢志不移、不懈追求的精神；他的生命不息，创作不止的精神……

我同杨老相识已有20余年。初次相识是在1981年春天平山县政府招待所。或许彼此有一种心灵相通的情缘所致，一见面如同遇到多年的至交和知音，按照杨老的话说便成了"忘年交"。此后我们之间一直信件来往不断。在1995年6月省、市召开的"曹继铎散文讨论会"，他格外看重，很快寄来情真意切的贺信。他出版的小说，一部部地及时寄来，带给我一次次的惊喜。多年以来，我一直特别喜爱他的作品：那贴近时代和生活的故事，那浓郁质朴的乡土气息，那真切鲜活、形象生动的人物，那一幅幅农村波澜壮阔的美丽画卷，都使我喜不自禁，爱不释手……当然，我更崇尚他“真善美”的人品，以及他几十年如一日全身心地拥抱生活，倾心尽力地进行创作的忘我奉献精神……

这次相见，他显得异常高兴，紧紧握着我的手，眼里闪着非同寻常的泪花。我仔细打量着已是 80 岁高龄的他，同 21 年前我们相见时对比，除了花白的头发和多皱的面容略显苍老，杨老依然是一身朴素的装束，一脸慈祥的浅笑，依然是挺得直直的腰板，和那双闪着明亮光彩的眼睛，依然是思路清晰，精神矍铄，谈话如同山间清泉汩汩不断。

杨润身娓娓向我讲述着他历尽坎坷和磨难的人生历程，讲述了他如何从一个穷苦孩子，成长为一名革命文艺战士、作家的经历，以及他对生活、对人生的诸多见解。

一

1923 年杨润身出生于平山县一个叫北马冢的小山村。父亲是一个受尽剥削欺压的杨白劳式的穷苦农民，为人淳朴、善良，心灵手巧，会木匠，会石匠，还会一手好农活儿。那时家里只有 11 亩薄沙漏地，为把沙地变成水田，杨父万般无奈向地主借了 360 吊钱，打了一眼井。可是井打成了，水田有了，不料从此背上了一身沉重的债务，年年把地里打来的粮食用来还地主的租子，永远还不完。幼小的杨润身，过年都吃不上饺子，更穿不上新衣服，看到的总是父亲的愁眉苦脸，听到的总是父亲的唉声叹气。有一年，因为家里穷困不堪，嫂子推碾时，飞来的公鸡啄食了几粒玉米，遭到哥哥的打骂，嫂子一时想不开，抱着不到1 岁的孩子跳井身亡……

1937年抗日战争全面爆发，村里来了八路军，贫苦的农民们翻身得解放。这时的杨润身，一心向往革命，14岁便参加了革命队伍。1938年，他加入中国共产党，先后当过勤务员、小学教师、报社指导员、区宣传委员。他善琴能鼓，经常登台演出，还自编自导了《围困堡垒》《炕头会》《一碗饭》《认清》《水清鳖出》等街头剧和舞台剧40多部，揭露地主的罪恶，鼓舞人民的斗志，在晋察冀边区产生了很大影响，他本人还获得“模范干部”的称号，他领导的柴村剧团获得了晋察冀边区乡村的文艺旗帜。

或许由于杨润身自幼出身贫寒，年纪很小就参加了革命队伍的缘故，他很快便成长为一名意志坚强、性情刚毅、爱党爱民、廉洁奉公的优秀文艺战士，因而他几十年来能够身处逆境而不馁，遇到成功而不骄，总是满怀激情，永远向前。正如著名作家冯骥才对他的评价：“杨润身一生大起大落，大喜大悲，大甜大苦。”几十年来，他始终如一地坚信党，坚信人民，紧握手中笔，孜孜不倦地为人民而写作，一直健步走到今天，创作出许多脍炙人口历久不衰的丽篇佳作，成为备受人民喜爱和拥戴的作家。

二

杨润身有个比喻，他说：“人生总有一面镜子摆在面前，进行着一次次的考验。”在镜子面前，杨老身子正，心里安。他在抗日战争时期经受住了生死考验；“文化大革命”是对美丑、真伪的检验，他没有屈服，挺直了腰杆；在物欲横流的今天，面对金钱厚禄，他仍一尘不染，像青松一样傲然挺立。他为什么有如此坚定的立场、坚强的信念？用杨老的话说：“因为我是人民的儿子，我没有离开人民，所以是是非非、真假美丑看得清。”在“文化大革命”中被折磨得死去活来的危急关头，在粉碎“四人帮”后得到“解放”手却握不住笔、写不成字的极度痛苦的当口，他想到抗日战争时期同自己一起战斗流血牺牲的战友，想到故乡千万个情同手足的父老乡亲……于是，经过反复思考，他终于在 1978 年年底毅然决然离开舒适安逸的天津，自愿回到故乡艰苦的生活环境中，回到“生身养命”的故乡土地上——挂职任平山县委常委，长期在农村深入生活和写作。

三

“在事业上往上比，在待遇上往下看”，这是杨老一贯的人生观、价值观。尤其对个人名利，他看得非常淡，他说：“人民的作家就是要为人民着想，如果你做出了成绩，人民给你荣誉，你可以要，但万万不可为追逐个人名利向人民伸手……”按照他在文学上的成就和贡献，理所当然可以评为一级作家，而他却毅然拒绝了，他真诚而谦虚地说：“甭说同全国的大作家比，同咱们天津的孙犁、梁斌比，我不如人家，你们评上我一级，我心里不安生。”在某些人想方设法追逐个人名利的今天，杨老的这种思想境界是何等高尚、何等难能可贵，他的心田又是何等美丽啊！其实，早在 20 世纪 50 年代，杨老就主动把《白毛女》和《探亲记》的奖金和稿酬都还给了国家，交了党费。

多年以来，杨老的住房相当俭朴，在天津一直住在一所工人聚居的普通旧楼里，屋里的陈设也很简单。市里领导几次到他家，要给他调换一套好房子，作为一位文学成就卓著、年迈多病的“高干”作家，住一套好房子，既符合国家规定，也在情理之中，但杨老一口谢绝了，他十分动情而又颇为感慨地说：“我现在的住房，比一般工人、农民好多了，我住在这里，心里踏实。”

在故乡深入生活期间，杨老更是时时处处保持着劳动人民的本色。1997 年 7 月一个炎炎夏日，杨老肩搭一条擦汗毛巾，头戴一顶麦秸草帽，汗流浃背地爬了两个多小时山路，口渴难忍，正好路过一片西红柿地，他向老乡要了两个西红柿解渴，不成想身上没有带钱。回村后，他急忙找到村支书，说明了事情的原委，充满深情地说："农民辛辛苦苦种点菜很不容易，我白吃人家的，于心不忍啊！"说着将 1 元钱交给支书，让支书转交给了那位农民。这事在村里传开，村里人都说：老杨没变，还是老八路！

杨老在县委挂职，给自己规定了"约法三章"：一是不享受常委待遇；二是小车不坐，送礼不要，私事不办；三是留下请客不到，下乡吃饭按规定付钱。他担任常委至今 20 余年来，一直一丝不苟地照章办事，从没有过半点含糊。

四

深入群众，深入生活，从人民群众伟大实践和丰富多彩的生活中汲取营养，是杨润身多年从事文学创作取得成功的根基所在。可以说，自从走上文学这条路，他就一直遵循着党的"二为"方针，坚定而踏实地长期深入到群众火热的生活之中。尤其在党的十一届三中全会以后，在故乡平山这块他所热爱所熟悉的土地上，与农民朝夕相处，一起劳动，一起吃住，一起谈天说地，一起品味苦乐。他真心实意地为群众排忧解难，想方设法地帮助群众致富。他熟悉身边的人和事，了解群众的喜怒哀乐和生活的酸甜苦辣。正是如此，他同群众结下了血肉相连、情同手足的深情厚谊，使自己"处处感受到父母之爱，乡亲之情。雨中，送我一把雨伞；雪中，把我拉进暖屋；病中，为我煎好草药；遇险,帮我脱险……”从而,使他获得了不竭的生命活力和不尽的创作源泉。他在总结自己多年创作经验时说:“作家把群众的喜怒哀乐放在心上,是自己的天职和本分,是义不容辞的责任和义务,写出人民的苦与乐,是对自己的安慰,是一种幸福。我如今虽然年已80,今后只要能动,就要到人民中间去。”当谈到创作与生活的关系时,他说:“文学离开生活,离开现实,就失去了生活的根基,文学脱离了人民,人民就会远离文学。”

杨润身在故乡深入生活的切身实践,对他的上述体验和见解,做了最好的诠释。杨润身不是以作家身份而是以人民公仆身份深入生活的。农民发生争水纠纷他跑去调解,促成双方立下“和解书”;青年人自由恋爱受到家长不合理干预,他苦口婆心地做通思想工作,成全了美满婚姻;路上遇到突然病倒的农民,他立即将病人送到医院;他乘坐长途汽车,主动给抱孩子的妇女让座。有一次,一伙山民因为争水,双方动起了铁锹和锄头,路人避之不及,他却扔下自行车,勇敢地站到人群中间,双手撑住了瞬间就要砸下的铁锹,厉声加以制止,平息了事态,并且圆满解决了争端。去年寒冬腊月,他在县城农贸市场看到一位脸色苍白、眼睛红肿的卖肉的小姑娘,了解到她因家境拮据而失学时,他立即找到县教育局,为其免掉了学费,使小姑娘重新回到了学校。他回到家乡后的一天晚上,九庄一个老党员找到他,眼含泪水,向他诉说了时任支书的横行霸道、胡作非为的情况,并且气愤地说:“老杨,大伙让我叫你到九庄去看一看,被枪毙的地主‘疙瘩’又活了!”向来以反映农民苦乐为己任的杨润身,立即奔赴九庄,吃住在老乡家里,倾听农民的诉说和呼声,详细了解、掌握了“土皇帝”违法乱纪、欺压百姓的材料,把农民的忧虑、悲愤、愿望带到县委,终于将活了的“地主”拿掉。

而且他以此事为背景，用亲历的体验和独到的感悟，很快写出了长篇小说《九庄奇闻》。有一天，柴庄村的农民看见他，对他说："一切向钱看的风头、势头叫人受不了哩！你写本书，编出戏，破一破这种风气，挡一挡这势头吧！"这就是他的长篇小说《魔鬼的锁链》的创作缘由。在平山县的遍地城乡，流传着把杨润身称为"杨青天"的雅号，农民们把他看成最可亲近、最可信赖、最能为他们办事的"包公"。于是，每天他的住处，经常有前来找他打官司告状的农民，最多的一天竟达30人，挨个儿排成长长的队伍。杨老为此赔上时间，还要管饭，日夜不得闲，终于累倒了，可他又不肯怠慢告状的农民，县招待所的同志心疼得掉了泪，他们想了一个法子——强行把他反锁在屋里让他安静地休息，从此，平山县多了一条歇后语：杨润身关禁闭——休息。

总结自己创作的收获，杨老深有体会，他说："我的作品大都来自于故乡的生活，来自于对那里生活的真切体验。""来到家乡人民生活中间，觉得像鸟儿入了林，鱼儿入了水，一棵小草长在沃土上，觉得是世界上一个最自由的人，最愉快的人，最幸福的人，也给了我创作的生机和活力，忘记了老之将至……"正是依靠长期深入生活中获取的丰厚的生活积累和对生活的深刻体验、感悟，使他的创作如日中天，一部部佳作，如山泉般喷涌而出。尤其改革开放以来，从花甲之年到髦耋之年的20年成为杨老创作生涯中的一个新高潮，获得了创作的空前丰收。从"文化大革命"前的电影剧本《白毛女》《探亲记》《姜喜喜》，到改革开放以来出版的《风雨柿子岭》《九庄奇闻》《魔鬼的锁链》《天堂里的凡人》《仙女峰的迷雾》等7部小说，两部散文集，达200多万字。

五

最近，杨老以 80 岁高龄的病弱之躯，完成了又一部长达 25 万字的反腐败题材的小说，令人大为惊讶，引发人们由衷的钦佩和赞叹！

熟悉杨老的人都知道，他年已八旬，常年多种疾病缠身，精力明显不支，自理生活都感到“艰难”，有时到厨房去拿自己想吃的食物，都力不从心，疏于行动。若是写作，同样异常“艰难”，常常是趴在桌子上，写一会儿，歇一会儿，一天写不了一二百字……

那么，是什么力量支撑着这位老作家，在自己的垂暮之年，像春蚕吐丝一样，以超人的毅力和顽强的精神，不遗余力地进行写作呢？似乎从他的作品中，可以找到答案：“岁月无情，转眼步入‘阎王不请自己到’的年龄。精力日下，不可挽回，失落、孤独、冷漠、淡忘不请而至，然思乡之情却不微不弱……几十年来，走遍故乡这片用鲜血染红的土地，每一个村庄都成了我可爱的故乡，处处让我感受到父母之爱，乡亲之情……如同暖人的炭火，炫目的星星，伴我冬去春来，乡亲们坚强、勤朴、无私、善良的心灵之花，不时地在我心里开放，促使我不得不拿起笔来……”对于今天“艰难的写作”，他深有感慨地说：“现在身体很不好，写作很困难，但是来到故乡人民中间，就很快乐，很幸福，把自己的病痛、生命、烦恼，一切都抛到了一边。所以，今后只要身子能行动，就要到人民中间去走一走，看一看，坐一坐，体验人民的苦乐，并且尽力用笔写出来。”杨老的文学历程和文学成就，正体现了他以“普通一兵”的身份，长期深入到群众生活之中，同群众血肉相连、心心相印的精神，正反映了他几十年如一日，全身心地为人民而写作，锲而不舍、奋斗不息的精神……杨老的这种精神，在 11 年前的革命圣地西柏坡，就受到江泽民总书记的赞誉。[①]

我同杨老分手时，恰遇一株株昂然挺立的松树，上面覆盖着片片白雪，在金色的阳光辉映下，显得格外苍郁葱翠，透露着盎然的勃勃生机。我同杨老站在松树下合影留念。此时，联想着他今日壮心不已、孜孜以求、深入生活、埋头苦写的精神，心中一种难言的崇敬油然泛起，荡起阵阵感情的涟漪。让我们衷心祝愿杨润身同志像眼前的松树一样青春不老，不断在文学中创造出新的辉煌！

① 详见 1999 年 8 月 21 日《天津日报》刊登的文章《难忘江总书记接见》。

“工农兵电影”的范式：电影《白毛女》诞生记

◎党　督

电影《白毛女》拍摄完成于1950年，是根据同名歌剧改编而成的。这一故事最初来源于抗日战争时期在河北阜平一带不胫而走的“白毛仙姑”传说：在一个山洞里，住着一个浑身长满白毛的“仙姑”，她法力无边，惩恶扬善，扶正祛邪，主宰人间的一切祸福，十里八村的人纷纷烧香磕头祈求保佑。直到八路军到来后才终于弄清真相。原来是一位农村少女遭地主凌辱后，被逼逃进深山，像野人一样在山洞中生存多年，由于没有盐吃又很少见到阳光，慢慢地生了一头白发。为了活命，她经常到庙里偷取供果充饥，因此被误认为鬼怪。后来边区政府把她接回了村子，“白毛仙姑”终于重见天日，过上了新生活。

1942年，《晋察冀日报》记者李满天根据“白毛仙姑”的传说，创作了报告文学《白毛女人》，这应该是“白毛女”题材最早的作品。1944年，这一颇具浪漫传奇色彩的故事，流传到陕甘宁边区的延安。鲁迅艺术学院院长周扬会同王大化、贺敬之、丁毅等艺术家，成功地创作出一部新歌剧，并将故事的主题从民间传说中的惩恶扬善，升华为体现时代特色的“旧社会把人变成鬼、新社会把鬼变成人”。1945年4月28日，新歌剧《白毛女》在延安中央党校会堂首演，毛泽东、朱德、刘少奇、周恩来等人观看了演出。当时延安还没有演完戏首长要上台接见演职员的习惯,这次却破了例。周恩来、邓颖超、罗瑞卿等一起走进后台,向剧组表示祝贺。第二天,中共中央办公厅专门派人向鲁迅艺术学院传达中央领导同志的观感:第一,主题好,是一个好戏,而且非常符合时代需求;第二,艺术上成功,情节真实,音乐有民族风格;第三,黄世仁罪大恶极应该枪毙。就这样,新歌剧《白毛女》似一股旋风席卷了陕北至整个解放区。

《晋察冀日报》最初刊载有关“白毛仙姑”的报告文学之时,时任东北鲁迅艺术学院实验剧团副团长兼戏剧系教员的王滨和成员陈强等,就曾敏锐而兴奋地在一起议论过:这个素材传奇性强,又有现实意义,拍个电影准有意思。可咱们现在没有条件,等全国解放了,一定要建议把它拍成电影。在第一届全国文代会期间,已是东北电影制片厂导演的王滨,因所执导的新中国第一部电影《桥》受到周恩来的称赞,便雄心勃勃地要把自己所熟悉的新歌剧《白毛女》搬上银幕。这一想法得到一同参加会议的水华的极力赞同,当时水华正拟奉调中央电影局艺术处任电影导演,此前任东北鲁迅艺术学院实验剧团团长时,也曾执导排演过歌剧《白毛女》,两人一拍即合。

王滨、水华原希望仍由主创歌剧《白毛女》的贺敬之来编写电影文学剧本,但因他无法抽身,只好改邀河北农村土生土长、14 岁就参加八路军的作家杨润身一同创作。文代会后,三人一起前往长春,埋头东影“小白楼”里,夜以继日地赶写剧本。“小白楼”原来是一幢伪满军政大臣的别墅,后来被划给了东北电影制片厂,成为它的创作楼,用于接待一些重要演员、作家,许多经典影片都是从这里诞生的。

杨润身有生活根底,他的家乡河北省平山县就是“白毛仙姑”传说的起源地之一，他不仅熟悉那里的乡土习俗，而且亲眼目睹过父辈及众多贫苦农民遭受地主剥削的苦难。水华学生时代就开始从事进步演艺活动，曾经做过10多年的戏剧导演，而且长于深思熟虑。王滨20世纪30年代参加过左翼电影工作，算得上“老电影”，镜头感强。他们三人被称为“三足鼎立”的最佳组合。他们集思广益，配合默契，建立了真挚的创作关系，常常是灵感一来，王滨口若悬河滔滔开讲，杨润身笔走龙蛇，水华则犹如置身现场模拟比画。歌剧中有杨白劳腊月外出躲账的一场戏。杨润身清楚记得，按照当时的规矩，穷人只要还清欠债的利息是可以在家过年的。剧中杨白劳、喜儿、大春三个劳力，按说可以还清黄世仁的欠债利息，过年躲账有欠真实。经商讨，将剧本里杨白劳躲账改为主动还息，但黄世仁为霸占喜儿，强词夺理，要求本利全还，逼迫杨白劳走上绝路。这样改动更加接近生活的真实，也更加有利于揭露黄世仁的丑恶面目和罪恶本质。又如歌剧里杨白劳决定喝卤水自尽，他看着熟睡的喜儿心如刀绞，接下去有一大段演唱，到了电影里再这样表现就不自然贴切了，三人一致认为这一大段演唱应该删去，但杨白劳还是应该有什么话要说。在王滨的提议下，由水华扮演喜儿，杨润身扮演杨白劳，现场表演一下，找一找感觉。杨润身很快进入“规定情境”，只是听任泪流不止，没有任何语言能表达内心的悲痛。于是他当场做出决定，影片里让杨白劳只以流泪来表达与喜儿的诀别。后来证明这一改动十分成功，达到了“无声胜有声”的效果。

整个改编过程中，三位编导在力求保留并强化原歌剧精华之外，还对某些实质性的缺陷进行了有益的修补。其中最重要的是原作里喜儿被黄世仁凌辱后，黄世仁曾欺骗说要娶她，而她对黄世仁也一度抱有幻想，误以为富人真会爱她这样一个穷女孩，阶级意识体现得不鲜明，也不符合喜儿父亲刚被黄世仁逼死的特定情境。影片将这一情节改编成在黄世仁娶亲的当天，黄母假装仁慈，给了喜儿两件衣服，打发喜儿回家，实际上黄家已将喜儿卖给了妓院。喜儿扔掉了黄母送的衣服，回到下人住的小屋，拿起自己的旧衣，准备回家。经过这样的处理，喜儿的幻想不再是做黄世仁的老婆，而是回家与大春团圆，既表现了喜儿鲜明的阶级立场，又表现了喜儿对大春的忠贞不渝，而她的年轻幼稚也尽在其中了。原作里喜儿被强奸怀孕，之后生下了孩子，孩子成了过去痛苦遭遇遗留下来的烙印，无论从人物情感还是审美角度来说，继续将此沿用于影片里都是不恰当的。几经推敲，改为喜儿逃出黄家遁入深山老林后，因过分疲劳而流产。这样改动比较合乎情理，也避免了负面效应。电影中还增加了喜儿与大春爱情的描写。影片开头，有一场收割庄稼的场景，表现了喜儿与大春两家互相帮助、朴素亲密的关系以及一对年轻人的纯真爱情，结婚前夜又突出了喜儿贴“囍”字、剪鸳鸯、对镜梳发髻、插绒花以及感到羞涩等动作，生动细腻地揭示了喜儿甜蜜幸福的心情。这些铺垫与后来黄家抢走喜儿、喜儿遭凌辱等情境，形成强烈的反差和对比。电影最后增加了一场大春与喜儿在一起劳动的镜头，喜儿已梳起发髻，表示已经结婚，而且头发已经变黑。这样的结尾虽然很简单，却说明了劳动人民被侮辱、被损害的时代已经过去，人民当家作主的美好生活已经降临，给予观众一个完满的结局。

剧本改编基本就绪后，摄制组也很快组成了。阵容颇为强大，20 世纪 30 年代就进入影坛、曾拍摄过《桃李劫》的著名电影摄影师吴蔚云，出任该片摄影指导，摄影钱江、美工卢淦、录音沙原、化妆孙月梅等，也都曾在东北电影制片厂分别参加过《中华儿女》《赵一曼》《钢铁战士》等故事片的摄制。演员的阵容也十分严整，张守维饰杨白劳、胡朋饰王大婶、李百万饰王大春、赵路饰赵大叔、管林饰张二婶、陈强饰黄世仁，李波饰黄母、李壬林饰穆仁智，他们中不少就是原歌剧《白毛女》中的演员，有的还出演过其他影片。唯有主角喜儿的饰演者田华，既未演过原歌剧，又是第一次登上银幕，却出色地完成这一人物形象的塑造，并一举成名。

其实，因家境贫困，12 岁就参加八路军晋察冀军区抗敌剧社的田华，对《白毛女》并不陌生。田华是河北唐县人，她很早就听到过"白毛仙姑"的传说，后来所在的剧社首次在张家口与华北联大文工团联合排演歌剧《白毛女》，最初派给田华的角色就是喜儿。只是社长汪洋认为才 17 岁的田华还太小，剧中演喜儿前边的戏还可以，但后面的遭受凌辱、生孩子等，她一点没有体验，怎么能演？田华进抗敌剧社起，汪洋就像父亲一样从生活、工作上帮助教育她，就连她的名字由原来的刘天花改为田华，也是汪洋提议的。对这位敦厚的长者，田华一向非常敬重，总是言听计从，田华第一次入选歌剧《白毛女》的机会，就这样失之交臂了。

当听说歌剧《白毛女》将要拍成电影，而且摄制组要来挑选扮演女主人公喜儿的演员，当时已随华北军区政治部文工团进驻北京的田华，起初并没有介意，当她被通知到团部办公室与来人见面时，除了北平电影制片厂第一任厂长田方、副厂长汪洋，其他的人她都不认识，后来才知道他们是水华、吴蔚云和钱江，还有我国最早的一位电影化妆师辛汉文。水华与田华聊天时，摄影师和化妆师围着她转悠起来，从各种角度仔细审视。后来,他们又把田华带到厂里拍试妆照,造型师化完妆后,钱江从正面及左右两个不同侧面拍了照片,拍时还要田华做出喜怒哀乐的表情。田华一边拍、一边听到他们议论什么“卡麦拉菲斯”,当时她不明白这是什么意思,只是感到对方似乎有点失望。水华一行人走后,田华回到团里一切如常,没有再多想试妆的情景,觉得自己没有什么希望了。

此后不久,正当田华随文工团到天津演话剧《战斗里成长》时,突然接到东北电影制片厂的电报,通知说她被选中扮演电影《白毛女》中的喜儿,并要求尽快赶赴东北电影制片厂。这下子全团轰动了,这可是团里第一个被请去拍电影的女演员。田华自己倒被弄蒙了,好半天也没明白是不是真的,因为在她的眼里,拍电影是个非常神圣的事,真没想到会与自己联系在一起,而且是演喜儿这个角色,这对她太有吸引力了。试妆以后她曾听说竞争的人很多,仅认识的就有在歌剧中扮演过喜儿的王昆、孟于、林白、陈群等,与她们相比自己不占优势,她心里虽然也很想演喜儿,但对于自己能不能被选上简直没有一点底,没有想到最终幸运会降临到自己的头上。后来田华形容自己听到这个仿佛从天而降的意外消息,感觉“又是蒙,又是高兴,又是不安”。

后来田华才知道,在挑选喜儿的演员时,确实有过很多争议,问题就出在曾令她不解的“卡麦拉菲斯”上。所谓“卡麦拉菲斯”指演员面对摄影机的适应性,也就是俗称的上不上镜。一般来说,摄影机在还原所拍的影像时都会有一定的失真,必须利用光来弥补,光打在不同的脸型上效果是不同的,田华的脸部比较平,缺少棱角,在一定程度上会削弱表情的丰富性,所以说她“卡麦拉菲斯”不好。加之第一次给田华造型的辛汉文把田华的试妆照给化“洋”了,看上去简直就是个“洋气”的城里学生,不像个农村姑娘，与角色不相符，这就更加难以让人认可了。

倒是水华独具慧眼，认为田华上镜性虽不强，但从小生长在河北农村，走路说话都带有乡下味道，外形和气质纯真质朴，更接近主人公喜儿，而且因为出身和经历，她对影片所描写的农民被压迫的遭遇容易理解与体验，在文工团又是一直饰演农民形象，有进入角色的条件。最后筛选只剩下两位女演员，一位是田华，还有一位是话剧演员张奇虹，从"卡麦拉菲斯"效果看，张奇虹显得比田华更漂亮，一些搞摄影的同志倾向用张奇虹。水华不为所动，仍然表明了坚持起用田华的态度，他说，选择演员不能脱离剧本中的人物，而单纯去追求演员的外在形象，应当着眼于这个特定题材的质朴简单的原则，虽然田华的"卡麦拉菲斯"不好，但可以用技术手段来弥补，一个人的气质却是长时间形成的，短时间内无法改变。

水华阐明的选择女主角的主张，以及对田华身上那股质朴乡土气的见解，得到王滨的赞同与认可，由此敲定由田华来扮演喜儿。待到田华来到摄制组，正式出任该片造型师的孙月梅，在化妆时抓住了喜儿朴素纯真的一面，结果定妆照一出来，所有的人都眼前一亮，这就是喜儿！实际拍摄的结果证明，田华具有表演潜质，可塑性的确很大，对喜儿形象的演绎比别人更胜一筹。因为有幸获得这个角色，田华也从一名普普通通的部队文工团员，一跃而成家喻户晓的电影明星，她不止一次地由衷坦言："《白毛女》改变了我的一生！"

电影《白毛女》诞生于新中国电影起步阶段，主创人员大多来自解放区，并非电影艺术科班出身，普遍欠缺相应的专业知识与技能，有的甚至连观看电影的机会都很少，因而边干边学、互教互学就成了必然选择。加之牵头艺术创作的王滨和水华堪称“扛鼎”人物，一个熟悉电影、一个精通表演，不仅配合得珠联璧合，而且精益求精，一部影片拍摄下来，所有摄制组成员感到犹如进了一次“速成电影学校”，从理论到实践都有巨大收获。

当时年仅22岁的田华正值青春年华，一身合体军裙装、头戴大檐帽，在东影厂一露面就很惹眼。田华走到哪儿都有人指指点点，目光中流露出疑问：“请她来演喜儿，行吗？”就连田华自己也在心里打鼓，怕完成不了任务。王滨代表摄制组找田华谈话，首先宣布一项决定，给田华每天订上半磅牛奶，必须坚持喝，因为田华刚刚病愈，身体显得消瘦，而喜儿是个劳动妇女，虽然家境不好，但是因长期劳动身体健壮，必须加强营养，从形体上更接近角色。随后又提出三点要求，第一，田华要跟着“爹”张守维，在厂里各个部门参观，了解电影是怎么拍的，同时体验“父女”相处；第二，参加分镜头剧本讨论，不用发言，只需跟着“旁听”，更多地知晓电影拍摄特点，熟悉剧情与人物；第三，读一些同类题材的文学作品如《赤叶河》《土地》《穷人恨》《王贵与李香香》等，用理论武装头脑，以便更深刻地理解影片的时代背景和人物的坎坷遭遇，还要抽时间读一套刚出版的“苏联电影丛书”，增加一些电影基础知识。

负责现场调度与拍摄的水华，对田华的启迪与帮助更为直接具体。水华让田华练习写人物小传，引导她对所扮演的角色做到像熟悉自己经历那样清楚，对角色所处时代的特征、典型环境、季节更替、人物关系和人物命运都能烂熟于心。不但在角色的塑造上要更有深度、更富生命力，而且还要适应电影分割拍摄方式，保持情绪的连贯性，成为有血有肉的活人出现在银幕上。

田华虽然已活跃在戏剧舞台上多年，但对电影表演还非常陌生。水华一再告诉田华，镜头就是观众，在镜头前面塑造人物，要比舞台上更加生活化，演员既要有镜头感，又要不做作。而且在实拍时因人制宜地采用了现场说戏的方法，以第二人称的叙述形式，详细地讲述典型环境中喜儿的思想、情绪，逐渐把田华引到剧本所提示的规定情境中去，使之很快入戏。表现喜儿新婚前夕喜悦之情溢于言表的“剪喜字”“扎红头绳”等重头戏，水华讲得特别细致，“磨”的时间更长，连喜儿照镜子害羞捂脸的动作，都是水华亲自设计的。拍摄“哭爹”一场戏时，为了使田华一进入摄影棚，就置身于悲凉、压抑的特定环境之中，水华预先把场景布置好，再加上“哭爹”的音乐循环播放，整个摄影棚内的悲愤气氛非常强烈，加之水华说戏时激动的面部表情，田华跪在“爹爹”的“尸体”旁，全神贯注地听着、想着，就在她的泪水快要流出来时，随着一声“开拍”令下，灯光全部按要求打亮，她马上进入到剧中所需要的情境，顺利表达出角色所要表现的情绪。

即使像陈强这样在摄制组算得上“老资格”的演员，虽然早就因在舞台上成功扮演了黄世仁声名鹊起，而且此前又接连拍过《留下他打老蒋》《桥》《白衣战士》三部影片，也并没有因此而在《白毛女》的拍摄中掉以轻心，相反更加勤勉地学习，注重提高。陈强在案头准备时，根据切身体验，悟到电影与舞台表演的异同，把影片中凡属黄世仁镜头的内容、景别、摄法等一一理清，并对每一个镜头应如何表演，是用眼神还是用动作，或是借助于其他的手段，以及该用什么样的分寸，掌握怎样的火候等，都进行了详尽的设计。而且按照导演的统一部署，陈强随剧组到“白毛仙姑”传说起源地的河北省平山县深入生活，亲身体验翻身佃农倾吐苦水的悲愤情景，加深了他对黄世仁形象的认识与把握,促使他做出黄世仁“人面兽心”的总体设计。

对于王滨、水华来说,则面临如何对这部新歌剧进行电影化处理的难题,使之既符合当时负责文艺的周扬确定的“最好保留歌剧的基础基调”的原则,又体现电影艺术自身的特征和长处。他们没有固守舞台纪录片的拍摄方式,原封不动地照录,也没有拍成一部只选取其中人物、情节,而完全摈弃歌唱、舞蹈等成分的通常的故事片,而是努力将歌剧的写意性与电影的写实性融合为一,创造出了一种保留大量歌唱的故事片的独特样式。具体执导影片的水华用心尤多,他曾向蔡楚生、洪深、史东山等资深前辈讨教,力求把歌剧的精华有机地糅入电影叙事之中,针对银幕表现的造型需要,大胆补充了一些突出农民与地主的矛盾和斗争的场面和细节,甚至还有人物的心理刻画。水华虽初涉影坛,却出色地运用了电影蒙太奇表现手法,创造出一系列精练丰富、流畅含蓄的经典画面。如一面是劳苦大众弯腰收割,一面却是地主在厅堂闲坐乘凉;一边是喜儿准备成亲憧憬幸福,一边却是地主硬逼杨白劳用女儿抵债;还有喜儿在佛堂被强暴,镜头从黄世仁的禽兽行径、喜儿的哭喊挣扎,上摇对准悬挂高堂的“大慈大悲”匾额与“积善堂”木牌等,形成贫与富、喜与悲、伪善与真恶的强烈对比,使原歌剧揭露地主对农民残酷剥削的革命意识和“旧社会把人变成鬼,新社会把鬼变成人”的主题思想,得到更具视觉冲击与心灵震撼的形象表现。

影片《白毛女》有着比歌剧更加引人入胜的艺术魅力,公映之际又正值土地改革运动在全国蓬勃开展,由此立刻引起极大轰动,成为揭露封建剥削制度吃人罪恶的最好教材。全国 25 个城市的 120 家电影院首轮放映,观众达 600 万之多,仅上海一地的首轮观众就有 80 余万。至 1956 年,国内观众已达 5 亿人次，相当于当时的人口总数，超过我国电影放映史上任何一部中外电影的最高观众纪录。此外影片《白毛女》还在30多个国家和地区上映，先后获得文化部1949–1955年优秀影片一等奖和第六届卡罗维发利国际电影节特别荣誉奖。

在中国革命文艺史上，没有哪一部作品像《白毛女》那样，在电影、歌剧、京剧、舞剧等方面均达到很高的艺术成就。不同艺术形式的《白毛女》作品，凝聚了各个领域最优秀的创作者的心血。作为新中国电影业最早诞生的故事片之一，《白毛女》所取得的成就是独特而显著的。它所讲述的"旧社会把人变成鬼，新社会把鬼变成人"的故事，不仅生动诠释了"翻身"与"解放"这两个时代关键词，而且深刻引导了曾一统银幕的"工农兵电影"范式的确立。

《白毛女和她的儿孙》读后

◎ 犁耜

提起白毛女人们就会想到一句话。“旧社会把人变成鬼，新社会把鬼变成人。”那么，历史发展到了今天，白毛女会怎么样，她的儿孙又怎么样？相信这是广大读者在看到杨润身同志这部新作的书名时急欲知道的。故事一开头，我们就看到了年过七旬的杨喜儿，正走在乡间的小路上，此行的目的是把在乡里的瓷厂工作的小儿子王四秃叫回村里，因为党员们要他接过支部书记的担子，带领乡亲们都富起来。原来，前任村支书米满仓和前任村长刘黑子同流合污，多吃多占，贪污受贿，最终受到了党纪国法的制裁。

王四秃接受了这个艰巨的任务。但是，他心里很清楚：要乡亲们都富起来，说起来容易做起来难。村里，人均土地不过一亩，潜力有限，地下没有矿藏可采。要富起来只有去啃村北的万亩荒山，荒山多沙少土，没有一定的投入，就是哭爹喊娘、下跪磕头，荒山也不会增添一棵刺槐、一棵果树……

在公开竞争的承包会上，王四秃以55000元的承包金击败了心理准备不足的黄金川，赢得了旧砖窑场地的承包权，但是，真正掏得出这笔钱的却是黄金川，而不是他王四秃。在村民大会上，王四秃畅谈了他的理想，他要用废弃的砖窑场地建一个规模宏大的养殖甲鱼和其他鱼的养殖场，有了效益以后再向荒山投资，把万亩荒山开发成永不贬值的“银行”，10 年之内使杨家庄户户住上与时代相称的新房，让单身汉们洞房花烛，家家有余钱……

而建这样一个养殖场起码得投资 30 万。王四秃在会上苦口婆心地动员大家投资入股，还一再拍胸膛发誓，他是为全村办养殖场，与大家共同致富，个人决不做百万富翁。但他的口舌全白费了，要温饱户挤出那不多的几张钞票来，真是难上加难。老百姓们认定，商品经济大潮虽说是好事，但怕就怕干部心发霉，富了和尚穷了庙。他们根据以往的经验得出结论：“谁抓了村里的印把子，心门儿也得朝着自己开！”不但一般群众这样想，就连老革命、老党员、老模范王宝山老汉也这么说；“我手里的存钱不过一个‘2’，三个‘0’，给孙子弄个媳妇还不够，一角一分也不能用到别的事项上！”

王四秃出师不利。承包金 10 天内要交上，30万元的投资还要去奔，困难像山一样压在了他的头上。在万般无奈的情况下他做出了惊人的决定：卖掉土改时分给他家的房子，也就是地主黄世仁的故宅，而买主正是黄世仁的后代——黄金川。

这下可在村里炸了锅，各种各样的反应都有。被人们尊称为“三八式”的老革命们听到黄金川庆贺乔迁之喜的鞭炮声，自动聚拢到王宝山老汉的家里。他们“全都白发苍苍，全是苦大仇深，全都在战争烽火里举过刀枪，为新中国诞生立下过汗马功劳。他们无一个齐全，有的独耳，有的单臂，有的一根半腿，有的满脸伤疤。他们无一个不是为三声‘大二响’而来的，无一个不带气挂火：有的歪斜着脑壳，有的瞪着两眼，有的双眉紧锁，有的咬牙切齿”。他们把王四秃叫来群起而攻之。有的吼：“十个老虎胆也没有你一个胆大！你怎么不把杨白劳的骨头挖出来卖了？你怎么不把王大春的骨头挖出来卖了……”更有人质问：“你的房舍是怎么来的？它仅仅是你个人的财产吗？它是革命果实！你小子知道不知道？”

正在这时，杨喜儿站了出来：“是我让他出手的。”

“三八式”们先是惊愕，继而大发雷霆，纷纷指责她忘了本，是可耻的背叛……杨喜儿等大家把火发完，不急不忙但却斩钉截铁地说：“不把那房子卖了，交了承包金，不能再拖的大渠还修不修？快要倒塌的小学教室和老师宿舍还修不修？杨喜儿的小子能让群众骂说话不算数？狗屁党员？狗屁支书？”

读到这里，白毛女母子的形象开始在我们心目中逐渐清晰。同时我们也发现，在小小的杨家庄存在着两种不同的致富思路和典型。一种以黄金川为代表，一心只想着个人发家致富；另一种则以王四秃为代表，坚定地要走共同富裕的道路。邓小平同志在1980年指出：“我们总的方向是发展集体经济……关键是发展生产力，要在这方面为集体化的进一步发展创造条件。[①]10年后他进一步概括：“中国社会主义农业的改革和发展，从长远的观点看，要有两个飞跃。第一个飞跃，是废除人民公社，实行家庭联产承包为主的责任制。这是一个很大的前进，要长期坚持不变。第二个飞跃，是适应科学种田和生产社会化的需要，发展适度规模经营，发展集体经济。”[②]可见，党对农村工作的大政方针是一贯的，最终目的是要让大家共同富裕。

---

① 摘自《关于农村政策问题》，《邓小平文选》第2卷，人民出版社，1994年。
② 摘自《国际形势和经济问题》，《邓小平年谱（1975—1977）》（下），中央文献出版社，2004年。

那么怎样才能实现共同富裕呢？这样那样，最根本的一样是要有一个思想解放、敢于创新、勇于进取、一心为公的带头人。我们高兴地看到，白毛女的后代王四秃正是这样一位好的带头人。卖房这件事就清楚地体现出他超人的胆识和开放的思路。房子卖掉，暂时看来是“失”，但只要养殖场办得成，长远看来还是“得”。至于他们母子在舆论上所承受的压力也莫不如此。表面看来，他们母子把土改的胜利果实卖掉，而且是卖给黄世仁的后代，这不是忘本是什么？这不是耻辱是什么？“三八式”们说这叫“30 年河东 30 年河西”，似乎还真挺贴切。但是，仔细一想，如果大家都“等靠要”，那要等到什么时候才能迈开致富的步子呢？难道永远停留在温饱水平就不是忘本，就不可耻吗？这不禁使我们想起邓小平同志的一段话：“中国人民有自己的民族自尊心和自豪感，以热爱祖国、贡献全部力量建设社会主义祖国为最大光荣，以损害社会主义祖国利益、尊严和荣誉为最大耻辱。”①王四秃就是认准了贫穷不是社会主义这一条，才坚定不移、不惜一切地干下去的。他的荣辱观是建立在建设社会主义新农村这个大局之上的，这才是他具有远见卓识的根本原因。

另外，我们也注意到，王四秃这个当代的农村基层领导，他的工作经验、管理水平和经营头脑都是在实践中逐步积累、提高并树立的。为了不让某些人把好不容易得来的扶贫贷款分光吃净，他果断地宣布，贷款是以他个人名义申请下来的，别人无权支配。这虽然堵住了一些别有用心的人的嘴，可也招来了更大的猜疑。人们开始产生这样的想法：他王四秃不过也是个一

① 摘自《中国共产党第十二次全国人民代表大会开幕词》，《邓小平文选》第 3 卷，人民出版社，1994 年。

心只为自己捞钱的货。可王四秃不做过多的解释和辩白，一门心思办他的养殖场，直到快要见到经济效益的时候，他才当众宣布：“原合同作废，提前纳税，提前归还贷款。所余利润，从今年开始就全部归为杨家庄开发万亩荒山的基金。承包者只拿全村人均收入的固定工资和不超过工资百分之五十的奖金……”

榜样的力量是无穷的，让人口服不如让人心服。白毛女和她的后代凭着他们带领大家共同致富的一片诚心和一番苦干，终于赢得了全村人的信任。人们一改过去的观望态度，积极投身到改变家乡落后面貌的宏伟事业中去。不到十年的时间，杨家庄已变成一个令人向往的地方。“它的街道似县城的马路一样宽广、平坦、洁净。两旁翠柏成行，垂柳成荫，村里一幢幢样式不同色彩各异的带前后院的二层小楼各显其美。王四秃操持的‘金仓玉库’扩大了五倍，村里又办了五个企业，人均年收入已达五千元……杨喜儿一家已住进‘现代化’的两层小楼，比他人的小楼不多一块红砖，不多一块蓝瓦。”

《白毛女和她的儿孙》是一部非常独特的作品，内容很丰富，它最成功之处是塑造了一个20世纪90年代新型农民的高大形象王四秃，他代表了当前发展农村经济的正确思维模式，那就是，不仅能看到眼前的利益，而且要看到长远的将来，不只是考虑自己一家一户的发展，更重要的是要搞因地制宜的规模经营，只有这样，小农业才能转变成大农业，集体经济实力才有保障。这部作品浓墨重彩地褒奖了带领大家共同致富的人，讽刺和揶揄了那些只管自己冒尖、小打小闹的万元户，这一重一轻是有深意的。

还应该特别提到的是，杨润身同志是不多的几位长期生活在农村的专业作家。正如他自己所说，扎扎实实地生活在农民中间，与农民同吃同住，喜农民所喜，忧农民所忧，急农民所急，认认真真地给农民做一点事，这样，才能得到农民的认可和信任。农民生养了娃娃，请他给起个名字；他推自行车爬坡，体力不支，他们就帮他把自行车推上坡顶；发现他的自行车没气了，忙给车胎打足气；他们热情地邀他到炕头做客，把他当成自家人一样。一来二去，他装塞感情的脑壳壳不再干涸，装上了农民真实的爱，真实的憎，真实的喜，真实的忧……正因为有了这些，他才能在《风雨柿子岭》《九庄奇闻》《失落的“无价之宝”》等作品问世之后，又创作出今天这部《白毛女和她的儿孙》。

在谈到自己的创作经验时他曾总结道：“九九归一，只要不丢失从毛主席的《在延安文艺座谈会上的讲话》中找到的‘钥匙’，不断学习马克思主义、毛泽东思想，不脱离实际，不脱离群众，以历史唯物主义、辩证唯物主义的观点看待现实，反映现实，满腔热情地为人民服务，为社会主义服务，就会有所收获。”《白毛女和她的儿孙》的创作实践印证了他所言不谬。

爱，在冲撞中升华

——评长篇小说《魔鬼的锁链》兼论作家杨润身

◎白　金

在中国农村这片神奇的土地上，由于其所独有的文化传统和社会氛围，构成了其特有的生存观念和审美心态，并从自然环境、社会意识、伦理观念、民风习俗、生活情调等方面表现出来，给了作家极为广阔的思维空间，引发出作家丰富而绚烂的艺术想象力，进而创作出连绵不绝的佳作，成为时代的再现。由此，我们会很快想到鲁迅、茅盾、沈从文；想到赵树理、柳青、梁斌；想到李毕、浩然以及周克芹、贾平凹、路遥等一代又一代俯身于黄土地、黑土地上的文学战将们。当然，更不会忘记长期生活在河北平山，并以此为基地创作了全国知名的《探亲记》，至今仍笔耕勤奋的老作家杨润身。

杨润身刚刚出版了长篇小说《魔鬼的锁链》。展现在我面前的仍然是以河北山民生活为背景的纷繁世界。不过它已告别了战场的硝烟和过往的变迁，径直走进了改革开放新时期的命运之路。杨润身以他恒有的对农村土地的挚爱，道出了他对今日山民喜怒哀乐的深刻体验。他用生命大声呼喊着："我是多么热爱这古老的土地和至亲的乡邻；我又是多么沉重地承担着他们现今经受的忧患……"

于是，情感驱使我捧读着《魔鬼的锁链》沉思数日，写下一页又一页读后笔记，同时又使我对杨润身的经历、创作和品德想了更多，现整理出如下几则，和文学界及读者共同来琢磨探讨杨润身为什么给了世界一个“魔鬼”，又让这“魔鬼”缠上“锁链”，而杨润身自己又在向前探索一条什么样的创作之路？

一、爱海中冲撞的魂魄

自古以来，中国农民一直为掌握自身的命运而创造不息。“迈迈时运，穆穆良朝。袭我春服，薄言东郊。山涤余霭，宇暧微霄。有风自南，翼彼新苗。”借用陶渊明的这首《时运》形容党的十一届三中全会以来农村的崭新面貌和广大农民欣喜的向往，似乎也很恰当。他们不再隐藏自己的渴望，竭力摆脱旧日的桎梏，通过有力的、激情的、持久的努力，超越既往的局限，以朴素而又精明的敏感，勇敢而又富于献身的精神，运行着，变化着，活跃着，跨越着，破坏着，创造着，结出一茬又一茬果实，也遭受了一次又一次灾情，终于得到了进取，收获了才智，进而找到了不断更新的动力，拓展开向前延伸的道路。从南方，到北疆，从东海，到西域，八亿农民时时感到改革开放的清新、温馨，处处沉浸在升腾、飞翔的喜悦中，有着美妙而幸福，和谐而兴奋的愉快，犹如春装在身般的轻松，蕴含着并时时迸发出对祖国广袤田野生机勃勃的爱。杨润身长期生活在太行山脉他所钟情的村庄里，亲身经历着在新时期中农民群众感情的波澜，时时刻刻注视着品验着这波澜中起伏跌宕的弄潮儿的身影，以及那些被激浪冲击泛成泡沫的时代的弃子。于是，他激奋，他拍案而起，要以农民一员的身份为脚下的土地，为辛勤的乡亲，为改革的大潮，为新的复杂的社会现状，书写一部 20 世纪 80 年代的创业史，展示出一幕幕动人心弦的美好景象。这样，便有了他的新著《魔鬼的锁链》。

《魔鬼的锁链》写的是太行山间白羊关下发生的令人触目惊心又发人深省的故事。主人公牛三是作家用爱心孕育的一个成功的典型人物。牛三小小年纪便参加了八路军。他以对祖国、对民族、对解放事业真挚的爱,英勇杀敌,屡立战功,三次负伤,竟至脸上疤痕重叠,落了个"丑三"的绰号,还被人喊为"魔鬼"。同样是这个牛三,新中国成立后回村务农。出于质朴的本能,爱的天性一直主宰着他这个既单纯又复杂、既豁达又倔强的人物。他管山,拼着命植树造林,为英雄岭增光添彩。他要为集体修路,捐出别人赠他的巨额款项,成为建设新农村的壮举。为了救助受伤的乡亲,他汗流浃背抬着担架攀山越岭。为了制止两姓族亲的血拼,他宁可躺下来让众人踩伤自己,而不许酿成"内战"。他爱故土,爱乡亲,爱贫困线上不屈服的奋斗,爱致富路上的每次崛起,爱的光芒把牛三照得辉煌。

在作品中有一个情节很令人深思。在贫农团命令牛三看押地主孙子马云山的时候,面对这个已经投向革命并有很好表现的少年,想到第二天将要杀掉这个少年的荒谬,牛三竟大胆放走了他。这是绝妙的一笔。只这一笔便将牛三爱的本性升华到纯净的天域,使其清澈见底般的透明的性格,及其愿为正直真情殉己的崇高思想境界,跃然展现在朗朗晴空,高大的形象,令人崇敬。

谈起爱情,牛三作为一个普通的人,一个情感丰富,又易激动的人,对爱,自然也有本能的追求。他爱那个"刘三姐",追求她,贴近她,但决不接受她轻薄的舍予。他接纳了困苦的疯女人,并愿和她成亲;但在疯女人的惊恐面前,他甘愿做有名无实的丈夫,也不愿使妻子再受到委屈。他一心为年轻人的爱情之花培土浇水，宁可把自己的爱情苦果咽在腹中。如此如此，牛三愈是在爱情的涛涌中颠簸不止，越显出他爱的纯真，爱的耿直，爱的高尚。

牛三是为革命负伤的，他“脸上伤疤累累，一眼大，一眼小，脑壳上也满是伤迹，多处无发。他敞露着胸膛也不雅观，被子弹咬过，炮弹皮啃过”。这些，已把牛三和“丑”字、和“魔鬼”的称呼扭结在一起了。殊不知，凡是接触过牛三，知悉了牛三经历的人，无一不崇敬他，崇敬之潮已将“丑”的一瞥淹没，表现出无比的钦佩。作者通过牛三真善美的品德和行为，塑造牛三爱与美的形象，产生一种极深刻、极激动人心的效果。因此，牛三越是历经危难和挫折，越博得广泛的同情和感叹；牛三越是坦露襟怀献身于山村，越受到整个时代的注目和赞颂。牛三在狠狠地砸断套在灵魂上的锁链，受到感召的人们齐心帮助他砸断那罪恶的锁链。

牛三在爱海中冲撞的魂魄，是他在爱海中沉浮的写照。而由于作家创作主旨之所在，《魔鬼的锁链》中其他人物的存在，同样是爱海中冲来撞去的灵魂，各自显示出自身的特点。比如一直随着牛三出现的喜凤，她那灿然发光的性格，曲折感人的历程，悲喜交加的命运，无时不在这爱的光环中闪烁着独有的光彩。又如牛三的养子金金，一个朴实无华的青年，他既自有前辈人对土地的挚爱，又有着新一代农民在事业上的精明，就是遭到了杀害，他那颗热爱乡土开拓乡土的心也仍在烁烁闪光，给时代刻下深深的印痕。其他如“刘三姐”“老资格”“歪嘴李”、张铎、曹书记等人，都各有各的爱的辉耀，各有各的鲜明形象，汇合成为爱的大河，在祖国的大地上奔流。

在这爱的阳光映照下，一朵阴云飘来，在牛三的身旁出现了一个张吉林，两个人形成强烈的对比。身为白羊关党支部书记的张吉林，本来是个比较守本分的农民干部，也给乡亲们办了一些实事，得到了群众的信任。但是在“票票欲”的腐蚀下，金钱的毒雾遮住了他原来清亮的眼睛，他日益沉溺于贪婪和自私。于是，他丢失了爱的根本，背离了爱的纯净，在肮脏的泥沼中去追求他龌龊无度的“爱”。正因为如此，他竟想占有集体的财富，把山林据为己有；他竟敢铤而走，险蓄意吞没了30万元扶贫款；他背叛了爱，爱便毫不留情地惩罚了他，使他最终落了个“自杀他杀不明”的下场，葬入可耻的坟墓。

在奔腾万里的爱的波涛中，牛三是欢乐明朗的浪花，热烈而振奋地映射出巨大的力量，给予世界青春的优美和新异的创造；而张吉林则是浪涌中被淘汰的渣滓，尽管也曾窃得阳光苟且一时，甚至博得一隅的注视，但终被私欲蚀去灵魂，消失于灿烂的世界。这爱海中不能没有牛三，千千万万个牛三的魂魄是爱海生命的源泉，是爱海永恒于宇宙的巨大力量；爱海中也难排除张吉林的存在，张吉林之流魂魄的阴影，将永远引起人们的警觉，并由对爱海的珍爱而决心清除掉这些阴影，令爱海格外清纯。

这崇高的爱，由人类创造着，驾驭着，战胜一切险峻与危难，在冲撞中净化，在奔驰中重塑，在崛起中升华，在追求中赢得一次又一次欢呼。

二、爱海的涛涌　冲撞的思考

党的十一届三中全会以来，我国农村改革和建设取得了巨大成就，农业生产和农村经济获得全面增长，农民物质、文化生活水平显著提高，农村面貌发生了历史性变化。

令人欣喜的是，杨润身同志要在《魔鬼的锁链》中所表现的，正是近十年来我国北方山区农民热爱社会主义的革命精神和改变家乡面貌的劳动热忱。在太行山白羊关的乡亲们投身改革的过程中，以牛三为代表的农民群体，由于深深体会到了党的政策给予他们的权益，所以始终表现出巨大的热情、强烈的责任感和伟大的创造力。不管遇到什么样的艰难险阻，哪怕流血牺牲，广大农民群众坚定地走社会主义道路的意愿誓不更改，决心全面地走社会主义道路的意愿誓不更改，决心全面有效地推进农村两个文明建设，实现幸福的新生活。这种深挚的对党的爱，对社会主义的爱，鲜明地表现在作品中，说明杨润身没有辜负平山人民对他的培养和期望。证明他的爱心已紧紧地和乡亲们的爱心贴合在一起，用自己忠实于爱的心意道出了万千农民群众坦诚的心语，使笔下的创作之爱成为农村新生活爱的再现，并更为集中，更为纯粹。

如果说，这崇高的爱，是希望的旗帜，是力量的源泉，是情感浓缩的结晶，是射向成功之靶的神箭，我们从《魔鬼的锁链》中会探看得更为明显。在发展农业、兴旺农村这个关系到治国兴邦的重大问题面前，在国民生产总值要翻两番，人民生活水平要达到小康水平的目标鼓舞下，全国农村努力发展经济、增加粮食生产，取得了巨大成就。白羊关身居其中，便自然出现了牛三等可爱的人物，出现了牛三承包刺槐林的良好收益，和将这些收益用于新的经济开发事业的奉献。当经白羊关通往山西的公路铺通之后，村里不值钱的山药蛋成了珍物，加工的大理石长上了翅膀，养兔、养猪、养牛、药材专业户相继出现，挂出了经济开发委员会大牌子……红日冉冉升起，家家喜糕揭锅，一派兴旺景象。这一切，不正是这爱的神箭所射中的喜庆吗！

爱确实常常伴同激情而驰骋，担当着喜剧原野上的主角；同时也应该看到，驰骋中的爱，还往往成为悲剧沼泽中的牺牲者。这种认识，杨润身也恰恰当当地刻印在牛三身上。牛三的激情，牛三的爱，在《魔鬼的锁链》中俯拾皆是，他把善良和友好给了正在复苏的白羊关，给了从贫困线上挣扎而起的乡亲，给了扶正祛邪的社会美德，给了正在成长的一代农村新人。可是，也招来了邪恶势力的妒恨和勒索，直至养子金金遭到绑架被杀害，已经病愈的妻子再次陷入疯癫……悲与喜都集中在牛三身上；悲剧喜剧同时汇演在白羊关前。但我们清楚地看到，悲剧不会长久，幸福永远属于爱者。幸福将大大超过于悲剧中付出的牺牲。

由此，我们可以说，这一崇高的爱，可以征服所有的险峻和危难。在邪恶和虚伪折损了爱的翅羽的时候，不得不用痛苦的血汗治愈心灵和身躯上的所有创伤。《魔鬼的锁链》一连串地推出牛三、喜凤、胡瓜瓜、“刘三姐”和张家、孙家等众多人物，他们无一不是通过征服险峻和危难，治愈自身翅羽上的伤痕而挺身站立起来的强者。当然，牛三是这些强者中更突出的一员。请问，有谁能承受得了强加的莫须有的罪名？有谁能忍受失去爱子的悲痛？有谁敢于像牛三那样承认自己是个专门和悲剧打交道的角色，而立志把和悲剧的搏斗看作是至高无上的乐趣？牛三该承受的承受了，该忍受的忍受了，该搏斗时他也毫不含糊地搏斗到底。他为的是什么？他为的是这崇高的爱，为的是砸碎使白羊关贫穷落后的锁链，他这个“魔鬼”是铁了心拼到底了！

这种爱的力量是多么壮伟，多么博大啊！在剧烈变动的年代里，这种爱更为宏大，更为多彩。这一切一切关于“爱”的思考，都是从《魔鬼的锁链》中有血有肉、栩栩如生、动则令人跃起、静则引人深思的诸多情节和人物身上得来的收获，是对当今农村生活在社会形态中所显露出来的众多心态的综合。杨润身同志落笔于“爱”字上的洞察力，远远比我们读了他这部作品后所理解的还要深刻得多。因为他长期生活在农村，体验了农民在改革中粗犷和细微的情感，其心灵早已进入了农村生存的更深层次，进而把一个山村的美的魂魄具象化、典型化。这里只举在《魔鬼的锁链》中牛三的一个举动就可作为证明了。在书的结尾，白羊关张家人和孙家人马上要发生一场血战。此时的牛三正被妻子疯病复发的沉痛压迫着，破碎的心流淌着鲜血。可是当他听说两个家族血拼的消息后，不顾一切赶到现场阻止。他愤怒地拍着胸膛厉声呼喊着：“我给你们把话说绝。你们要不刹住你们的牛火，一定要一意孤行，我牛三就给你们躺下来，让你们从我身上踩过去！”即将发生的、不易制止的一场可怕的械斗平息了。可是牛三却迈着很重很慢的脚步，携着他难言的苦痛，继续去干他的事业。他为了爱可以舍弃一切，但痛苦的锁链却不容易从他的心灵中消失。所以，书中最后的一句话，说牛三“仿佛又戴上了锁链”，意味深长，痛彻至深，引人警悟，也催人泪下。爱，竟要付出如此无法估量的代价吗?!

思考到这里，不禁要埋怨杨润身，为什么要让与牛三荣辱与共的金金无辜地死去呢？为什么要让与牛三同甘共苦的妻子再次受惊而疯呢？为什么要让为卸掉锁链历尽辛酸的牛三再次感到锁链的沉重呢？可能是作家爱心过切，痛感太多，才不准历史在行进中有一时的轻松吧！老作家袁静读了《魔鬼的锁链》后也说过，“遗憾的是金金死了，何必让这个代表新生力量的青年死去呢?！”可是中年作家吴若增却持不同见解，他说：“金金的死是个悲剧，现实中存在着这样的悲剧就不要避讳，要用它敲响警钟使金金的悲剧不再重演。”看来，为了爱。金金之死与不死，确是一个严肃的思考课题。它不以人们善良的心愿为准则，而要触及社会的痛点，令历史发颤。

三、高扬爱的风帆　捧出心的作家

1923年难挨的酷夏，杨润身出生在河北省平山县马家村一个贫苦的农家。那时连年军阀混战，民不聊生，杨家拮据的生活，再也养不起一个嗷嗷待哺的瘦娃。于是，父亲便忍痛要把他浸入水缸结束这个小生命。没成想善良的祖母哭喊着奔来，一把将娃子抢在怀中，救了一位未来的作家。杨润身啊，杨润身，你就是从水中被爱抢出一条命来才叫“润身”的吗？

杨润身自幼聪颖。他吃糠咽菜，赤脚放羊，读了两年小学后，便投入了抗日的洪流。那时，太行山上燃遍民族解放战争的烽火，杨润身凭着他年轻的赤诚跨进抗日的行列。他先后担任了小学教员，区委宣传委员，凭着一颗火热的心，向农民群众宣传抗日，组织力量支持抗日战争。1945年春天，一个偶然的机会，杨润身在柴庄村组织业余剧团演出了他自编自导的小话剧《炕头会》，教育那些翻身忘本的人，在周围各村引起轰动。他因此受到了晋察冀中央局的表扬。杨润身啊，杨润身，是命运之神注定要让你拿起笔杆子战斗吗？怎么那么巧，你第一个露出头脚的作品就是以爱的深切敲打忘本的家伙，难道这就是后来你的《探亲记》出世前的伏笔吗？

杨润身正式成为专业作家是在新中国成立初期。1950年冬天，他进入中央文学讲习所学习，1951年春天，他的第一篇小说《春节回故乡》写成，故事讲了一个农业社社长忘了本，后来又认识了错误的过程。故事结尾处，作者借一位老党员、也是一位农村母亲的话，教育年轻人："你可记住，活到80岁，也不要忘了自己是个受苦人的儿子！"杨润身啊，杨润身，你对生你养你的农村的爱，可以说是刻骨铭心了。你忘不了自己的根，你的这第一篇小说可以说是你终生作为小说家建造爱的航船的第一响锤声！

接着，《探亲记》问世了。《探亲记》是杨润身投身社会主义文学事业的一个里程碑。作为农民贴心人的杨润身，带着对新时代、新人物的无比热爱，对腐化变质分子的强烈憎恶，倾注全部心血塑造了田老耕这个朴实、善良、宽厚、诚笃的农民形象，同时也鞭挞了田副局长这个蜕化变质的新官僚，这个黑了心肠的丑类。这是一部具有深刻历史意义、警钟长鸣的名著，时间越长越显示出作者对党、对祖国无比的赤诚。就是这样为革命而披肝沥胆的作品，竟被江青诬为"恶毒"之作，并欲置杨润身于死地。世事炎凉，天理昭昭，杨润身啊，杨润身，你低下那高昂的头颅，弯下那从未屈服过的脊梁了吗?！你愤怒地走在田野上，望着给予革命无限奉献的劳苦的农民们，你禁不住高声呼喊：革命能忘本吗?！你就是这样为了爱而在"文化大革命"中受到冲击，一次次面对死亡。

感谢党的十一届三中全会，杨润身终于重新获得为社会主义新农村进行创作的权利。他不顾多种疾病缠身，甚至怀着不能照料患病妻子的歉疚，从天津赶回河北省平山县故乡从事更艰苦的文学创作。他一边在县委挂职，一边深入到山村农户，和他老一辈的农民弟兄，新一代的农民子弟生活在一起，甘苦与共，贴心交谈。把农家的欢乐当作自己的欢乐，把农民的忧愁看作是自己的忧愁。农民们要讲的话，他要说出来；农村要干的事，他全身心地支持去干。就这样，数年之间，他相继写出了3部长篇小说《风雨柿子岭》《九庄奇闻》《魔鬼的锁链》和一批中短篇小说。可以说，这十年是杨润身创作生命再一次崛起的十年；这十年是杨润身把一颗农民儿子的心和广大农村贴得更紧更血肉相连的十年。杨润身啊，杨润身，你高扬起爱的风帆是那么意气风发，是那么全力以赴；冲冲撞撞了几十年，你终于可以乘风破浪在远航中大显身手了！

对于杨润身的创作，最近在文学界讨论了多次。普遍认为，他总是观照着特定的历史时期，反映出特定的历史人物的思想、行为，具有独到的时代感，并有其特有的一贯性。从抗日战争到解放战争，到土地改革，再到目前的新时期农村建设，杨润身的作品对这些历史都有体现，其作品的历史跨度达半个世纪。更为大家注目的是，杨润身不是从外界来观察农村，而是自己投身于农村以一个农民的身份来写农村，这就有切肤之感，就有一种超乎寻常的对自己骨肉同胞的爱。于是，才有了具有独特风格、独特视角、独特内容的杨润身式的作品。难怪有人说，老杨身上流淌着农民的血液，注定了他的创作生命永远属于农村。

把话拉得近些，关于《魔鬼的锁链》，大家认为这是一部现实主义的力作。丰富的内容写出了农村在改革开放的新时期中，两种思想的斗争，两种价值观的对立。从正面树立起新一代农民自尊、自立、自强的形象，给人一种光明的感召，力量的鼓动。有人说，这部作品还有个特色，就是吸取了侦破小说的结构，使法制文学跨上一个新的创作高度，赋予其更深刻的社会意义。还有的人认为，杨润身在创作手法上步步都有新的探索，在这本《魔鬼的锁链》中，其忧患意识表现得极为突出，把全部心思完全投放在农民身上，创造了一种自有的农民文学模式。

关于这部《魔鬼的锁链》还存在哪些不足？关心杨润身的同志们、朋友们大致提出了如下几点：一是作品中的视野还不够开阔，在概括一段历史时，应该从宏观上把握整个社会背景，使其具有更宏大的社会意义；二是有些应该展开的情节没有充分地展开，似乎在触及各个方面时还有顾忌，妨碍了作品的展开，也就给读者带来一些不满足；三是尽管主要人物性格鲜明，情节曲折多变，但其他一些人物的塑造尚欠功夫，使作品在某些方面减色；四是有些镜头陷于形式化、一般化，还缺乏更细微更引人入胜的描写。还有的人对《魔鬼的锁链》标题这五个字持有不同的看法，也是可商榷的。

在毛主席《在延安文艺座谈会上的讲话》发表五十周年之际，忠于党的文艺事业的杨润身捧出了他的佳作，真是值得庆贺的喜事。我们为中国有这样一位投身于农村题材创作的作家而感到骄傲，并对他的创作道路想了很多很多，现以本文略述一二，愿求得大家共议。

六十三年前《白毛女》剧组在建屏

◎ 范文杰　范浩天

60多年前，电影《白毛女》在全国一举走红，对该剧的作者和拍摄，许多人都不了解。其实，作者之一的杨润身是平山人，外景拍摄就在建屏县西柏坡西十几里的洪子店和三十多里的天桂山一带，群众演员都是建屏师范轮训班的学生。

1949年，中央电影局决定把贺敬之创作的歌剧《白毛女》改编为电影，这部电影的编剧王滨、水华和杨润身获得了编剧一等奖，除发了稿费和金质奖章外，每人还获得了奖金。主演陈强和田华因演出成功，也分别获了奖。人民日报在通栏大字标题下，整版刊发了康濯撰写的文章，介绍了这部影片和作者。

该剧改编前，原定由王滨和水华执笔，由于二人对农村生活不太熟悉，想请全国文联的康濯参加改编。康濯推荐说，杨润身对农村熟悉，而且故事在其家乡一带广为流传，于是杨润身便成为编剧的不二人选。

三人在北京和长春，经过半年多的锤炼，决定保留剧本中"旧社会把人逼成鬼，新社会将鬼变成人"的主题，又做了三处较大改动：一是向黄世仁交租又交息，二是加深大春与喜儿的爱情并结了婚，三是不要"小白毛女"。剧本于1950年夏定稿。

内景在长春拍，外景在哪里拍，需要选择。大家觉得白毛女的故事就流传在建屏县，来这里拍外景比较理想，于是三位编导和摄影师到洪子店一带考察了一趟，便拍板定下来。

1950年秋，剧组编导、演员、摄影师、化妆师、美工等一行三十多人，从长春来到建屏县政府所在地——洪子店。剧组成员住在老乡家里，吃饭设有单独食堂，临时雇工在一个叫“振发店”的饭店里。

为了拍摄部队镜头，从华北军区请来了一个营。并从部队借来了三辆大卡车拉演员和道具，持续了两个多月。为了提高群众演员的质量，杨润身到建屏师范所在地西柏坡，与校长齐履祥协商，选拔了20名年龄大、个头高的学生扮演群众，配合拍片，管吃住，给报酬。齐履祥说他们会全力配合，不要报酬。于是陈作舟、韩秀文、傅立龄等人随剧组拍片20天。

电影一开场，滹沱河水奔腾咆哮着向东流去，东黄泥大渠埂上挺拔的毛白杨树叶哗哗作响，一个青年挑着一担茅草，大步流星地在渠埂上向前走着，这就是剧中的主人公之一大春从山上割柴归来的镜头。在河坊村的胡同口碾子旁，拍下了大春的家。在南古月的柿子树下，大春和喜儿谈恋爱，大春在树上摘软柿，喜儿在树下用手接，边摘边谈，十分开心。

在下宅的农田里，村民们跟杨白劳、大春、喜儿一起收秋割谷子，大春与喜儿边割谷，边用毛巾擦汗，边唱着“天上的鸟儿比翼飞，地上的谷穗穗连着穗，谷穗低头盼收割，年轻人盼的是花儿结果”。

在天桂山的悬崖上，大春和喜儿打乌灵芝的镜头惊心动魄。起初由演员出面，跳崖时改为李道士替身。编导杨润身说要给他高额报酬，他说如果我死了，给我一个棺材就够了，激动得老杨热泪盈眶。李道士是远近闻名的飞崖高手，他手抓着绳索嗖一下子飞出百米，在悬崖空中悠来悠去，十分惊险，好不容易抓住了崖上的树枝，才落了脚。飞崖表演得非常成功，两个机子同时拍摄，摄影师见此险情，手哆嗦起来，有一个小机子拍得不够理想。

在洪子店村西的滹沱河激流上，拍摄了大春过黄河到陕北找红军。在北冶河滩和燕尾庄村，拍摄了八路军打着红旗，骑着马，抬着炮，扛着枪，威武雄壮地来到了白毛女的家乡，受到了老乡们的热烈欢迎。

在北冶大街南阁前，剧组拍摄了村干部敲着锣，吆喝着给黄世仁交租，在齐尚文家的打谷场里，杨白劳和佃户们忙碌地扬场过斗，推着车，挑着担子给地主交租。

在南古月村北的大道上，拍摄了黄世仁坐着大车，窥视喜儿背着谷子走向打谷场的镜头。在下宅村东的苇地里，拍摄了喜儿慌慌张张地从黄世仁家逃出来，由于思想紧张，掉了一只鞋，这个镜头连拍了三次，才过了关。在南冶的山上，拍摄了赵大叔放羊，牧羊人在简单地示范后，把鞭子交给了赵大叔。

在天桂山腰的三清洞里，拍摄了喜儿简陋的栖所和大春参军打回老家后与喜儿相逢的特写镜头。20 世纪 80 年代开发天桂山时，贺敬之题写的“仙姑洞”，取代了原名“三清洞”，并在洞内三个神仙塑像旁，新增了大春与喜儿相逢的塑像，形成了三神与二人和平共处。笔者触景生情，写下了“三清仙洞添新客，大春喜儿欣相逢，天下名洞谁为最，古新奇险此并名”的诗句，被刻在了通往洞口的山崖上。现在游客络绎不绝，成了天桂山一大景观。

在洪子店大街西阁内，拍摄了熙熙攘攘的群众赶集的场面。在洪子店村，敌机轰炸时，干部带着老百姓逃跑躲避等等，这些群众镜头都拍得非常成功。

杨润身至今还无限感慨地说:“那时人们思想好，觉悟高，剧组所到之处一片绿灯。协助拍片的部队没有要钱,师范学生没有要钱,农民没有要钱……电影《白毛女》的成功,可以说是大家共同努力的结果！”

杨润身和柴庄剧团

◎ 曹立朝

柴庄剧团可能对人们来说有些陌生，但要说起杨润身和他的《白毛女》，那应该是家喻户晓、人尽皆知。杨润身，平山县北马家村人，中国作家协会会员，原天津市作协副主席，天津市政协委员。他14岁当小八路，15岁入党，人生命运跌宕起伏。他当过演员与小学教师，任过区县干部，写过电影《白毛女》的剧本，挨过日本鬼子的炮轰，佩戴过共产党的红花。

他出生在一个贫苦农民家庭，从小就参加了革命，党组织把他送进干部训练班学习了3年，使他有了文化。毕业后，党派他到离鬼子据点只有3华里的柴庄当小学教员，既教孩子读书认字，又发动群众坚持武装斗争，既坚持文化教育，又搞文艺宣传。火热的斗争生活给了他创作的源泉。在抗日战争和解放战争时期，杨润身在区长赵光的关怀下，组建了柴庄剧团，配合时局编演了《围困堡垒》《炕头会》等剧目，使柴庄剧团成为平山县乡村文艺的旗帜。

档案记载：柴庄距离平山温塘镇八里地，村里89户人家，298口人，有旱地十二顷零十亩，是山地和丘陵交界地带的一个小村，全村除吴、李二姓有10多户人家以外，其余的人家都是姓柴的远亲近族。“卢沟桥事变”前，村里除了两户小地主，家家都租回舍镇大财主张风山的地，租子重，交不起，就只有到张财主开的商号借钱花，于是利上背利，柴庄一村灾难，人们都一样地恨死了那旧世道。抗日战争后，柴庄人们跟着共产党八路军，拧成一股绳，翻身抗日，柴寿章、柴吉元、柴润菊等人带头干工作，很快，柴庄的工作就成为附近十几个村的中心，1939 年初，敌人占领温塘，柴庄干部就领着周围村庄跟敌人斗争。1940 年春，温塘敌人跑了，柴庄的抗日热情像大火越烧越旺，各项工作都是全区第一。冬天，敌人占领回舍，回舍村公所和民兵就到柴庄住，回舍附近村庄与边区抗日工作的联络点，也选择了柴庄，因此，柴庄眼中钉，日军发誓要来个大“扫荡”。1941 年秋天，敌人“扫荡”边区，在柴庄一带专门烧杀了 3 天。柴庄六七百间砖瓦房被毁三分之一，可是敌人在柴庄碰到的，是推门就有手榴弹开花，刨粮食窖也是手榴弹炸人，柴庄墙上大字标语写着“敌人烧得了我们的房屋，烧不死我们坚决抗日的心”。法西斯野兽在中国人民的力量面前疯狂了，回去后他们又集中一队兵马，专门上柴庄来烧杀了 7 天，把村里房屋烧得只剩几间破房，其余农具、家什、牲口、衣物一扫而光，粮食也被刨走了很多，村里几十棵大树也被锯走，接着，敌人又在这一带山上安了堡垒，柴庄成了“无人区”，此后两三年里，人们分住在附近几个村庄，靠从亲友家借点糠菜熬日月，而这两年年景不强，敌人每年还来“扫荡”，全村被抓走 40 多人，再加上病死流亡，绝户 8 家，人口比事变前少了 140 口，没一家有一个半劳力和全套农具的，桌子只有 6 张，苦难的柴庄人们吃树叶、野菜，没衣穿……多么苦难的年月啊！可是，战争中生长的柴庄人民并没有屈服，而是坚持斗争，区里各种工作布置照样完成，而柴庄剧团，也就在这大灾大难中开始萌芽生长。

1940年春，温塘解放，柴庄成立了小学，一年后，村里的儿童文娱、操练、政治检阅，都是全区第一。那时，当地便成立了儿童宣传队，教育委员当队员，教员当专家，配合中心工作，宣传“双十纲领”，村干部很重视宣传工作，村里会扭秧歌的人们，更自愿为宣传队打家伙，老人们也愿意为小孩们张罗和解决困难，每次宣传队出动，全村男女老少，总是跟着去看热闹，

1943年秋，敌人“扫荡”边区三个月，附近几个村也受灾很重，柴庄人们在外也待不住了，只得勉强回村，搭几个窝棚、刨几个窑洞，几家合用一口破锅，到地里扫粮食粒儿、挖野菜吃，很多人还经常饿肚皮，在这种情况下，区里给柴庄派来了教员杨润身。他工作很积极，领着孩子们在野地里上课，又进行生产教育，把学校坚持了下来。在这种困难的情况下，他们自编自演了《反对懒汉》《打倒希特勒》等，有歌有舞，好不热闹。1944年7月，扩大解放区的斗争开展，柴庄民兵柴振家等20多人，配合部队围困回舍堡垒，眼看着敌人吃不上喝不上，这时，杨润身又和大家商量，根据当时的情形编排了《围困堡垒》，并演出四场。堡垒被摧毁，柴庄马上又去义演，却碰上了当时平山有名的洪子店东岗南村剧团，柴庄不敢演了，在区领导和回舍干部的鼓励下，他们勉强演完，效果却是名列第一，原因是别的村演的事不切当时的实际，人们都说：“柴庄演的净是当地的事，好！”回舍村又慰劳柴庄水果和馒头，人们高高兴兴回到村里。阴历七月初三，全村开大会，干部提议组织剧团，当场就有41人报名，并有4个妇女，柴庄剧团正式成立。没过几天，区里就通知叫他们中秋节到温塘演戏，这下人们可急坏了，但任务必须完成。于是，当天杨润身就和大家一起商量，根据当时准备反“扫荡”的工作，自编自演《战斗生产》，从老百姓粮食生产的快打、快收、

快藏，到造地雷、石雷、游击组活动等，都来源于生活实际。中秋夜，温塘驻的部队见了柴庄来演出有人说：“这干柴棒子们还能演戏？”可是还甭说，他们在没有布幕、油灯的情况下，演得还着实不错，这天区里又表扬了柴庄。回到村里后，《战斗生产》又演出，配合村干部的宣传，使全村公粮两天完成，全区第一。秋天，剧团又配合村里编演《选英雄》，故事取材于真人真事，剧团又到区演，补充些全区的模范材料，作用很实际。

这时候各地开展减租、复查活动，柴庄人们斗倒了地主张风山，把他的狗腿子李三小打了一顿，村剧团又从报上看到《穷人乐》和获奖的消息，大家很是羡慕，村里的老人们提出：“俺村穷人这会儿还能说不乐？俺们也演一个吧！”于是大家马上结合斗地主打狗腿子的事编排《穷人翻身》，排演时全村人都在给演员提意见，一个老太婆还给演李三小的演员说了好多李三小的特点，戏的整个编演过程都可说是全村群众的集体创作。柴庄人们都承认《穷人翻身》是剧团进步的关键。

1945 年春天，当时村里有五家人家光景好了，思想有些变化，有一次村民柴满囤应区干部的派饭，自己吃饺子，给人家吃旧饭。有一天，杨润身去一家闲坐，碰上炕上一堆人扯起村里“吃米忘了种谷人”，他便跟大家商量把这事编成个短短的街头剧《炕头会》，用人们炕头闲扯的形式，里面有一段快板是：八路军给他改善好，他就吃米忘了种谷的人，比方咱村，娶了个小媳妇，得了几亩地，一下成了好光景，他就以为革命成了功，工作越干越不积极，工作越干越稀松，少不了在街里讲怪话，少不了在街里瞎胡传……还把柴满囤应派饭的事也编上了。演出后，那五家家家吵闹，有的臊得吃不下饭，不敢上街，满囤跑到小学校里给大家坦白了错误，后来真的进步了，当了村执勤委员，工作积极。于是《炕头会》就改成表扬他，其他四家也都改好了。这戏并在附近先后演出了65次，大出名，春节全区文娱检阅，他们又得了第一。春节后又编排了《儿童生产大活动》《交公粮》等剧。夏天，敌占区平山城东的邱陵村多次派人来柴庄学戏，学办剧团，柴庄剧团名声渐渐扩大。

抗日战争胜利，人们兴奋一阵，日子不多，蒋敌伪合流，胡宗南大军从太原开往石家庄，离柴庄一带不远，特务又趁机造谣，于是人们恐慌，有的村甚至有人跑了，柴庄的人们也发了愁，都说叫剧团编戏解释。一天，杨润身在街里吃饭，听见一个人筷子敲着碗边说："这刚闹上一碗饭，人家蒋介石又要来端了这饭碗，可怎么办啊？"剧团人们当下就抓住了这一碗饭的主题。这时候，刚好邯郸、上党战役胜利的消息传来，他们就编了街头戏《一碗饭》，从人们吃饭、种庄稼谈到时局，然后谈到保卫饭碗，公布胜利消息，全剧20多分钟，演出后群众说："不怕，咱们力量可大哩。"剧团接着把这戏演遍全区，又到其他区县演，先后演了70多次，果然群众安静很多，效果很好，团员情绪更高。平山县委专门为这戏奖了他们一面旗，周围六七十里的群众，从此没有不知道柴庄《一碗饭》的人。紧接着，平山县要开反蒋敌伪合流大会，通知剧团配合时局演舞台戏，还要新编的，于是剧团经过讨论马上编排《认清》，从蒋介石十年内战把东北送给日本一直演到抗日战争胜利，主要是哑剧，也多少加了点快板、歌曲和舞蹈，演出后效果很好，后来又参加四分区军民反蒋敌伪合流大会演出，白天演《一碗饭》，晚上演《认清》，影响巨大，分区首长慰问并鼓励了柴庄剧团。之后，柴庄剧团又编了不少配合中心工作的街头剧，例如歌剧《山大王》《柿子不让舅舅吃》等，对稳定群众情绪、开展斗争起到了很实际的作用。剧团还多次到外地演出，到医院慰问，教会了 23 个村的自办剧团，帮助 6 个村排了戏。

1946 年春天，冀察晋第四分区党政军民各界授予平山县柴庄剧团“乡村文艺旗帜”的光荣称号，后来，冀察晋区又在全区开展了“柴庄剧运”，这一运动对冀察晋区乡艺的发展起了不小的推动作用。1947 年 6 月，中共中央政治局在“关于开展乡村文艺运动的决定”会上特别表扬了柴庄剧团，说它是实践“穷人乐”的一个好榜样，并号召乡艺的各个部门向其学习。

党的十七届六中全会，制定了文化大发展大繁荣的宏伟蓝图。当前，我省第八次党代会报告也提出了要以建设文化强省为目标，大力推动文化改革发展，全国提升河北文化凝聚力、影响力和竞争力，实现由文化资源大省向文化强省的跨越。我们坚信在建设经济强省、和谐河北的伟大实践中，底蕴深厚、生机无限的燕赵文化，一定会绽放出更加绚丽夺目的光彩！我们更相信在社会主义新农村建设的道路上会涌现出更多的像柴庄剧团式的新典型。

用笔讴歌祖国和人民

——记著名作家杨润身

◎ 梁宏峰

82 岁高龄，疾病缠身，却仍活跃在农村第一线，深入生活，体验生活，且每年都有数十万字的优秀作品问世，这在当下中国的作家中是绝无仅有的。记者曾多次到天津市作家协会副主席杨润身长期挂职县委常委的河北省平山县采访，每次见到杨老，他都动情地说："我是人民的儿子，为普通的百姓树碑立传，是我的责任和义务，我为此感到光荣和幸福。"

1923 年，杨润身出生于河北省平山县一个叫北马冢的小山村。他的父亲是杨白劳式的穷苦农民，家中一贫如洗。在杨润身童年的记忆中，过年的时候，从未吃过饺子，沉重的债务压得一家人整年喘不过气来，嫂子还因为贫困而抱着孩子跳了井。这种经历，使杨润身从小就对革命充满了向往。1937 年，抗日战争全面爆发，村里来了八路军，只有 14 岁的杨润身穿着母亲的一件大花袄，毅然地跟着队伍走了。他在战火中接受了洗礼，第二年加入了中国共产党。在晋察冀边区，有些文艺细胞的杨润身以百倍的热情投入工作，他时常登台演出，先后创作并导演了《炕头会》《围困堡垒》《交公粮》等街头剧和舞台剧 40 余部，鼓舞了人民的斗志，在群众中产生了极大的影响，他领导的柴庄剧团也被边区政府授予了"乡村文艺旗帜"的称号。几年后，杨润身调任区委宣传委员，此后又到著名作家丁玲主持的文学讲习所学习了三年。这段宝贵的创作经验和生活积累，为他日后参与创作电影《白毛女》打下了坚实的基础。天津解放后，杨润身成为首批进城的专业作家，不久，他便作为主要编剧，参与了电影《白毛女》的剧本创作。1950 年，东北电影制片厂拍摄了这部电影。1951 年公映后，喜儿、杨白劳、大春以及黄世仁等成了家喻户晓的人物，同年，影片就在捷克斯洛伐克举办的第六届卡罗维发利国际电影节上获得特别荣誉奖，1956 年，又荣获文化部优秀影片一等奖。这之后，杨润身一鼓作气写出了电影剧本《探亲记》《姜喜喜》等，然而不幸的是，正在他的创作喷发期，电影《探亲记》被江青点名，接着便被当成“大毒草”受到批判，杨润身也因此而遭到迫害，不得不放下手中的笔。粉碎“四人帮”之后，杨润身重新归队，并在天津市第二次作家代表大会上当选为市作协副主席。可此时的杨润身已经找不到创作的感觉了。有一度，他曾很苦恼，他说：“我的笔丢了，可我不怕，毛主席说过，生活是一切文学艺术创作取之不尽用之不竭的源泉，我要到我的故乡平山去找回我的笔！”1977 年，杨润身不顾体弱多病，离开生活安逸的天津，回到了当时条件还十分艰苦的革命老区平山县。挂职县委常委的杨润身给自己“约法三章”：一是不享受常委待遇；二是小车不坐、送礼不收、私事不办；三是不吃请，下乡吃饭按规定付钱。挂职 20 余年来，他一直照章去做，经常深入到偏僻的乡村住在农户家里，与农民同吃同住，喜农民所喜，忧农民所忧，为他们解决了许多实际问题。乡亲们说，老杨没变，他还是老八路！而对那些搞腐败的干部，杨老则深恶痛绝，他以高度的责任感，两次向中共中央纪委反映情况，为党的廉政建设尽职尽责。

1991年，江泽民同志在视察西柏坡时，杨润身作为天津文艺界的代表，与省委领导一同受到了江泽民同志的接见，江泽民同志对杨润身的作品《白毛女》给予肯定和高度评价。杨润身说："我是农民的儿子，不会忘本的。"

次年，杨润作为天津文艺界的代表，光荣地出席了中国共产党第十四次全国代表大会。在平山这些年，杨润身从生活中汲取了大量鲜活的创作素材，一部又一部作品从他的笔端流淌出来，仅反映农村改革的长篇小说就有《风雨柿子岭》《九庄奇闻》《白毛女和她的儿孙》《天堂里的凡人》《魔鬼的锁链》等7部，另外还有中篇小说《失落的"无价之宝"》《实在王的悲欢》和散文集《每当我走过》等，计300余万字，迎来了创作的又一个高峰。同时，他在青年作家的培养上也倾注了大量心血，对他们的每一点进步，都给予热情的赞扬，鼓励他们坚持走社会主义现实主义的创作道路。

"在事业上往上比，在待遇上往下看"，这是杨润身一贯的人生观和价值观。早在20世纪50年代，他就主动将电影《白毛女》和《探亲记》的奖金及稿酬交了党费。当时这笔钱是相当庞大的数目。作为进城老干部，在生活上，杨润身始终严格要求自己，他的住房条件可以说在专业作家中是最差的，但他从未要求作协和有关部门解决他的住房问题，他说："我的住房比一般的百姓好多了，住在这里，我心里踏实。"每次往返天津与平山之间，他也是坚持坐长途汽车，谢绝作协为他派车。前些年，杨润身的儿子、儿媳双双下岗，孙女又患病，加重了他的负担，但他从没因为这些事找过组织，且教育子女要体谅政府的难处，鼓励他们自己创业解决困难。

总结自己几十年来的创作，杨润身感慨地说："文学离开生活，离开现实，就失去了生活的根基，文学脱离人民，人民自然会远离文学。作为一名党的文艺战士，我只要脑子还清楚，身子还能动，就不离开人民，不离开土地，用我的笔，讴歌我们的时代，讴歌我们的祖国和人民。”

一部现实主义的小说新作

——读杨润身著《九庄奇闻》

◎ 冯健男

很高兴地读了杨润身同志的长篇小说新作《九庄奇闻》。杨润身同志是群众熟悉的老作家，在这个文学事业大发展、大创新的新时期，这位《探亲记》的作者仍然深入生活，坚持创作，出版了仍然受到群众欢迎的长篇小说，这不是令人高兴的事吗？

的确，《九庄奇闻》出版后不久，就受到群众的欢迎了。首先是作者的家乡——河北省平山县的人们说这部书写得好：有味道，也有教育意义。请看，书里写的那个农村“支部书记”姜红牛，难道不是一个货真价实的“三种人”吗？农村群众跟姜红牛一伙做斗争，一直斗到党的十一届三中全会以后才取得胜利，这难道不是农村生活的真实图景吗？

是的，《九庄奇闻》并不奇，因为它写的是现实生活的真情实景，但是，“奇闻”之名并不虚，这不但是因为姜红牛等人坏得出奇，用当地群众的话说是“疙瘩(新中国成立前，九庄的恶霸地主)又活啦”，而且也因为华满山等人的生活斗争非常曲折，且具有传奇色彩。这也许是它较受群众欢迎的一个重要原因。

那么，《九庄奇闻》是通俗小说吗？如果按照赵树理式的创作路数来理解，或者按照《白毛女》《探亲记》的路数来理解，可以说它是通俗文学，但是，当前“通俗文学”搞得很乱，我们还是说《九庄奇闻》是严肃而又动人的现实主义小说吧！

华满山在20世纪50年代末期的反右倾运动中成了“倒霉蛋”，在“文化大革命”中更是成了“阶级敌人”，直到20世纪70年代末期，姜红牛还对他进行残酷斗争，千方百计地不让他的冤案得到解决。这可以说是故事的主要线索。但小说并不是从华满山“倒霉”的时候写起的，而是从他将要得到平反和重新担任县委书记的时候写起的；作者不但着力写华满山这个主要人物，表现他的高贵品质和英雄形象，而且尽情写其他人物，表现了他们在几十年的生活道路中所形成的复杂性格。总之，小说的作者调动了他丰富的生活经验和有力的艺术手腕，不但给我们讲了故事，而且给我们看一幅幅触目惊心的生活图画。例如姜红牛为儿子娶媳妇大办喜事的描写，就是极为动人和精彩的笔墨。在这次乌烟瘴气的大喜事里，主人公不是姜红牛，不是县里和公社里来的什么局长和主任，也不是新郎和新娘，而是可悲的张乐乐。为了央求和指望姜红牛说情把他的儿子从监狱里放出来（其实他儿子的坐牢正是由于姜红牛的陷害），姜红牛霸占了他土改时分得的房子，他忍让，姜红牛家盖新房，他做了多日的小工不要工钱。现在，姜红牛家办喜事，他身无分文，却向华满山借了五块钱去送贺礼。更为可悲的是，为了讨好姜红牛，在姜红牛的授意下，他在婚宴上手舞足蹈、嘴打锣鼓地唱起了喜歌：“九庄村，九道坡，自古没人唱喜歌，今日我把喜歌唱，众位同志别笑话我，我唱我过年吃上了白面馍，我唱我晚上盖上了新被窝……”他唱的是真正的喜歌，自从土地改革时他分得房子、分得地以后，这就是他心里和口头的喜歌了。然而，在此时此地唱出这喜歌，却是悲歌当哭啊！这当然不能引起姜红牛和县里、公社里来的贵宾们的兴趣，他们叫张乐乐改唱“逗乐儿的”。张乐乐不愧是“天才”，他当场给他们另唱起“开心的”喜歌了。读到这些地方，我们怎能不愀然改容？

张乐乐是这部小说写得最深刻、最有特色的人物。作者把这个可喜的和可悲的张乐乐的性格写出来了。他是华满山的好朋友，但他不是生活的强者；他软弱，但他是清醒的。他对华满山说：“头等人当支书，拔根毫毛比腰粗；二等人当队长，不用下地炕上躺；三等人和支书攀亲戚，占占便宜没问题；四等人多遭难，白长脑袋没有权。我是四等人。你比我低一等，是五等人。"他说得一点不错。认定自己是“多遭难，白长脑袋”的“四等人”，明知自己不能和支书“攀亲戚”，却又不得不处处事事讨好支书，满肚的悲愤却不得不把自己装扮成个喜剧角色，这就是张乐乐的悲哀之处。他的性格被压制和扭曲到如此严重的地步：当他的儿子由法院宣布为错判而回到他的身边，他仍然提心吊胆，怕儿子又被抓走；当姜红牛的罪恶已经到了清算和指控的时候，他却说不出一句话，吐不出满肚子的酸、辣、苦、涩。回想土地改革和农业合作化初期的当年，他张乐乐是多么活跃、聪明、能干和欢乐的人物。唉！可以说，张乐乐形象的思想内涵和美学意蕴是丰富的、深刻的。

姜二秃也是写得比较有深度和特色的人物。他是一个勤劳、忠厚而又有些小气的农民。在姜红牛家大办喜事的场合，他是得意扬扬的，因为姜红牛委他以陪伴男客的重任，而他向来是只配出劳力干杂活儿的。但他并不知道，他的女儿红霞已被姜红牛奸污，正独自痛不欲生呢！他从山西推着一车煤块返回九庄，心里美滋滋的：一喜他的花生运到山西煤矿上卖了好价钱；二喜在返回的路上识破了一个假借卖牛骗钱的贼，受到公安员的表扬，还得了十块钱奖金；三喜路过凤凰岭大队时看到那里实行了联产计酬责任制，农民改变了贫困面貌，他感到庄稼人有指望过好日子了。但是，真是乐极生悲，回到九庄，姜红牛一伙所散布的谣言（诬蔑他的老婆和华满山有不正当的关系）将他置于死地。这个人物的性格和张乐乐大不相同，但也是复杂的，有其深刻性。

这部小说的历史感比较强，虽然它写的只是1978年之后两年间的故事，但回顾和反思了30年间人民走过的曲折道路。这从张乐乐、姜二秃的描写中表现出来了，这从华满山、丁贵武的描写中也表现出来了。在战争年代，华满山、丁贵武就是英雄；在新中国成立以后，他们也是好汉。他们的可贵之处在于始终和群众同甘共苦，舍己为人，见义勇为，手里有权时是如此，被剥夺了所有权利（包括人身自由）的时候也是如此。小说中关于华满山、丁贵武解救姜二秃的妻子和女儿于危难之中的描写是动人的，关于华满山带领凤凰岭大队农民实行农业生产责任制、丁贵武领取儿子的抚恤金（他的儿子在自卫反击战争中英勇牺牲）用于群众的科学养鸡事业的描写是有深意的。他们在小说中是主要的和重要的人物，但还不能说是成功的艺术形象。关于他们的描写比较平面，深刻的内心刻画还不够多，不能始终如一。我想，这也许是因为，作者对于新时期农村生活终究不如对以前的农村生活熟悉，对于文学创作的新发展也未能完全适应，因而在艺术构思和写法上未免流俗，在写英雄的时候更是如此。

也许正是因此，有的同志认为《九庄奇闻》的现实感（或者说时代感）不够强。比如说，作为主要人物的华满山是可贵的、可敬的，他在20世纪80年代初重新当了县委书记，果然是大喜事；但是，根据现实生活的发展来看，他任此职是不适宜的，也是不会长久的。我认为,这样看是有道理的,但也不尽然。对于华满山这样的农民式的县委书记,我们只能说,他是充分地和完满地尽了他的使命了,在新时期,我们完全可以设想,他是会随着社会的发展而继续前进并发出光和热的,不管他是继续当县委书记也好,还是他卸任此职也好——但这已经超出了《九庄奇闻》的范围了。而且,我们还可以这样说:华满山的英勇奋斗、艰苦朴素、勤勤恳恳为人民服务的革命精神,在今后仍然是值得发扬的,是绝不会排除在时代精神之外的。

就小说《九庄奇闻》来说,我认为,它的作者也是较好地完成了他的使命。杨润身同志运用和发挥了他的优势(如熟悉和继续深入农村生活),在文学创作中做出了新的贡献。我祝愿杨润身同志继续发挥其所长,并有所突破,写出雅俗共赏的新作品。

杨润身：赋予"白毛女"新的艺术生命

◎ 石雅彬

1951年，电影《白毛女》问世，它第一次将"旧社会把人变成鬼，新社会把鬼变成人"的翻身故事唱响。作为编剧之一的杨润身也因此声名远扬，但他并未止步于此，平山的水土风情养育了他，在70多年文学创作生涯中，他以讴歌家乡、讴歌人民为己任，创作了大量现实主义题材的文学作品，他的目光、他的创作源泉始终在平山这片红色的土地上。

受命改编电影剧本《白毛女》

1942年5月，毛泽东发表了《在延安文艺座谈会上的讲话》，解放区掀起一股投入火热生活、发掘民间文艺的热潮。1945年，大型歌剧《白毛女》应时而生。故事讲述了发生在河北省一个偏僻的村庄的故事。贫农杨白劳外出躲债，因无法忍受地主黄世仁的逼迫喝卤水而死。闺女喜儿被抢到黄家，受尽虐待。喜儿的未婚夫大春救喜儿不成，投奔了八路军。黄世仁奸污了喜儿，喜儿逃离黄家，栖身于深山野林之中。由于生活艰苦、不见天日，她的头发完全变白了，有人遇见便传说遇见了"白毛仙姑"。后来，大春所在的八路军部队来到了故乡，从深山野林中救出了喜儿。"白毛仙姑"的真相大白后，受尽剥削压迫的贫苦农民争先恐后地揭发控诉黄世仁的罪恶,千千万万的受苦人终于报了仇,申了冤。

几年间,这部歌剧唱红了大江南北,成为“教育人民、打击敌人”的有力武器,受到广大观众的热烈欢迎和党中央的高度评价,成为我国民族歌剧的里程碑。1949 年秋,作家杨润身受命和王滨、水华等人一起创作《白毛女》电影剧本。20 世纪 30 年代初,“白毛仙姑”的民间故事就一直在平山县等冀西山区地带口口相传,因为杨润身是平山人,他对这片地区的状态、生活都非常熟悉,又因为他 14 岁就参加革命,对战争、对战争年代的人民生活和抗争情怀都有深刻把握,因此在改编剧本的过程中,他对原歌剧中的很多细节都进行了丰富和再创作。

杨润身曾经多次回忆当年改编剧本的细节。喜儿在地里干活儿,随手用镰刀刮脸上的汗,这个细节是杨润身设计的——因为当时农村女孩干活儿没有用手帕的,这样的细节除非有十分丰富的北方农村生活体验,不然很难想象。喜儿和大春的爱情在电影里被渲染得更加热烈,大春在半山腰砍柴,喜儿在山头上放绳子拉大春上来,这些情节将爱情段落诠释得更加丰满。故事结尾二人要不要结婚,一直是争议的焦点,杨润身力主结婚,这样不仅能丰满人物形象,也能照顾观众的感情。这些细节通过银幕被播放出来,取得了很好的社会反响,时任延安鲁迅艺术学院院长的周扬评价:“电影《白毛女》拍得很生活化,创造了生活的真实和艺术的真实这两个艺术的典型。”

早年投身革命,走上文艺创作之路

1923 年,杨润身出生在河北省平山县一个贫苦农民家庭。1937 年抗日战争全面爆发,村里来了八路军,只有 14 岁的杨润身毅然投身革命队伍当中。

平山县是有名的敌后抗日根据地,正经历着抗日战争硝烟的洗礼。为了更好地宣传抗日战争,身为学校教员的杨润身,带领学生和乡亲们组成了柴庄剧团,并且很快成为晋察冀边区群众文艺的一面旗帜。在几年间,他们自编自演了 40 余部街头剧、舞台剧,如反映八路军和当地民兵围困日本鬼子堡垒的《围困堡垒》,批评忘本思想的《炕头会》等,这些作品多取材于真实的抗日战争故事,以及发生在老百姓身边的真人真事。

《围困堡垒》创作于 1944 年,剧本取材于真人真事,真实地还原了抗日战争的艰辛和人民群众夺取胜利的智慧与果敢。那是在抗日战争的反攻阶段,杨润身所在的柴庄村民兵围困敌人堡垒,经过半个月的战斗取得了最终胜利。多年以后,作家仍能清晰地回忆那次凶险的亲身经历:“当年我在村子里当民兵,还是民兵的一个负责人,所在的村子离鬼子的堡垒五里路。堡垒在一个山头上,我们在山下挖了工事,鬼子一出来我们就攻击,我们围了半个月,民兵用机枪把子弹打到了堡垒上,鬼子以为八路军来了。我们围困了堡垒以后,把鬼子的电话线也剪断了;城里的鬼子也不能来救援。半个月以后的一个清晨,鬼子突围,冲出来了,其中一个鬼子离我只有十步远,我一枪就把他打倒了。”

因为亲历,所以生动。不仅是这一部剧,杨润身创作的多部剧作都取材于生活实际,他往往是听到什么声音、看到什么现象,就迅速写成剧作,展现给边区百姓,对当时的抗日战争宣传,起到了积极作用。区里号召交公粮,他们就排演街头剧《战斗生产》,使全村公粮两天交齐;村里有人家思想出现问题,他就根据村里人的炕头闲聊创作了街头剧《炕头会》,很快扭转了人们的思想问题;解放战争期间,乡亲中有恐慌情绪出现,他就编了街头剧《一碗饭》，从人们吃饭、种粮谈到保卫饭碗、保卫家园，使群众增强了胜利信心，斗争情绪更加高涨。他带领柴庄剧团在平山各村演出的时候，获得了老百姓的热烈欢迎，也受到了边区政府的表扬，杨润身本人，也从此真正开始走上文艺创作之路。

以讴歌人民、讴歌故乡为己任

尽管电影《白毛女》令杨润身声名远扬，但他并未停止山乡文学创作之路。尽管他很早就进城当了领导干部，但他生命中的大部分时间依然是在平山县这座山区县城度过的。

天津解放后，杨润身成为首批进城的专业作家，但身在繁华的大城市，他却说："我的笔丢了，（我）要到故乡，革命老区平山县去找……"

随着改革开放的脚步，杨润身迫不及待地从天津回到了家乡平山，继续他的农村文学创作。他深深地依恋着这片生养他的土地，这里有他魂牵梦萦的山山水水，也有他一见面就觉得亲切的乡亲们。尽管已渐渐老迈又身患疾病，但杨润身依然喜欢一个人骑着自行车到处逛，到处听，见人就聊。家乡人也爱跟这位操着地道平山口音的大作家聊天，他的住所总是"高朋满座"，走了一拨儿又来一拨儿。

这一时期，他创作了大量现实题材、反映农村改革巨变的文学作品。长篇小说《九庄奇闻》讲述了改革开放之初，农村干部腐败的故事，另一部长篇小说《天堂里的凡人》，讲述了山乡半个多世纪的发展变迁。

杨润身热衷于发掘平山革命历史故事，长篇小说《风雨柿子岭》就是一部杨润身根据自己的亲身经历改编而成的抗日战争题材的长篇小说，据说书中的主人公抗日儿童团团长田犟巴的身上就有老作家自己的影子。书中生动再现了当年革命战士们端炮楼、杀鬼子的悲壮历史，也描绘了抗日战争时期普通民众的苦难生活，作家特别强调了他们在多重压迫之下仍然坚强、勇敢、乐观地面对生活、与敌人斗争的精神。他说过："我的故乡在革命老区，每一片泥土都洒着受难同胞的血泪，每一块山石都刻着先烈的无私。"

2010 年，已 87 岁高龄的杨润身出版了最后一部长篇小说——25 万字的反腐题材长篇力作《艰难的跋涉》。这仍然是一部农村题材的作品，他的视角跟着时代发展来到了新世纪，而关注的依然是农村反腐败斗争。这一次，小说成功地塑造了一位正直善良的基层干部，他积极热情为老百姓办事，带领乡亲们奔小康。小说赞美伸张了正义，鞭挞了丑恶，批判了拜金主义。

杨润身说过：文学离开生活，离开现实，就失去了生活的根基，文学脱离人民，人民自然会远离文学。作为一名党的文艺战士，我只要脑子还清楚，身子还能动，就不离开人民，不离开土地。我要用我的笔，讴歌我们的时代，讴歌我们的祖国和人民。

向老作家杨润身学习什么

◎ 李治邦

作为一个作家,创作作品时深入不深入生活?或者说只是把自己的生活积累重新梳理出来,就算深入生活了。更明确地说,不深入生活能不能创作出好的作品?我从杨润身老作家身上找到了答案,那就是需要深入生活,哪怕你很熟悉的生活,好作品是由深入生活中产生的。杨老年事已高,身体又不是很好,依旧深入到自己熟悉的家乡,他不是带着写作题目下去的,就是为了深入生活而回到家乡。杨老的故乡在平山,谁都知道平山有个西柏坡,而西柏坡是中国革命转折点,是一种精神力量的寄存地。说清楚点就是西柏坡精神。杨润身已经多年生活在那里,对那里的一草一木都有很深的感情。他在那里找自己的生活坐标,找自己的写作轴心,获得了很大的成功。西柏坡精神是中国革命取得最后胜利的标志,杨润身所有的创作欲望和动力都是这个西柏坡精神起了巨大的作用。

创作是作家的精神家园,也是作家有名有利的码头。随着时代迅速发展,人们对精神的追求在边缘化,金钱拜物教在物化着一部分作家。一些作家放弃了文学,以其他方式获取更大的利润,于是房子也买了,车也买了,人就开始飘飘然。杨润身的创作方式就是为了能给老百姓出好作品,让老百姓从他的作品里能吸取一种力量，或者对精神的追求有一种思索。你看他参加拍摄的电影《白毛女》，就有了人对金钱和精神的不同对待。后来创作的街头剧《炕头会》《一碗饭》《柿子不让舅舅吃》《开渠》等，都是写老百姓，写他们生活的精神状态，批判追求物质、追求自私的内心状态。他不顾年老体弱，长期坚持深入农村，亲近农民，创作的《九庄奇闻》和《风雨柿子岭》等，获天津市鲁迅文学奖。其实这个奖就是褒扬了杨润身的这种写作精神。

怎样将生活的原生态提升为生活的浓缩体，或者说把生活转化成自己创作的素材，这个过程是个艰苦的过程，是考验作家的人生观、价值观的试金石，也是小作家和大作家的分水岭。杨润身却做到了，他的小说一看就是来自生活，不是在家胡编乱造。他是穿百家衣，吃百家饭体验生活，然后写出独特生动的普通百姓的生活。我认为，作家的作品跟做人一样，有很多人不同意，认为作品是作品，人归人。杨润身就是个典型，他的思维方式和生活内容就跟他作品一样，没有走样，于是他的作品就有了伟大的人格。好的作家就是这样，不是人品作品两层皮。我也经常这么告诫自己，不能作品高尚，而本人低俗，不能作品宽旷，而本人狭窄。

我们常常感慨现在前辈作家所坚持的优秀传统被丢掉了，或者说已经不吃香了。今天在这里召开“庆贺杨润身同志从事革命文学创作七十年活动”，就是要好好学学杨老，找找自己哪点没跟上。

请允许我叫您一声——老师

——在“庆贺杨润身同志从事革命文学创作七十年活动”上的发言

◎ 王玉梅

尊敬的杨润身老师：

请允许我这样称呼您。

以您的德高望重来说，本该称您先生的，可我觉得您可能不喜欢这样的称谓。你一定更喜欢杨老、老杨、杨润身同志这样熟悉而随意的称呼。可我，还是想叫您一声——老师。

老师是人类灵魂的工程师是最富哲理的称谓，是以爱心和知识触摸、改变人内心的人，是学习的引路人，生活的指导者，人生的方向标。这样理解老师这两个字的内涵，您自然是当之无愧的了。

其实，很多年前，当我坐在台下聆听您讲话的时候，我就在心里称您为老师了。看着您亲切、慈祥、谦和的面容，听着您娓娓道来的家常话，感受着一个历尽风雨的长者的胸怀，我的心多了一份沉静。您把生活的感悟、人生的思索，融入平实的故事中，呼唤着作家的文学使命感和社会责任感，让我们敬佩和感动着。

说实话，这个世界让我们欲望太多，我们很努力，但也很疲惫，很多东西虽不经意但都不可否认地写在脸上。可您却保持了那永远删除不了的灿烂笑容。您没住进高楼、没买下专车、不包装、不炒作、不跟风，却拥有 70 年的创作经历，写出了300 多万字的文学作品，如今 88 岁，依然身体健硕，踏实而幸福地生活着。究竟是什么支撑着您那富有传奇色彩的一生？老师啊，您本身就是一部书，让我们读着读着……

记得您说过，您是在革命老区老家河北省平山县找回了那支丢失的笔，在家乡和人民中间，您觉得像鸟儿入了林，鱼儿入了水，一棵小草长在沃土上，觉得是世界上一个最自由的人，最愉快的人，最幸福的人，您有了创作的生机和活力，忘记了老之将至……可我想，您的创作思想、生存理念、人生观、价值观都应该追寻到您的 14 岁，当年，如果不是穿着母亲的花袄参加了八路军，第二年就火线入了党，您一定不会有这样的人生坚守。在您的生命之旅中您永远是一名战士，为人民而歌是您不懈的追求。所以，我应该也必须记住您的符号代码：农民的儿子、人民的作家、永远的战士！

我在孔夫子旧书网浏览，看到推荐您的书共有 105 项。早一点的有 1949 年大众书店出版的秧歌剧《俩相好》，有 1956 年新文艺出版社出版的《心连着心的人们》，热爱您的读者，收藏并交流着您的大量作品，以自己的方式表达着对您的爱戴，对此，您也一定很欣慰。

文学不能离开生活，您用行动在这样的网络时代警醒着我们。我们也要保持一份清醒啊。我和我的作家女儿，都回过头来扎在家乡的土地上了，滨海新区的百里盐滩、广阔海域、繁忙工地都留下了我们的身影。我们会记住您的话：不离开人民，不离开土地。

我们送您一束花吧，红玫瑰代表热情、康乃馨代表真情、满天星代表喜悦、百合代表纯洁吉祥、鹤望兰代表德高望重、火鹤代表一片赤诚之心。

亲爱的老师，请接收我们的敬意！

追寻一位白发披散的姑娘

◎秦　岭

面前这位耄耋老人，用他的电影《白毛女》，启封了我儿时的文化印记。2010 年 6 月 3 日，“庆贺杨润身同志从事革命文学创作七十年活动”令我无限感慨。

作为 50 多名宾客中的一员，在耳熟能详的电影《白毛女》主题曲《北风吹》的旋律中，我在岁月记忆的源头流连忘返。我无法分解以中老艺术家占多数的宾客复杂而又丰富的表情深处盛藏的感动和秘密，因为岁月太黏稠，黏稠得即便北风吹，也掀不动一丝的涟漪，因为它更像尘封的冰。尽管，冯骥才谈到了《白毛女》在文学史上的价值乃至对于杨润身的意义，赵玫谈到了杨润身身上保留的那些感动和操行。我当然相信，这样的感受代表了大多数与会者，包括我在内。当我和杨润身握过手，在属于自己的座位上坐定，我轻轻地闭上了眼睛。

在我的时空的隧道里，一位白发披散的美丽姑娘，像愤怒的火焰一样从岁月里破冰而出，一会儿像受惊的兔子在旷野里疯跑，一会儿警觉地钻进山洞；一会儿对着水面梳头，一会儿捡拾野果充饥……有关的所有，在这经济浪潮风起云涌、物质商品极大丰富的时代，恍如隔世，犹如千米冰层下凝固如琥珀般关于白毛女的传说，顽固不化地期待着一种开启和面世。尘封和重现既是矛盾的，同时也是对立的，也必然将是统一的，这是艺术的另一种魅力。作为杨润身艺术创造的受益者，我在这样的文学盛宴上，倾听和追寻，一样的重，无论是冰，还是火。

一束盛开的花，一面火红的旗帜，一轮红日的光晕……这是主办方——中共天津市委宣传部、天津市作家协会制作的画册封面。这样的风格和调性，让一位作家的艺术追求和文学信念一目了然。扉页上有这样的简介：杨润身，河北平山人，生于1923年，1937年参加革命，1948年秋调入华北群众剧社当演员，并从事剧本创作。天津解放时，随剧社进入天津。编导并参加拍摄了电影《白毛女》，另有电影《探亲记》《山村会计》等3部，长篇小说9部。现为天津市作家协会副主席……

我浩繁斑驳的记忆中，最早对《白毛女》信息的录入，大约是在1973年左右的故乡天水，当时穿没穿开裆裤，已不记得，但记住了由上海人民出版社绘制的连环画《白毛女》。踮着脚尖儿连走带跑的喜儿、大春，让我知道山外有一种叫作芭蕾的东西。踮着脚尖儿走路，一度成为山村毛孩子娱乐的时尚。而最早感受由田华、陈强主演的电影《白毛女》，大概是在1976年，是在离家十里外的一个自然村。几十处土坯房散乱、倔强而艰难地错落、黏糊在悬溜溜的崖畔。电影就在崖畔下的麦场放映。

乡村的电影之夜，星如萤火，充满诱惑。四邻八村大凡有电影，拎根打狼棍儿也要去看的，由于电影种类单一，每周赶两三个场子，屡屡会撞上同一部电影。《白毛女》《洪湖赤卫队》《渡江侦察记》《红色娘子军》等电影，我至少看了10遍，有些台词都能倒背如流。伙伴们一起热议电影，早已超越了故事层面，比如当时村里有个美丽的大姑娘叫什么花，大眼睛，长头发，酒窝一闪一闪的，她如果变成个白毛女，该多好啊！因为伙伴们都想当大春。只是恨，一恨自己没长大，二恨村里没有黄世仁。那个恨啊！

全然因为猎奇和好玩，却自觉不自觉地得到了最早的阶级启蒙和艺术浇灌。但是，好钻牛角尖的我，对芭蕾舞和电影中杨白劳的死法感到很别扭。芭蕾舞剧中的杨白劳是被黄世仁用文明棍打死的，电影中，却是喝了一大坛子什么液体自杀的。有位和我很亲的小哥哥用10岁的老成口气告诉我："唉！在万恶的旧社会，穷人买不起老鼠药，只好喝了豆浆，憋死了。牛吃多了苜蓿，也会撑死的。"

我当然相信，因为当时不知道豆浆是何怪物。我无法容忍的，是同样一个人在两个剧种中怎么会是不同的死法。信这个不信那个，这样的认定对儿时的我显得过于费劲。如今看来，当年小小的我所介入的，其实是一个艺术和生活、真实与虚构、具象与想象的关系问题，我不知道当年的固执乃至偏执对我是非观、艺术感觉的形成有无直接的帮助，但却给了我靠近艺术的天机，丰富了我少年儿童时代对舞剧、电影、绘画、文学等艺术表现形式最直接、直观的初见和理解，填充了我黄土坡一样单纯的精神世界。质疑杨白劳的死法，那是我爱动脑子，书面语叫思考。当时天水农村到处都有秦腔版的《白毛女》，见多了秦腔戏里黄世仁、杨白劳的扮演者，才顿悟，戏里戏外，别有洞天。靠近《白毛女》里的人物，就是靠近了一方天地。即便这是一个逝去的世界，却是历史的、艺术的，历史和艺术，时间可以检阅之，却永不过时。于是，作为山里娃，我开眼了。

后来在城市生活、工作，才知道许多城市长大的同龄人关于电影、舞剧、戏剧的记忆，反而十分有限。这让我吃惊不小，当时有位城里长大的朋友笑着告诉我："我们是圈养的，你们是散养的，还是柴鸡蛋香啊！”

时光流转，弹指30多年，后来就和杨润身先生生活在了渤海之滨，却从未谋面。第一次和杨润身握手是在2008年，当时中国作协来津搞一个什么课题的调研，天津方面从一线签约作家中安排了几位发言。有位老人一进门就亮起了大嗓门，问文学院院长肖克凡："秦岭来了没有？哪一位是秦岭？我要见见！"全场的目光顿时聚焦在我这里。我赶紧起立，傻笑。直觉告诉我，向我伸出温暖之手的老人，准是杨润身。我潜意识里"北风吹，雪花飘，年来到"。热望着这张饱经沧桑却又鹤发童颜的脸，儿时感知过的世界，一下将我包容。

当时某兄开玩笑："这个秦岭，居然连咱天津市作家协会的寿星都没见过。"

这样，就有了后来。天津市作家馆在和平区文化艺术中心落成，主办方为了丰富馆藏内容，委托我带领相关人员提取杨老的手模，我欣然应允。我送了杨老一个大西瓜，杨老送我的是从老家河北平山带来的黑豆和小米。杨老说："秦岭，我喜欢你这个孩子，你知道华北的戏剧界改编你《皇粮钟》的情况吗？"我说："知道，东北那边，电视剧也在筹备中。"杨老说："电视剧是新的流行文化，但是戏剧是民间的，靠近乡民的。我读你的小说，是多年前的事情了。"一句话，如纯粹的风从田埂上卷来，带着袅袅炊烟的气息，猛然呛我一口。方知，他对我的印象，源自6年前我的短篇小说《碎裂在2005年的瓦片》，这篇小说获奖时，他是评委。他说："你能感受一片瓦，就能感受整个的屋檐，我相信。"又说，"我送你的黑豆吃了没有"，我说："吃了。""味道咋样？"我答："香！"

一老一少，一问一答。一如麦场上起起伏伏的连枷之声，似不经意，却有分量，有声响，有重力。脑中顿然浮现出一排屋檐。屋檐上排列的瓦片咋数得清？这就是我的局限。

时下的尘世，早已被嘈杂和喧嚣包裹。艺术的担待和力量似乎和《白毛女》的时代一样一去不复返了。一如我早就习惯了喝豆浆，却从未探究过杨白劳为什么会采取喝豆浆憋死的方式自杀。本来，人体像个直立的中空竹筒，喝多少，尿多少，憋不死的。逻辑上讲，杨白劳捧起的坛子里一定是有毒物品，至于何物，我再也没有走过这脑子。此刻，我倏然一惊。为什么呢？我问的是自己，在这个物欲横流的时代，我们这些被誉为生在红旗下，并得以享受市场经济成果的无产者后代，该以什么样的心理对待过往的革命史和革命文学记忆？对待曾丰富了我们精神生活和情感世界的过往的革命文学经典？

既然承认自己的麻木，首要问题必须搞清杨白劳喝下去的是否是豆浆，我把电话打给一位老兄，他说："杨白劳喝的是盐卤水，点豆腐用的，剧毒，一杯，可致命。"

我笑了。这是个比"天上下雨地下湿"还要简单的问题，我竟然不闻不问地搁置了近 30 年。我如果是大春，即便娶了喜儿为妻，喜儿免不了要改嫁的。喜儿离开我，她要嫁给谁呢？按照物质社会普遍同行的价值观，喜儿如果嫁给大款黄世仁，那我这个光棍活该没面子。捡回面子，除非《白毛女》在物质时代浴火重生。在我看来，她有一万个理由重生，因为在我们这个阶层分明的时代，贫下中农改称弱势群体了。时代注定要取代历史，但历史和时代本来是孪生的。

只是，无法删除的记忆中，那白发披散的美丽姑娘，还在疯跑。

到生活中去再抱几个“秃娃娃”

——访著名农民作家杨润身

◎ 步俊有

由于工作关系，我过去和杨润身同志时有接触。他那朴实无华、谦虚谨慎的作风，曾给我留下了深刻的印象。日前他因养病回津，我又一次见到了他。“我已年过花甲，现在只想踏踏实实地做一点工作，利用有生之年，争取再抱几个‘秃娃娃’。”一见面，杨润身便爽朗地说道。“秃娃娃”是他对自己作品的称呼。他对自己的作品总是不满足，认为没有达到理想的艺术水平。其实，这里正包含着他的谦虚和对文学艺术的高标准。

杨润身是我国著名的农民作家。13 岁他便参加了革命队伍，15 岁时光荣地加入了中国共产党。在根据地，党派他搞群众文化工作。当时，他写过许多快板、活报剧、诗歌等文艺作品。周扬、方纪、赵树理等同志都亲笔为他批阅过作品。新中国成立初期，他被保送到文学讲习所学习。这期间，他和两位电影导演合作编写并拍摄了电影《白毛女》。毕业后，他来到了天津市文化局剧本创作社工作。1956 年转到中国作家协会天津分会任专职作家。同年，这个“敢于干预现实”的农民作家，怀着激愤之情，写出了批评进城后一些蜕化忘本干部的电影剧本《探亲记》。“文化大革命”中，《探亲记》被江青点名，杨润身由此身陷囹圄，后又被送往农村进行“劳动改造”多年。直至党的十一届三中全会后，他才得到平反。近几年，他在河北省平山县长期体验生活，写出了长篇小说《风雨柿子岭》，并获得了天津市鲁迅文学奖。最近，他的又一部农村题材的力作《九庄奇闻》问世了，受到广大读者的欢迎，在社会上引起了极大反响。

《九庄奇闻》的故事发生在1978年前后。杨润身同志通过揭露太行山下九庄村里一个名叫姜红牛的人，在那个特殊年代，爬上支部书记的位子后，所制造的许多令人发指的"奇闻"，向读者阐明了这样一条真理：任何把自己摆在与人民对立位置上的人，迟早要灭亡。作品给读者一种既不粉饰生活，又不泯灭生机的真情实感，是一部"干预现实生活"的佳作。

对于当前的文坛，杨润身有他自己的独见，他认为："生活是创作的唯一源泉。现在有些人说，作家要依靠自我，要依靠自身产生的意识。这个观点对否，我不加评论，但我不敢苟同。通过这几年在平山县的深入生活，我更加坚定了一个信念——生活中蕴藏着作家汲取不尽的丰厚营养。"

养病在家的杨润身同志，仍在辛勤地笔耕。当我问及他近期的创作情况时，杨润身神秘地眨了眨眼睛说："保密！不见到铅字就不能吹。我认为自己在文学创作上是个弱者，但在体验生活上我要力争做个强者。再拼最后一把劲，争取再抱几个'秃娃娃'。"

风正一帆悬

——评长篇小说《白毛女和她的儿孙》

◎路　石

当年参加电影剧本《白毛女》创作的杨润身,最近推出了他的长篇力作《白毛女和她的儿孙》,本书由农村读物出版社出版。老作家以力透纸背的现实主义笔法,为我国当代文学画廊增添了一组浩气长存的光辉形象。

文学是以塑造人物形象为基本宗旨的。作品在白毛女及其儿子王四秃与黄世仁之子黄金川竞争承包砖窑场地,创办白毛女养殖品开发公司的典型环境中,塑造了白毛女及其儿子高瞻远瞩、不计个人荣辱、不畏艰难曲折、一心为全村老少脱贫致富奋斗不已的典型形象。

这组形象之所以有特别重要的意义,是因为作者以全新的视角,透过纷繁喧嚣的生活,捕捉到了农村改革大潮的主旋律,聚焦在我国当代农村先进生产力的代表人物身上。随着十几年来农村的改革,那种早晨敲钟带头上工,晚上点灯召集开会,走街串巷嘘寒问暖的党支部书记形象已经成为历史。由于艺术与生活本身的距离,一些作家不得不拉开历史的距离,选择那些已经基本定格的历史题材、现代题材,造成了当代题材作品的匮乏。即使是选择当代农村题材进行创作的作家,也对农村中日新月异的变化缺乏足够的认识,视野尚未从家庭联产承包责任制中转移过来；还有些作家徘徊于描写农村的原始蛮荒和农民的愚昧。杨润身是农民的儿子，每年都有一半时间回到故乡河北省平山县，耳濡目染乡村的变化，他的作品缩小了艺术与生活的距离。

首先，他的作品非常注重运用典型情节展示人物的性格。作者通过十个当年在战场上负伤致残的“三八式”老乡民批评杨喜儿和王四秃这一情节，充分地展示了传统人物与现实人物性格的冲突。杨喜儿和王四秃为筹集55000元承包基金，将土地改革时分到的黄家大院卖给了黄金川，这激怒了当年爬冰卧雪、血洒疆场、归来头白的老“三八式”。勾勒出了一群可爱正直、稍显木讷的基层群众，也勾勒出了杨喜儿与王四秃的睿智和远见。其实，这两组个性化的人物，极有典型性，他们浓缩着神州大地上的新与旧，前进与倒退，市场经济与计划经济的矛盾，蕴含着我们历史的沧桑。

作品素中抱朴，注重人物性格的多元化，这使读者的心灵自然地产生了与书中人物多层次的融合和渗透。王四秃每临大事有静气，但在火爆的庙会上，也会要练上一阵红缨枪。他缴纳承包金，修了村里的大集和就要倒塌的小学校。全村老少爷儿们兴高采烈时，他却在自家低矮的小屋里，衣袖卷得高高的，为母亲和儿子洗衣服。即使生活这样艰辛，为了砖窑场地这座会村老少通向富裕的金桥，他毅然拒绝了黄金川送女“做饭”的“善举”。这一情节安排使这个人物性格刚中添柔，更加丰满。

美丑并绝地刻画人物，是这部小说崇高美学价值决定的。著名思想家康德认为艺术表现有两种崇高，一种是数量的崇高，另一种是力学的崇高。数量的崇高，是指崇高的体积和数量的巨大。力学的崇高，是指崇高的对象具有巨大的力量和不可遏制的气势。这种力学的崇高，是一种以不和谐为和谐的美。它以粗犷、宏大、丑怪、反常为特征。而这一切，恰好浓缩着人类在改造世界伟大过程中的曲折和艰辛的本质力量。作品中，没有倾国倾城的俏男靓女，没有溢彩流光的超凡人物。相反，主人公们活得真艰辛。73岁的白毛女，三个儿子战死在越南边陲，还要与小孙孙抬水吃，颤颤巍巍地到"老虎口"上扶钢钎。王四秃为贷款弄得焦头烂额，还屡屡被人误解。这些人物形象会让人的心灵产生震荡，会有一种高山仰止的感觉，还会让你想到大禹治水、夸父追日、被束缚的普罗米修斯……正是这些普普通通的农民，用坚韧不拔的毅力，撑起了搏击大潮、远扬万里的风帆。

为了丰厚地展示人物的性格，作者不拘泥于物理意义上的时间，依据心理时间倒拨慢拨，在王四秃承包前，杨喜儿解救被拐卖的四川少女和出卖黄家大院时，都利用交错的时空，把白毛女的过去和现实并列展现，丰富了人物的性格，增强了艺术表现的广度和深度。

小说的结尾处，马狗蛋在妇女林中狂奔乱舞，王四秃单枪匹马地去抓他。这个情节有蛇足之嫌。黄金川的女儿黄玉梅的性格较模糊，未写出她的可爱，削弱了王四秃爱情追求的审美价值。

但是，当某些文学作品赶乘市场经济的列车，不自觉地以肉欲感官刺激去媚俗之际，《白毛女和她的儿孙》定会以真实地反映我国农村中先进生产力代表者的奋斗而熠熠生辉。相信老作家续写的鹤发染霜的白毛女，头发浓密得连针都插不进去的王四秃，还有那些可爱的"三八式"们，也会在当代人物画廊中，留下质朴鲜明的一笔。

根植在这片热土

——杨润身访谈录

◎ 齐梅录

还是当年的“杨憨子”

1988年的一天，在德意志民主共和国的东柏林的大街上，一位苏联老工人碰到一位身着中山装、脚穿圆口布鞋的白发老人。二人相视少顷，老工人问道：“北京？”白发老人点点头。突然，苏联老工人张开双臂抱住白发老人：“大瓦力士(同志)！”

1991年，江泽民总书记参观西柏坡，这位中山装、圆口布鞋的白发老人又出现在总书记身边。他就是农民作家杨润身。

1992年，壬申初春，在津门闹市一幢普通的楼房里，我敲开了天津市作家协会副主席、中国人民政治协商会天津市委员会委员、中国共产党第十三次全国代表大会代表、著名作家杨润身的家门。

踏进他的家门，我有点惊奇。在我的头脑里，像他这样的社会名流家庭布置应是很高雅的：书橱壁立，古玩列陈。垂轴横幅，花香草幽。间或墙上还斜挂一柄长长的镇宅宝剑。可杨老师的家貌却简朴且不修边幅。他的书房里不过一桌一床，卧室里只有一炉二椅二橱。橱中除了书外，散乱地放着些药瓶，无一古玩珍品。四壁空然，无名人字画、彩灯、壁纸。显眼处，却有一张很大的河北省平山县地图，足可看出故乡在他心目中的位置。杨老师仍穿着那一身代表着中国的中山装和一双代表了中国农民的圆口布鞋。几年前，杨老师的一位抗日战争时的战友来津看他，见他家陈设如此简约，他的装束如此简朴，感慨地说："你还是当年的'杨憨子'啊！"

1923年，杨老师出生在平山县西部山区的一个贫苦农民家庭里。他的父亲，简直就是电影《白毛女》中杨白劳的原型。由于生活的困苦，杨老师自打记事，就没见过父亲一个笑脸。欠地主360吊钱，每到年关，父亲就得外出躲债。他14岁那年，村里来了共产党的工作队，为了让儿子活命，父亲让他给队长磕了个头，让队长把他带走。这样杨老师便走上了革命道路。由于他有"白毛女"式的家庭，新中国成立之初，北京电影制片厂在改编贺敬之的歌剧《白毛女》时，导演张水华要找一个熟悉生活的编剧，周扬同志就推荐了他——"杨憨"——杨润身。

"杨憨"原是他的笔名。抗日战争时期，"杨憨"这个名字在晋察冀边区文艺界是很响的。因为他写过许多宣传抗日战争的剧本，多次受到当时任边区宣传部部长的周扬的表扬。谈起他这个笔名，还有一段有趣的来历。石家庄一带，管山区里没见过世面的农民叫"山敢子"或"老敢子"。抗日战争时，杨润身在晋察冀边区的民族中学上学，因衣着简朴，性格憨厚，城里去的一些"洋学生"就喊他"老敢子"。他却很自豪，说："'老敢子'怎么样？共产党不就是靠我们这些'老敢子'打天下的吗？"遂为自己取笔名"杨憨"。

听了他的笔名的来历，看到他如今仍保持着当年"杨憨"的生活作风，我感到这里边有一种华夏民族的骨气在涌动，不禁肃然起敬。

“杨老师，您能在这花花世界甘守淡泊，卓然不群，不为香风彩雾所迷，也真不易呀！”我说。

杨老师淡淡地说：“我不过是保持了老区人民的传统而已。作为一名共产党党员，也应该这样。毛主席著名的‘两个务必’就是在我们平山提出来的，我作为一个平山人，作为一名老战士，有义务做执行‘两个务必’的模范。务必使同志们继续保持谦虚、谨慎、不骄、不躁的作风；务必使同志们继续地保持艰苦奋斗的作风。这两条，他提得好，斯人虽逝，其言犹存，尤其是在大搞改革开放和经济建设的今天，毛主席的‘两个务必’，对我们共产党员更显重要啊！”

不忘党的文艺工作者的职责

在我和杨老师谈话小憩时，他的老伴走进来提醒他说：“记着老杨，明天是 2 月 21 日。”

1968 年 2 月 21 日，江青以“文化旗手”的姿态指令天津市委批判杨润身，说他的电影《探亲记》是反党、反社会主义的“大毒草”，“修到家了”。从此杨老师一家跌进灾难的旋涡！他成为天津市挨批斗最多的人之一，在“牛棚”里一待就是 8 年。

打倒“四人帮”后，万语千言在他的胸膛里翻腾。当他拿起笔来，笔却滞涩不能生花。8 年的“牛棚”经历使他远离群众，脱离生活，成了一条“死鱼”。勉强写了几篇东西，编辑部连稿都懒得给他退。他彷徨苦闷。这时有人提醒他：“现在‘伤痕文学’‘暴露文学’正走红，何不写你在‘文化大革命’中的经历？”

“要说写我‘文化大革命’中的经历，那我有的是素材，可以说左右逢源，”杨老师说，“但我认为，写那样的东西毕竟于党、于社会主义无光。作为党的一名文艺工作者，只有为党、为社会主义分忧的义务，没有让读者对党、对社会主义丧失信心的权利。”

不久之后，杨老师便骑着自行车带着行李回到故乡平山，一头扎进人民群众的海洋。在故乡，他写出了《风雨柿子岭》《九庄奇闻》《失落的“无价之宝”》《魔鬼的锁链》等一篇篇歌颂党、歌颂社会主义和反映改革的中长篇小说。

根在故乡热土

1989 年 6 月的某一天，杨老师在街上见几位学生集众讲演，他亦驻足。一名青年见他们的“行列”里有一位白发老人，就请他讲话。他接过话筒说：“年轻的同志们，你们反对官倒，我是你们之中的一个。但我提醒你们，小心上当，小心背后有人插手，借反官倒之名，行反社会主义之实！”

几个月后，杨老师在街上又遇到那位请他讲话的青年。那青年诚恳地说：“老人家，您看得真准。当时您对形势怎么看得那么准？”

杨老师说：“我了解人民，人民是不允许推翻共产党的。”

他了解人民，全赖他热爱故乡那片洒满烈士鲜血的土地，他长年和那片土地上的人民生活在一起，与他们同呼吸、共命运。杨老师说：“我们平山这块土地，对革命是有功的，是渗透了烈士的鲜血的。战争年代，我们平山哪个村没人参军参战？哪个村没几名烈士？哪个村没遭受过日寇的烧杀抢掠？平山有这样的土地和人民，我作为一个平山籍的老战士，没有理由不去热爱它；我作为一个党的文艺工作者，没有理由不去按毛主席《在延安文艺座谈会上的讲话》中说的‘必须到群众中去’，‘到唯一的最广大最丰富的源泉中去’，‘我们文艺工作者的思想感情和工农兵大众的思想感情打成一片’。故乡的土地和人民，是我的第二生命。”

杨老师不是在唱高调。他爱故乡的事,在平山大地有口皆碑,就像故乡的玉米、谷子一样普通、普遍。在半路上,他曾把一位吐血昏倒的农民送往医院,用自己的钱为那农民看病;一个女青年,因父母干涉结不了婚,他“四顾茅庐”去为人家说合;一家两口子生气,他成宿地给人家劝解;两村农民打架,眼看就要发生流血事件时,他冒着生命危险扑上去制止……每当人们提起这些,他总是说:“我这样做是应该的,不这样做,我就不配被称为人民的儿子了。现在,我对有些现象就是看不惯,有些人本来是人民的乳汁养育大的,是人民的胸膛给他们遮风挡雨,可是,他们地位变了,就自觉或不自觉地忘记了人民。遇到这种情况,人民是很痛心的。我在力所能及的情况下,为人民做点事,就是报人民之恩,就像一个孩子报答母亲的养育之恩。”

因为杨老师没有忘记人民,所以,他的心才和人民贴得很紧很紧,对人民了解得很深很深,尤其是对生他养他的故乡,爱得更深。他对故乡一往情深,故乡的山川大地也给他丰厚的回赠:给他创作的灵性,做人的灵魂,遇乱不迷的功力,老区人民光荣的传统和勤勉简朴的作风。故乡的给予使他在动乱中心明眼亮,不乱方寸;在拜金主义的狂风乱吹时,他洁似洗玉,“没有一个字为钱而写”;在有人讥讽他“老正统”“老憨子”时,他却为自己保持了一个共产党员的本色,他为自己保持了一个老区人民的操守而自喜自慰,为自己“从心所欲不逾矩”,党性、人格的老到成熟而心安理得。他像一棵大树,将根深深地扎进故乡热土,挺腰舒臂,临风吟唱,为党和人民献出一支支心底的赞歌。

古道热肠杨润身

◎刘　宁

我认识杨老在7年前。当时我是一家报社的编辑，去河北省平山县采访。晚饭后，我出来散步，发现路旁一位清癯的杖乡老者也在散步，同行人告诉我，他就是当年改编创作电影《白毛女》三位作者之一的杨润身，他的老家是平山县，他为平山县做了不少事。有一次，一伙山民打架，动起了铁锹和锄头，路人全都畏避不敢上前。杨老正好路过，他扔下自行车，站到人群中间，双手撑住了锹柄，大声说："我是杨润身，谁也不许打了，歇下来说理……"一听杨老的大名，打架的都乖乖地放下了铁锹、锄头。平山县妇孺皆知，有个明白事理的杨老头，外出打工怎么找，搞什么能致富，大家都愿意找他合计合计……我马上对杨老产生了兴趣，第二天下午去访问了他。

杨老住在县招待所的服务员、勤杂工宿舍，屋内摆放着简陋的木板床和黄椅子，桌上放着许多报纸。墙角里堆着的几捆书还散发着油墨的清香，这是杨老刚刚出版的长篇小说《魔鬼的锁链》。我问杨老怎么不住在前边的招待所中，他说："找我的乡亲太多，住在这儿方便。"果真在我们聊天时，就有两拨人找他。头一次好像是县供电局的，让他帮助看一篇稿子，可能是快板，要在黑板报上用。杨老毫不推辞，爽快地留下来，约他们第二天来拿。还有两位是一家子。杨老告诉我,这小两口原来总打架,他去说合,现在好了,到县医院检查有了孩子,前来告诉他。

杨老说着,清癯的脸上放出了异彩。当今社会物欲横流,兼职提成拿回扣的不在少数……而杨老却安贫乐道,扎在这大山深处为乡亲们办实事,我不禁对这位资深的作家有一种深深的崇敬。

杨老告诉我,他是农民的儿子,14 岁参加革命。过去仅念过一年零两个月书,后来党送他到民族民主革命中学念书。他爱写爱唱,担任过勤务员、教师、区委宣传委员、报社指导员。抗日战争时期,他领导的平山县柴庄剧团是晋察冀边区群众文艺的一面旗帜,所以新中国成立初期,他有幸被抽调参加电影《白毛女》的改编创作,并被送入文学讲习所学习,与赵树理、柳青、康濯、陈登科等同窗切磋。

他之所以愿在余年为乡亲们再做一些事,不仅因为他是农民的儿子,而且是因为山民们给了他第二次生命。

"文化大革命"中,江青借他写的电影剧本《探亲记》发难,说:"《探亲记》修到家了。"并把他将《探亲记》稿费上交党费的事被诬蔑为赞助反革命集团的罪证。其实上交稿费,在"文化大革命"前是非常平常的事。改编电影《白毛女》后,文化部曾奖励过作者,他们三名作者都分文未要,全部上交了。江青一句话使他遭到了长期的监禁和批斗,平反后的他神经都麻木了。天津电视台让一些名人亮相,导演怎么让他笑一笑,他也笑不出来。在台下帮他训练了几次,也无济于事,只好带一副苦相上了台。

从"牛棚"出来,他回到了故乡平山县,峻山的灵气,土地的宽怀,乡亲们的真情,使他神经复苏,终于笑了出来。当时他并没有想写什么,想到的只是自己是个党员,春蚕不老,总要为乡亲们做点事。他像当年的老八路，一辆自行车伴他上坡下山，还兼任了县委副书记。后来他发现骑车费劲儿了，便辞去了副书记、县委常委的职务。

由于他德高望重，又颇有经验，县里挽留他，说给他派车不用骑自行车了。但杨老认为，走马观花很难了解乡情，他当不了“飞”来“飞”去的干部，拒辞不受。

在泥土的沃育下，杨老的文思也汩汩涌出。他写的长篇小说《风雨柿子岭》《九庄奇闻》在天津市获奖；中篇小说《失落的“无价之宝”》在全国获奖。杨老拿出一本《魔鬼的锁链》送我。告诉我，他们这样的作家写出的东西不大合时宜。畅销书需要刺激需要带色，而他又写不出来。他们这一代作家遵循的是现实主义，他水平有限，没法验证现实主义的魅力。但他相信，一定会有优秀的作家写出伟大的作品，来证明现实主义深广和崇高的美学价值。

后来我转行到出版社工作。我的一个心愿就是能为杨老出一本书。我写信去后，他很快回信了，说现在是市场经济，他不愿给我添麻烦，现在长篇小说出版那么困难，他索性封笔了，偶尔写写散文而已。

后来我多次去信，在多次飞鸿中，杨老认定了《白毛女和她的儿孙》的题目。题目定下后，杨老兴冲冲地回到了平山。他要问问乡亲们，希望白毛女是什么样的，希望白毛女的后代干什么，希望读到些什么样的白毛女的子孙们……

我知道杨老患有高血压和肾炎，劝他不用那么辛苦，不如在天津家中方便些。杨老说：“我这个人命大。三十几年前得肝硬化时，医生曾下过诊断书，说这个人活不了几年了。可是我不仅活下来了，而且肝病还好了。想想平山人民当年流的血，现在流的汗，我就感到于心不安。那年秋季大扫荡，我在的那个区一天就死了400多人，我用笔记下的，还不如乡亲们为革命贡献的九牛一毛。”杨老还自谦说他笨，不像有的作家创作全靠灵感。他的创作，他的写作激情，全来自乡亲们。离开他们，他一个字也写不出来。

果真，杨老在平山写了半年，寄来了小说。这部小说清样刚出来，《天津日报》编辑看后，马上决定连载。一些评论家也认为，小说为当代文学长廊增添了一组浩气长存的光辉形象。而我却从这部书中，看到了杨老热爱人民的那份深情，读到了现实主义的特有魅力。不管小说的结构和语言方面，有着怎样的瑕疵，但在文学追求短期世俗效益，流于媚俗或聚焦在历史帝王将相上逃避现实评价尺度的今天，《白毛女和她的儿孙》有特有的美学价值。

魂系故土，情洒太行

——访著名作家杨润身

◎ 耿金法

题记：春蚕到死丝方尽，蜡炬成灰泪始干。

——唐·李商隐《无题》

仲秋，一个天高气爽的日子，我们拜访了平山籍著名作家杨润身。

杨老正在家乡体验生活。我们走进他简陋的居室"邑府宾馆"时，他正坐在写字台前聚精会神地审着刚刚脱稿的长篇新作《大人物的女儿》。杨老热情地让我们坐在沙发上，然后转过他的椅子，对我们拉起了"家常"。

杨润身出生在我县温塘北马家村一个贫苦的农民家庭。小时候家里很穷，他的父亲就是《白毛女》中杨白劳的原型。14岁，杨润身参加了革命工作，并迅速成长为一名文艺战士，创作出大量歌剧、话剧、小品；1949年，杨润身因参与改编电影《白毛女》而闻名全国。

"文化大革命"中杨老遭到迫害。在这几年中，杨润身的肝硬化加剧了，他老伴儿用小车把他推到医院，医生一看病历卡上的姓名是"杨润身"，不由分说便把他撵出来，他老伴儿一步一把泪又把他推回家。

晚上，遍体鳞伤的杨润身感到虚弱乏力，浑身抖得厉害，他透过牢房唯一的小窗口，望着西天的月牙儿发呆。“我是不可能活过今天了”，他多想再回家看一看那里的山、那里的树、那里的人，但今生今世已不可能，就让孤魂在今晚飞回故土吧……

之后，杨润身被送到“五七”干校放羊、回天津文化局扫厕所，他发誓：今生今世，再不动笔……

“我之所以重新拿起笔，是因为勤劳、勇敢、热情的家乡人民激励了我，鼓舞了我，我没有理由不去表现他们，不去歌颂他们。”杨老深沉地说。

是的，家乡人民压根儿就不信他们的杨憨（杨老的绰号）是什么“反革命”。家乡人民并没有因为他成为“反革命”而疏远他、冷淡他，他们冒着被牵连的风险，真诚地把花生、核桃等家乡的土特产送给他……在他最困难、甚至想自尽的时候，一个他从来不认识的平山籍老干部专程从保定来到天津为他奔走呼号，虽然没有成功，却令他感念终身！

杨润身的冤案得到昭雪后，第一件事就是回乡探亲。他来到石家庄，一曹姓老乡正在理发，这老乡从镜子里看到了匆匆从理发店门前走过的杨润身，猛地推开理发员，不顾一切地冲出来，紧紧抱住他：“老杨，你可活着回来了！”杨润身哭了。在艰难的岁月，面对苦难，杨润身没有掉过一滴眼泪；今天，面对家乡人民对自己的如此挚爱，却再也抑制不住感情的潮水，一任两行热泪长流……杨润身回到老家，家乡人民把他围在中间，问长问短、问寒问暖，杨润身笑了——这是“文化大革命”后他第一次笑！当天津电视台的编导们要他在电视台平反亮相的讲话中笑一笑时，杨润身僵硬的脸始终没有露出微笑，今天，面对家乡人民的如此热情、如此眷恋，他第一次舒心地笑了！

杨润身决心重新拿起笔，来歌颂家乡、歌颂人民！他长年回乡体验生活，平山人民、县委、县政府给他无微不至的关怀。一次，杨老到南方参加一个笔会，由县委办公室主任、副主任陪同，用专车把他送到省城火车站，同去参加笔会的著名作家徐光耀见杨老受到如此优厚的礼仪，急忙退后几步，向两位主任深深地鞠了一躬，并嘱咐他们，把问候和感谢带给平山人民！两位主任眼睛湿润了，杨润身也感到一阵激动。

杨润身不负人民的厚爱和期望。他来平山时从天津带回一辆破旧的自行车。十几年来，他就骑着这辆车子穿行在家乡的山山水水、千家万户。他虽有高血压、糖尿病等多种疾病，但他仍然在家乡体验生活，一边顽强地同疾病斗争，一边拼命创作。他作品中所有的人物几乎都取材于家乡这块热土。难怪《人民日报》《光明日报》的编辑们开玩笑地说："一看是反映平山的稿件，不用猜，准是杨润身的。"十几年来他以丰厚的生活功底和惊人的毅力创作出《风雨柿子岭》《九庄奇闻》《魔鬼的锁链》《托起黎明——白求恩的"女儿"》《白毛女和她的儿孙》五部长篇小说、一部散文集和一部中短篇小说集。其中一部中篇小说集获金盾文学奖，长篇小说《白毛女和她的儿孙》在《天津日报》连载后受到广泛好评。今年，年逾古稀的杨老又用颤抖的手创作出了20多万字的长篇小说《大人物的女儿》，不久即将付梓。在一次全国文化会议上，中共中央政治局常委、全国政协主席张怀瑞语重心长地说："作家应该深入生活。我们的有些作家已经这样做了，在平山县担任县委常委的杨润身同志便是其中的一个……"

采访临近结束，杨老握着我们的手谦逊地说："关于我个人的身世只算与你们拉家常，不要过多去写，要写就写一写家乡人民。家乡人民对我太好了，给我的实在太多了，我有责任去表现他们、歌颂他们。但水平有限,我做得还很不够,我还将努力去做。”望着满头银发、和蔼可亲的杨老,我忽然想起唐代诗人李商隐的两句诗:“春蚕到死丝方尽,蜡炬成灰泪始干。”杨老,您不就是那吐丝的春蚕、燃烧的蜡炬吗……

老作家迈出新步伐

——从《九庄奇闻》所想到的

◎刘　哲

杨润身同志是一位60多岁的老作家。提起他的《探亲记》，熟悉文艺创作情况的同志几乎没有不知道的。因此，在“文化大革命”中，他曾被点名批判，身处险境。

打倒“四人帮”，打碎了束缚在他身上的政治枷锁，党的新时期的路线、方针、政策的阳光照耀到他的身上，令他的创作重新获得生命力，他又跃跃欲试了。但当时摆在老作家面前的是一个严峻的考验：是走老路，炒冷饭，仅仅写写自己过去熟悉的东西，还是另辟蹊径，熟悉新的生活，或重新认识自己熟悉的生活，站在新时代的高度，写出新角度，写出生活的新面貌，跟上时代前进的步伐？我想，杨润身同志是有过这样的彷徨、思考和探索。

不管他将来的路如何走，有一点当时他是做对了，他带着多病之身，又回到自己的老家——河北省平山县，兼职县委常委，深入农村生活。

1982年，他先写出了一部长篇小说《风雨柿子岭》，取得很大的成功，获得了天津市鲁迅文学奖。这部长篇小说，虽然在主题的开掘、人物的塑造、语言的乡土气息等方面有创新，但那终究还是革命历史题材，写抗日战争初期冀西一支农民抗日武装队伍成长的革命历史斗争故事，生活是老的，手法也不能说太新鲜。我读了它，也有所感动，但还不是那么动情。但那终究是他迈出的坚实一步，增加了他以后继续前进的信心和勇气。

时隔不久，责任编辑突然把润身同志一部新的书稿放在我的案头，这就是《九庄奇闻》。初时我并没有引起多大的注意。但读着读着，我就被作品那新时代的生活气息和作家大胆、尖锐、犀利的文笔所吸引，一口气读完了。我非常兴奋。我惊奇于作家好像换了一个人，变了一副手笔。正如滕云同志评论他的作品时说的话，《九庄奇闻》确实是“在较近的距离上反映生活的”一部老作家反映新生活的长篇小说。这对润身同志来说，尤为难得。他在《九庄奇闻》中所铺陈的生活画面是那样斑斓多彩，他对“文化大革命”中农村的生活面貌描绘得逼真传神，他对农村形形色色的人物的表演写得栩栩如生，他的感情强烈而鲜明。作家对在“文化大革命”中备受折磨摧残的基层领导干部华满山，倾注了全部的爱，用满腔热情讴歌了他的骨气、品格和崇高的道德力量。作家对那个善良、本分、诙谐、好乐的“李有才”式的老农民张乐乐，是带着爱、带着笑、带着泪来赞美他的朴实、天真的，又微微讽刺他的软弱不争气。作家对“四人帮”在农村的“手下”——大队党支部书记姜红牛之流，又是用火一样的憎恨和蔑视来揭露他们的。作品在开篇第一章竟敢尖锐地把那一时期发生在农村的动乱同地主复辟相提并论，确实是够大胆的，特别是对于像润身同志这样一位一向小心谨慎的同志来说，更是出乎我的意料之外。当然，“四人帮”的动乱比地主复辟的性质和原因更为复杂，简单类比也不一定贴切，但它确实反映了广大农民群众对“四人帮”倒行逆施的种种恶迹的愤恨感情。如果说申跃中同志的长篇小说《挂红灯》是侧重揭露了“四人帮”在农村的政治破坏，那么，《九庄奇闻》则更多地从人们在精神和心灵上受到的戕害，来揭露“四人帮”的罪恶。

我认为《九庄奇闻》之所以值得称道，不仅是因为它反映了农村在特殊历史时期的生活内容，更重要的在于它是由像润身同志这样一位老作家写的，又写得那样尖锐、深刻，反映得这样快、这样好。在那动乱的年月里，许多老作家被关入“牛棚”，与外界隔绝，更别说了解农村的情况了。润身同志经过回乡不长时间的亲身体验，就很快在原有的生活基础上，熟悉了新的生活进程，熟悉了新人物的精神风貌，把历史同现实生活接续起来，既能从现实的进程中回顾到历史的渊源，又能从历史的延续上挖掘现实的深意，使作品既有一定的历史感，又有一定的时代感，如果没有深厚的生活积累和敏锐的洞察能力，是无法写得这样得心应手的。这大概就是润身同志成功的秘诀。

润身同志的创作实践经验证明，老作家迈出新步伐，走出新路子，并非不可能。他既可以发扬自己过去生活基础雄厚的优势，又不脱离当前的时代，发展自己的优势，重新认识自己的优势，跟上代的发展步伐。只有如此，他才能发现新材料，找到新角度，产生新观点，写出新水平，同时代一同前进。一个作家完全超越时代是不容易的，但是只要思想不老化、不僵化，勇于学习新知识，追求新东西，不停步，不凝滞，他就会创造出自己的新艺术，走出自己的新路子。

烈士暮年，壮心不已

——探望作家杨润身

◎ 盖祝国

去年9月上旬的一天，我们一行四人驱车前往平山，看望天津老作家杨润身。

杨润身，对于像我这样成长于20世纪50年代的文学青年来说，并不陌生。那时候，他写的电影《探亲记》和与人合作的《白毛女》，风靡一时，曾感动得我唏嘘落泪。

到了动乱年代，我从红红绿绿的传单上看到，因《探亲记》和其他莫须有的罪名，杨润身被江青点名批判。听说他的身体垮了，脑子失灵了，连字也不大会写了。可是1978年，《人民日报》等报刊又奇迹般地刊登了他的短篇新作，长篇小说《风雨柿子岭》《九庄奇闻》也先后问了世。现在，我正浏览散发着油墨香的《杨润身小说集》，近40万字，沉甸甸的。

读着杨润身的作品，恍如又走进太行山。我熟悉那里边的人物故事，风土人情，山山水水。再一次感受它那独特的淳朴、浑厚、清新的韵味和从中透出的一种机智、幽默。我想，文如其人，也许杨润身就具有这样的太行山性格。

我们走进老杨在平山县的“办公室”，他正在看业余作者的稿子。他高兴地接待了我们。看上去，他确实已是年逾花甲的人了，但并不病弱迟滞。身材高挑，步履轻快，一双细长的眼睛，流露着坦诚和机智。也许是因为在家乡的缘故,他说着一口很重的平山话,以至他的同乡、作家常庚西不得不给我们进行必要的翻译。老杨是平山县马家人。他在农村担任过抗日小学教师,善琴能鼓,登台演过戏。他领导的乡村剧团,曾经是晋察冀边区的先进单位。家乡哺育了他,他对家乡也怀有拳拳的热爱之情。进入大城市后,只要一有机会,他就匆匆回到家乡生活。党的十一届三中全会以后,冤案昭雪、恢复党籍的第三天,他就愉快地回到了家乡。家乡的人们又一次使他学会了笑,学会了拿笔写字,又一次使他有了自我意识,有了能够负载聪明才智的好身体。

从 1982 年起,经上级党委批准,老杨兼任中共平山县委常委。他是天津作家协会副主席,却坚持每年在平山生活一段时间。他向我们介绍说:“乡亲们都不称我作家,也不叫我的大名。和我年龄相仿的直呼小名‘亮子’,娃娃们和年轻人则常常围着我,亲昵地叫着‘亮子叔’,‘亮子爷’”。

老杨的心和农民的心贴在一起。农民发生争水纠纷,他帮助双方立下“和解书”;大男大女因家庭原因结不了婚,他去帮助说服双方家长,使有情人终成眷属;不幸者病倒在半路上,他赶忙将病人送往医院;承包的山林、乡镇企业、农村小学,都有他的足迹和声音……

老杨特别关心党风和社会风气,一谈到这些,便很激动。他以痛惜的心情告诉我们,最近他回到老家一带,一名青年向他反映了乡干部以权谋私的一件“奇闻”,请他帮助解决,他答应了,并且已在县委常委会上提出查处的意见。我联想他的《九庄奇闻》的创作经过,这部以党风问题为题材的长篇小说,在老杨拥有的那个最广大的读者层里,产生了很大影响。

我们祝贺他生活和创作获得成功。省作协分会的尧山壁同志，把书写着“扎根故土，新花繁茂”的画轴赠给了他。老杨珍重地接了过去，然后回身坐在床头，沉思了一会儿说：“感谢河北省文联、省作协对我的厚望。但有人说我是生活的强者，创作的弱者。意思是说，有才气的作家不到生活的大潮中来，靠个人的内心世界和身边琐事写出了很有震动的作品，我泡在人民生活的大潮里，反倒丧失了作家个人的主体意识，所以创作不过如此……”

礼节性的看望竟变成了关于生活问题的探讨。我们几个不大赞成“强者”“弱者”之说。深入生活，无论对于哪一位作家都是至关重要的，其道理不言而喻。诚然，有的作家从内心和身边出发，也写出了一些较好的作品，但长此下去，艺术生命就会枯萎，作家们不能不考虑：生活的重心在哪里？最有价值的文学视野在哪里？创作自由和社会责任感的结合点在哪里？

老杨意味深长地说：“我不承认是生活的强者，可承认是创作的弱者。但话又说回来，如果离开了生活的大潮，离开了自己的这个根，我将不复存在，连弱者也谈不上了。”

话题转向了深入生活和作家“学者化”。杨润身说：“我文化根基浅，就是有一点，也有个更新问题。我向往‘学者化’作家，也曾在机关里抠过书本。但我体会到，像我这个年纪，在头脑里除旧布新谈何容易！我觉得到生活中来参加变革着的生活，我的观念、知识才能有点变革。旧脑瓜需要靠书本开窍，更需要靠实践开窍。再说，在实践中也能把书本，向‘学者化’努力。它弟兄俩不会闹矛盾。”

说到这里，他脸上闪过得意的神色，颇为知心地告诉我们，“下来挂个职可有意思哩。有职就有责，这样就不会像油珠浮在水上了。特别是县委常委会，不管我在下面多忙，多远，也赶回县城参加。这样的会，上头精神，下边情况，旧思想，新观念，先进经验，落后教训……都可能涉及。有的事叫你发愁，有的事叫你兴奋，有的事逼着你开动脑筋，有的事就直接地启动你的创作灵感……”

他拥抱生活，生活也将源源不断地给他馈赠。他的又一部长篇《毁灭》已经写出初稿。

我们为他庆幸，预祝他老当益壮，创作更上一层楼。他高兴地站起来，比画着说：

“创作更上一层楼不敢说，老当益壮我还是有信心的。来到家乡，来到人民的生活中间，觉得就像鸟儿入了林，鱼儿进了水，一棵小草长在沃土上，觉得我是世界上一个自由的人，愉快的人，幸福的人。不坐小汽车，不感到尴尬；不上主席台，不感到卑下；吃不上高级席面，不感到遗憾；不住大宾馆，不感到难堪。我没有任何失落感。相反，我总感到生活里充满生机。生活滋养着我，我忘记了老之已至……”

老骥伏枥，志在千里。烈士暮年，壮心不已。我们衷心祝愿老作家宝刀不老，青春永驻。

深沉厚重，朴实自然

——读杨润身的《风雨柿子岭》

◎管 蠡

杨润身同志是一位热情而严肃的作家。他创作不离生活，笔下不著空文，始终坚持着描写时代斗争，激发人民斗志的创作方向。他的作品恰如他的为人，深沉厚重，朴实自然，字里行间散发着泥土的醇香。最近，我看了他的长篇小说《风雨柿子岭》，进一步加深了这一印象。

《风雨柿子岭》以田二牛、田犟巴父子在斗争中成长为主线，通过田氏一家的悲欢离合与柿子岭贫苦农民由自发反抗到自觉革命的斗争故事，形象地展现了抗日战争前后中国农村的社会风貌。

这部小说通篇没有华丽的词藻，没有一个离奇的情节，没有一个超凡脱俗的人物。作者只是把现实生活中的人物和事件，按照生活本来的面貌，艺术地再现出来，构成一幅时代斗争的生活画卷，令读者看后感到真实可信，亲切自然，就像夏日午后，坐在瓜棚柳下，叙家常、讲趣闻一样。

小说的篇章结构，看不出人为布局的痕迹，似乎只是现实生活与斗争的自然发展。作者善于在自然铺叙当中显现生活的波澜。他以一种沉静的笔调，娓娓道来，全然看不出描写与渲染的意向。但是，那自然演进的社会生活矛盾，以及各类人物的喜怒哀乐，悲欢离合，却把读者的思想与感情紧紧抓住，使你于不知不觉间，进入他笔下的故事。

在这部小说中，田二牛是一个被地主逼得家破人亡，终于走上革命道路的人物。作者对这个人物参加革命的思想基础的揭示，并没有编织什么奇特的故事，而只是将他家庭生活的遭遇，客观地展现出来：他原本只是一个安分守己的农民，他幻想着通过精耕细作，用自己的汗水改变家庭的穷困状况。于是，在艰难拮据之中，产生了变家中的三亩旱田为水地的要求。殊不知，借债打井不但未能改变家庭生活的境遇，反而令他越陷越深，不能自拔。麦子打下来了，全被地主家的长工头装入了"一星堂"的口袋，但却没有还清一半的利息；大秋之后，指望卖掉柿子，还清债务，然而柿子没有卖成，仅有的一头白脖小毛驴也在集市上被盗，从而断绝了他除去地亩之外的一切经济来源；回家不久，地主又逼他卖地、卖妻还债。他在无路可走的情况下，只好将家中仅有的三亩地给地主刘老春"出了文书"，回到家中，妻子却已投井自杀……

这描述确实是极为朴素的，然而那一波未平，一波又起的生活上的矛盾，却也是动人魂魄的。作者就是依靠真实而形象地突现生活中客观存在的矛盾和由此而掀动的人物内心深处的感情波澜，去打动读者。因而小说显得既朴实自然，又深沉厚重。

作者在行文铺叙当中，常在描写主要人物的同时，顺势插入暗笔，揭示所写矛盾的社会性与普遍性，加深读者对笔下人物和事件的本质性的认识。例如，小说写到犟巴娘失踪，田二牛及其邻人四处寻找。田二牛想到妻子可能投井，于是赶紧来到村南长着古柏的井边……这时，作者通过书中人物的联想，顺便写出庆和嫂一家三口于当年2月投井自杀的情景。这就使犟巴娘的举动,含有了一定意义上的普遍性与代表性,从而使读者加深了对当时社会现状和人物命运的理解。

作者还在重笔描写贫苦农民悲剧性命运的同时,偶作轻松之笔,插入一点喜剧性的描写,从而形成悲与喜的强烈对比,以加强悲剧的气氛。如前所写,田二牛一家的生活遭遇,可说是悲而又悲,惨而又惨的。但是,作者描述这一悲剧的过程中,却巧妙地插入了田二牛父子秋前观麦、吉祥老人田间祝贺和犟巴在打麦场上富有情趣的细节描写,在几种场合,使这家穷苦农民在悲凉中看到一丝希望的亮光,表现出一刹那喜悦的笑脸。从而使之与后面的地主麦场掠麦、田家借麦烙饼而险些中毒等悲愤场面形成鲜明对比,这就进一步加重了小说的悲怆气氛。

小说在人物设置上,作者显然是经过了认真考虑的。作者通过田二牛、田犟巴、犟巴娘、鲁黑丑、高吉祥、老正、王增福、丁顺吉、丑妮……农民形象的描写,不但较为全面地展现了农民队伍中各种境遇、各种气质、各种性格的人物,而且表现了当时农民生活的各种景况。特别是丑妮这个疯人形象,不但从另一种特定的角度上揭露了地主阶级的奸狡与残忍,而且使小说情节铺叙中的许多难题迎刃而解。小说第16节,田二牛为掩护党员干部刘栋,被匪徒胡镇山抓捕,这类情节,在写法上,是极易落入前人俗套的,但因丑妮突然出现并大喊着"放下二牛叔",猛然向王道庙里的泥胎撞去。这一奇特举动竟使情节显得别开生面,呈现一种独特的悲怆气氛。

在人物形象描写方面,作者主要采取了传统的白描手法,处处注意去粉饰而存真意,同时,很少采用静止的心理描写。作者十分善于抓取具有典型意义的生活细节,常常是几句对话,几个举动，便把一个人物的形象勾画出来，给人以深刻的印象。例如，作者写王增福这个人物，着墨不多，却使这个家境富裕的农民形象跃然纸上。

王增福名下有十亩好地，一处好院。由于他有一种“挨着大树歇阴凉，守着财主喝头汤”的思想，见到地主刘老春总是满面带笑：“你老人家吃过啦？身子骨越来越好啦？”见到地主的管家池仁良，也是见面先“哈哈”，然后是：“到家里吃上一口吧。”由于他极其胆小，不敢骂别人，只敢骂自己。兔子在他地里盘了窝，他骂：“哎呀王增福，你……你哪一辈子缺了德，叫兔子到你的地里盘了窝……”马蜂落到他的梨树上，他骂：“我王增福哪一辈子缺了德，你马蜂总落到我的梨树上……”后来，他把带有毒药的麦子借给田二牛，险些害了田家老小的性命。惊恐之下，他一面骂自己“白长了个人脑袋”，“还不如吃草的牛哩”，要田二牛拿起板斧，把他的“不值钱的脑袋一劈两半”，一面又反复解释那麦子是买的池仁良的，上了当，大骂山大王（刘老春）“啃人骨头喝人血”，应该“千刀万剐”，同时还表示，一定要报复。然而他想出的全部报复手段，却只是回家去用木头刻一个刘老春，把它放到泔水缸里去，天天让他喝泔水，“泡死他个老东西”。

这里，寥寥几笔，就把王增福这个人物的思想、感情和气质，描写得淋漓尽致了。小说通篇采用群众生活语言，简约明快，通俗流畅。故事以少年儿童田犟巴第一人称的写法出之，言情叙事，状物写景，又皆合乎人物的儿童心理，生动又富于情趣。

润身同志的思想、感情和艺术上的追求，都是与农民相通的。《风雨柿子铃》的写作，是不是说明了这一点呢？

杨润身《白毛女》之后的不断跋涉

◎ 何玉新

你的感情是什么你的文学就是什么

记者:2010 年,您在年逾九旬的时候,又创作了一部长达 25 万字的长篇小说《艰难的跋涉》,在这个年龄仍然完成长篇小说的作家并不多,而且您写的还是反腐话题,是社会热点。

杨润身:写这部小说的时候,我老了,拿笔都困难了。究竟写不写呢?还是觉得,放不下笔,一定要写出来。写出以后,我又迟迟不交给出版社,因为觉得写得力不从心。自己本来文学水平不高,老了以后更不高,害怕出版社不给出版。

为什么非要写这部小说不可呢?我是想,在河北省的农村,集体所有制解散了,土地承包到户,确确实实开始发展,但同时也有一种思想,认为大公无私不吃香了。我是赞成大公无私的。我出身贫下中农,虚岁十三岁时组织就接受我入党。我本来入党了,后来我的入党介绍人去了延安,我的组织关系丢了。到 1937 年我又参加八路军,重新入党。那时候因为我个子小,文化水平低,就到共产党的学校,供给制的学校去念书。直到今天,我对老八路的传统念念不忘。我以前的作品里面情绪低的比较少,但因为感觉当时社会上贪污腐败的现象比较多,所以这部小说写的时候有点情绪不高。现在好了,党的十八大以后,反腐力度很大,我的情绪也比较高了。

记者:您写了一辈子,您如何理解“文学”这两个字?

杨润身:高尔基说过,文学是人学,是写人的学问。根据我的经验,文学离开生活,脱离了实际,文学的生命力就削弱了。我口才不好,一下子说不出来。近几年的文学,很多都是脱离实际的,特别是年轻的作家,不到农村去了,不到厂去了,都在楼堂官舍,自自在在,舒舒服服。离开了实际,还有什么文学?离开了生活,还有什么文学?现在全国作家挂职的太少了。我们这一代搞文学的人,都有一种习惯,就是离不开生活。文学要来源于生活,这是文学的规律,是自然规律。写东西就是自然而然地写出来了。爱好文学,所以自然流露。你脑子里有什么,写出的就是什么;你的感情是什么,你的文学就是什么。这是很自然的。

赵树理和孙犁是对我影响最大的作家

记者:您年轻的时候,有没有对您影响特别大的作家?

杨润身:我喜欢乡土文学,对我影响最大的作家,也是我最敬佩的作家,是赵树理。他小说的语言和故事性,都是我最喜欢的。他的大众化的通俗文学,是禁得住时间考验的,他的语言,现在谁能比得上?时间越久,越被认可。很多年前,我写了第一篇短篇小说,写完后我去找赵树理,把小说交给他,请他给我看看,像小说不像。他说写得不错,又给我改了好多地方,帮我寄出去,发表了。这是我第一次和赵树理接触。后来到“反右倾运动”,我受批判,有三四年的时间不能写作。平反后,我又写了一篇小说,我写出来给谁呢,想想,还是给赵树理吧。我就给他寄过去,他回信说,有三四年的时间没看过这么好的小说了。

孙犁的作品也非常好,不脱离生活。孙犁是个好同志、好老师,是个说实话、说真话的人。实际上我是他的学生,他的散文影响了我。孙犁喜欢真诚的人。有一次我去看他,见孙犁的门关着,我不愿打搅他,扭头就要下楼。但是走了不多远,保姆把我叫了回来,说你别走,孙犁在家。孙犁说过,真诚的人,他愿意见,弄虚作假的人,他不愿意见。他说,润身是个真诚的人,他什么时候来都可以。有的人去看孙犁,是为了给自己扬名,孙犁说,这样的人他不愿意见。我们的交往很直接,没有不能说的话。我也批评过他,我说有一个年轻作家来找你,你不接见。他说那次正巧有特殊的事。

记者:看过您写的一篇《哭孙犁》,情真意切,印象非常深。

杨润身:"反右倾运动"中我被批判,文友都对我敬而远之,偏巧我又患了大夫说活不了几年的重病,情绪不佳。一天,妻子欣喜地告诉我说有人来看我。这时候谁会来看我?我急忙开门迎接,门外竟站着孙犁。他话不多,把"好好养病,留得青山在,不怕没柴烧"重复了很多遍。母亲知我患了重病,把她在大队枣园里捡的不足2斤的红枣给我寄来。我分给孙犁一半。孙犁收下红枣,不禁两眼湿润,动情地说,红枣非常贵重!"文化大革命"时我又是在劫难逃,长年劳改,终于等到可以重新拿起笔了,却感到落笔十分困难。我对孙犁述说我的困难,还说到字也忘了怎么写了。孙犁对我说:"不忘自己的母亲、土地,文字就不是问题。"我和他既是同志,又是师生。现在也不提同志这个词了,变成老师了,其实同志是最好的称呼。

朴素生活是最好的世界观

记者:您从20世纪80年代起一直在老家平山县挂职,您为什么喜欢待在农村?

杨润身:我虽然已经进了城,但是离不开农村,生活习惯离不开农村,对城市生活反而一直也不大适应。我在平山县挂职这些年,好多乡亲并不叫我老杨,见面就叫我老八路。有一回我下乡,骑着自行车,口渴了,正好路过一块西红柿地,有个老乡在地边锄草,我说,你这西红柿卖吗,我渴了。他给我摘下两个,还洗一洗,递给我。我吃完西红柿,问他多少钱,但是一掏兜没带钱,这可糟了,老乡说,现在还有你这样的人吗,吃个西红柿掏什么钱。后来我骑上自行车走了,回去拿了五毛钱,那时候不少了,给老乡送过去。老乡急了,说现在还有你这么好的人吗?你一定是个老八路!我感动了,我说谢谢你。我觉得,叫我老八路,对我是很大的鼓励,比奖励我多少钱都有价值。别忘了咱家是老八路,别忘了"三大纪律八项注意,不拿群众一针一线"。前几年,一个年轻人写了一篇关于我的文章,题目叫《老八路杨润身》。我也习惯了,我习惯于到农村去当我的老八路,生活在农村是我最大的愿望,我最愿意到生活当中去。

记者:您是著名作家,又是老前辈,和您交流这一个小时,能感觉到您是一位非常平易近人的人,没有半点架子。

杨润身:和农民在一起,和工人在一起,习惯了,必然是没有架子。他们的生活习惯那么朴素,那么简单,我不就自然也简单了吗,朴素了吗。体验工农的大众化生活,对创作,对人们的世界观,都是有好处的。

记者:您现在的日常状态如何?

杨润身:这几年大部分时间在老家待着,回天津就是在医院看看病,身体好一点了,还回去。我 93 岁了,85 岁的时候我还骑自行车,在乡下骑骑。86 岁,突然病倒在床上,起不来了,写东西困难了，也不能做大的活动了。现在身体主要是两条腿走不了路，坐着还行，脑子也慢了，眼睛看不清。虽然写东西困难，但这两年我还在当顾问。我们平山县排了两部戏，一部是把《白毛女》改编成河北梆子，还有一部戏叫《子弟兵的母亲》，他们都请我当顾问，《子弟兵的母亲》来天津演出，反响也不错。

平时，脑子清楚的时候，我还可以写一点回忆录，我来口述，儿子写。作为我个人来说，没有什么可写的，我对文学事业的贡献有限，虽然经历了抗日战争，当过八路军，但也没有打过硬仗，自己也没什么可回忆的，普普通通，平平常常，平平淡淡。

记著名作家杨润身

◎ 赵秀忠

2003年的初春时节，我与中共河北省委机关刊物《共产党员》总编辑李换运、总编室主任李淑霞相约，驱车西行，赴平山采访天津市作家协会副主席、著名作家杨润身。一路上，隔着车窗玻璃观赏着刚刚被一场难得的春雪覆盖的冀西原野，远眺着依稀可见高低起伏的太行山脉，想到很快要在故乡见到少年时就听乡亲们经常谈论的作家“杨憨”，心中涌起的激动潮水就再也难以平息。

到达县城，早已在县政府招待所等候的杨老，看到我们到来，立即热情地迎上来。矫健快捷的步履，带着平山乡音的朗朗谈吐和清晰的思维让人不敢相信这已是一位80岁的老人；平易亲切的音容笑貌，洗得快发白的灰色中山装，难以让人与曾名动一时的《白毛女》《探亲记》等电影编剧联系在一起；只有从那稀疏斑白的头发和面部的条条皱纹中才可解读出岁月沧桑的风霜雨雪给老人带来的生命坎坷和喜怒哀乐。

访谈是从对杨老不平凡传奇经历的探寻开始的。回顾往昔，老人沉吟片刻，不无感慨地说：“作为一个有65年党龄的老党员，为党为人民工作的日子已经不多了，但我敢于坦然地在三面镜子前照自己——在残酷的战争这面镜子前，我不胆怯；

在反右、‘文化大革命’等政治运动这面镜子前，我不委屈；在物欲横流的商品经济这面镜子前，我对得起良知。”听着老人动情的铮铮话语，再看看他一步一个脚印走过来的人生之路，让人顿时肃然起敬。

1923年7月31日，杨润身出生在河北省平山县北马家村一个贫苦的农民家庭。童年时代的杨润身过着糠菜半年粮的苦日子。1937年，共产党来到了他的家乡，从此，他走上了革命的道路。他佩戴着“八路”的臂章，在滹沱河两岸，在太行山上，在与日本鬼子的游击战中成长。他在部队当过团长勤务员，在晋察冀边区的军分区区委当过宣传委员，当过报社指导员，还在他家乡附近的柴庄村当过小学教师。他一边教娃娃们识字，宣传抗日道理，一边和乡亲们组织起柴庄剧团，有时还参与到在当地有名的“大枪班”攻打敌人堡垒的战斗中。富于文艺天赋的杨润身，把发生在身边的抗日故事编成剧目，并和村里的文艺骨干一起粉墨登场，用当地群众喜闻乐见的艺术形式进行表演。他创编的《炕头会》《柴庄穷人翻身》《山大王》《柿子不让舅舅吃》等剧目，构思巧妙，人物形象鲜明，生活气息浓郁，深受根据地军民欢迎，在抗日斗争中发挥了极大作用。他领导的柴庄剧团荣获“乡村文艺旗帜”的荣誉，并在全区推广他们的经验。从此，杨润身也开始了他的艺术生涯，并奠定了他取材于农民，为农民写作的创作宗旨。

1948年秋，杨润身被调入华北群众剧社当演员，并从事文艺剧本创作。1949年在长春电影制片厂(时称东北电影制片厂)与王滨、水华一起将歌剧《白毛女》改编成电影文学剧本，并和摄制组一起回平山参加了影片的拍摄。1950年冬，他到文学讲习所进修学习，受到了丁玲、赵树理、郭小川等作家的教诲与指导。新中国成立初期的新生活，农民当家做主的喜悦，以及怎样维护刚刚建立的红色政权的深层思索，无不触发着他的创作灵感。在20世纪五六十年代，他先后创作了电影文学剧本《探亲记》《姜喜喜》（长春电影制片厂拍摄后改为《山村会计》），小说《春节回故乡》《心连着心的人们》等。其中尤以《探亲记》最为成功。剧本取材于他在故乡体验生活时亲耳所闻的两个真实事件：一是一位乡亲患病失去了劳动能力，可在外交部工作的儿子却对父亲不闻不问；二是一位老人找到杨润身，骂自己当团长的儿子做了大官，忘了爹。他感到这两个故事在当时很有典型意义，于是以此为题材创作了《探亲记》。作品由北京电影制片厂拍摄，之后在国内及苏联、法国等地上映，受到一致好评。

就在杨润身的艺术创作渐入佳境的时候，却遭遇了接二连三的政治运动。1959年，正在河北井陉县挂职担任县委宣传部长的杨润身被召回天津开会。在会上，他激动地把自己在平山、井陉亲眼所见的因浮夸风造成的后果做了陈述，声泪俱下地表达了对党、对国家前途的忧虑。结果第二天"杨润身反对三面红旗"的大标语就贴了出来，说他是"小彭德怀"，是黄世仁、穆仁智的代言人，对他进行了连续40天的批判，给予留党察看处分。直到1962年才得到平反。

"文化大革命"爆发后的1968年，厄运再次降临到杨润身的头上。江青在一次会议上点了他的名，说杨润身的《探亲记》是"大毒草"，连苏联、法国都有人称赞它，说明他是"帝修反"在中国的代理人。接着，他的家被抄了，他也开始了长达八年的非人生活。谈至此，杨老唏嘘不已。一年零四个月的铁窗生活，他与方纪、孙犁一起被反复揪斗，一天中"死过"6次的纪录，至今都让他想起来就战栗；渤海湾边干校农场的三年牧羊，三年多在文化局被监视劳动、打扫厕所，使他懂得了什么是凄凉孤寂，什么是世态炎凉。

“四人帮”的倒行逆施在人们的唾弃中成为历史之后，获得了第二次解放的作家终于踏上了魂牵梦萦的故乡。征得天津市、河北省有关部门的批准，他在任天津作协副主席的同时兼任平山县委常委。他在平山有职有权，然而，他一身正气，两袖清风，经受住了商品大潮权势物欲的考验。他坚持深入基层，了解民情，为百姓排忧解难，近路骑自行车，远路坐公共汽车，无特殊情况不坐小车。他不走后门，不开后门，不吃请，不收礼。他的两个女儿、一个儿子在天津都是下岗工人，以他的影响给他们再找个工作并不难，但他从不去求人，而是希望儿女们自食其力。他的老伴因在几次政治运动中担惊受怕而导致神智错乱，他的孙女患有癫痫，他自己也长期患有肾炎、肝硬化等多种疾病，全靠自己的工资维持生活和接济儿女们，但他从不向上级伸手，多次婉言谢绝了省里和市里有关领导的照顾。谈到当前的一些党员、干部在物欲横流中迷失了自我，陷入了腐败堕落的泥潭时，杨老的心情十分沉重。他说，当得知他熟悉的前县委某领导因腐败而被“双规”的消息时，曾为这位很有才干的干部流下了痛心的眼泪。

80个春秋的风雨人生，近70载的革命生涯，在杨老的心灵上刻下了太多的酸甜苦辣和荣辱得失。然而，杨老对此却如过眼云烟，看得很淡。唯有他对故土的热恋，对人民的赤诚却如火般热烈，如水般绵长。他满含深情地对我们说：“人民是文艺工作者的母亲，土地是我的根。我一生最大的幸福是和人民在一起，最大的痛苦是离开人民。”这一番肺腑之言是杨老一生文艺道路的真实写照。

杨老回忆起战争年代的生活，神情里总是透露出难以抑制的激动。他说，那时虽然出生入死，险象环生，但感到那是最幸福的一段日子。朴实、热情的老区乡亲，使他处处都感到父母之爱；太行山褶皱中被战友们的鲜血染红的热土，每一个村庄都成了他可爱的故乡。雨中，送我一把伞；雪中，把我拉进暖屋；病中，为我煎好草药；遇险，助我脱离险境……非凡的爱，动人的情，使他和故乡，和百姓结下了血浓于水的情缘。描绘故乡这片热土，抒写乡亲们的喜怒哀乐，也便成了他终生不渝的创作主题。

杨老说，一年多的铁窗生涯，三年多的牧羊生活，是他一生最痛苦的日子。法西斯式的残酷折磨不可怕，渤海湾边的凄凉苦寂无所谓，最痛苦的是他离开了那些善良、正直的普通百姓，是见不到爱护他、呵护他的乡亲们，是不能回到生他养他的土地上。他只能在有月光的夜晚，凭窗遥望故乡所在的方向，让月亮带去他深情的眷恋；他只能在茫茫草场上哼唱家乡的秧歌剧，以寄托他不尽的乡愁。

杨老向我们介绍说，粉碎"四人帮"后，虽然获得了第二次解放，但在欢欣鼓舞的同时，也陷入了极大的苦闷中，那就是他用以为人民写作的笔变得那样生疏而沉重，十多年不拿笔，字差不多都忘光了。好友孙犁非常理解他的痛苦，鼓励他从头学起，并劝他回到故乡，从生活中寻找创作的灵感和激情。就这样，一个怀有拳拳之心的赤子回到了他热恋的故园。在石家庄一下火车，一位乡亲认出了他，说了声："老杨，你还活着！"两个人便抱在一起，哽咽着说不出话来！

回到平山，一股浓浓的乡情使他沉浸在难以抑制的幸福之中，缕缕清新的乡土气息使他陶醉其中而舒畅惬意。在村边摸一摸儿时玩耍攀爬过的大树，到田野里嗅一嗅芬芳的泥土气息，去昔日战斗过的村庄里喝一口甜美的井水，一切的一切都让他亲切欣喜。更难得的是普通百姓的盛情厚意，有的跑几十里山路到县城探望他，有的跑几个来回请他到自己村住上几日，有的干脆把他的行李搬到了自己家里。村民们受了村乡干部的欺压，与他诉说；乡亲们碰上冤案，向他申诉；百姓们遇到难事，请他帮忙；就连夫妻拌嘴、婆媳不和，甚至饲养的母猪不下崽都要找他讨主意。乡亲们的信任、拥戴使他既感动又幸福，他也为能替乡亲们尽一份心，做一点事当作自己的责任和乐事。大年初一，他在村街上看着过上好日子的乡亲们喜气洋洋地拜年，打心眼儿里高兴；正月初十县城大庙会，他和把式们一起擂起欢乐的大鼓；为体察民情，他走遍了全县 23 个乡镇；为帮农民们脱贫奔小康，2648 平方公里的平山大地有一半以上留下了他的足迹。在平山县，提到杨润身，很少有不知道的；在县城的大街上，或是乡间的小巷里，不论是白发苍苍的揽羊汉，还是时髦英俊的小伙子，不论是步履蹒跚的老奶奶，还是秀丽如花的大姑娘，见到杨老，有叫"老杨"的、"杨老"的、"大哥"的、"爷爷"的，亲切自然的称呼，让人感动。

"问渠哪得清如许，为有源头活水来。"温馨浓郁的乡情使他如鱼得水，鲜活火热的生活激发了他创作的灵感。一大批贴近农民生活、生活气息浓郁、故事情节生动、人物形象鲜明的文学作品，在杨老的笔下如汩汩泉涌，倾泻而出。从 20 世纪 80 年代至今，先后创作了《风雨柿子岭》《九庄奇闻》《天堂里的凡人》《白毛女和他的儿孙》《托起黎明——白求恩的"女儿"》《魔鬼的锁链》《仙女峰的迷雾》《危险火花》等多部长篇小说和《每当我走过》等散文集，字数达 300 多万。

"文如其人"，追求文品与人品的统一，是中国文人的人格标准。杨老的为人为文都有一种乐观豁达的气度，有一种朴实无华的风格。人们称其“是土气加幽默的混合”，是“河北的山药蛋、天津的赵树理”。早在战争年代，战友们和乡亲们因为喜欢他的憨厚正直的纯朴劲儿，亲切地称他为“憨子”。物换星移，岁月流逝，但杨老的这股憨劲儿一直保持至今。

反右时，杨老以实事求是的态度和鲜明的党性，慷慨陈词，直言自己亲眼所见的浮夸风。面对威压，毫不畏惧，他拍着桌子据理力争：“我在入党时宣过誓——上瞒父母，下瞒妻子，对党无话不谈。我要对党负责，不能昧着良心说话！”他拒绝在处分书上签字，表现了一个老文艺战士对党的特有忠诚。

小说《九庄奇闻》，是他应乡亲们之邀，在体验生活的基础上，大胆揭露某村支书称王称霸、欺压百姓的现实主义之作。正是受小说的影响，作品中的原型，某村支书受到了应有的处理，为村民们扬了眉吐了气。而这个倒台的村支书却对杨老恨之入骨，他给杨老写信说：“你敢再踏入平山一步，我就用铁锨劈了你！”杨老从天津回到平山后，在全县干部会上说，“我回来了，让他来劈我吧！”他用一个老共产党员的浩然正气挫败了邪恶势力的嚣张气焰。

谈到目前文艺界的现状，杨老显得有些激动。他说，一位乡亲曾指着我的鼻子说，现在的作家都是猪八戒作家，你看看，现在的小说、电影、电视里还有不看媳妇的吗？杨老说，我常常为自己的同行们感到脸红。杨老痛心地给我们讲，他曾在法庭上看到一个年仅 17 岁的姑娘，长得那样漂亮，那样聪明，就因为看了她所喜爱的当今走红的几个作家的小说而灵魂迷失，走上了不归路。杨老在法庭上流着泪痛心地说：“姑娘啊，我应该在课堂上看到你，在舞台上看到你，想不到见到你却是在法庭上，可惜了啊！”包括那个姑娘在内的所有人当时都被杨老的话打动得落了泪。杨老到北京给他的朋友们叙述这件事，贺敬之等作家也都流下了泪水。他还找到时任中国作协党组书记的金炳华汇报了他对文艺界的看法，希望作家们、艺术家们要不愧为人类灵魂的工程师，要对得起自己的良知！

谈至此，杨老深情地回忆起了他所崇敬的好友孙犁。他说：“孙犁是我的好同志、好战友、好知己，更是我的好老师。孙犁为人与为文都是那样可亲可敬，是我们心中仰视的一座丰碑。他对人只有真诚，没有虚伪。不是真诚的人，他是不愿见的。”他记得有一次到孙犁家探望，保姆不认识，不让他进去。孙犁听到是杨润身，就说：“有的人是假的，老杨是真的。老杨什么时候来都行！”

是的，在有的人眼里，杨老显得有点土，有点笨，有点不合时宜。但在平山，在乡亲们眼中，在他的文友中，在所有和他相处过的正直的人们中，都被他的人格魅力所吸引。他对邪恶势力嫉恶如仇，他对权势和威压毫不畏惧；但他对党却无限忠诚，对百姓又是一往情深，对朋友也是一片坦诚，所有这些都体现为一个“真”字。这种真，像太行山上的青松一样挺拔壮美，像滹沱河里的流水一样恒久弥新。

杨润身和电影《白毛女》

◎ 智全海　杜振国

平山县有座五龙山，五龙山下有个村子叫北马冢，北马冢有个杨木匠。1923 年夏天的一个午后，杨木匠在自家小院里来回踱步。突然，土坯屋里传出一阵嘹亮的婴儿的啼哭声。门帘挑开，接生婆双手托着刚刚出生的婴儿，往杨木匠面前一递："木匠兄弟，恭喜，又添个小子。"杨木匠把烟袋往腰间一别，接过婴儿，就像接过一个北瓜头，随手丢进了一旁的泔水瓮里。这一幕，刚好被杨木匠的母亲看到，母亲喊了一声："你这是闹么儿哩！"抢过去一把将婴儿捞了出来。

婴儿被奶奶救活了，他就是后来的天津市作协副主席、著名作家、电影《白毛女》编剧之一杨润身。

"杨白劳"家的孩子

杨润身长到七八岁，个子高挑，面孔白皙，浓眉大眼，出落成一个人见人爱的英俊少年。他好像天生对文艺有着特殊的喜爱。北马冢村是远近闻名的文艺村，村里有个唱丝弦的小剧团，有武社火。耍社火时几个人擂的大抬鼓最使杨润身痴迷。有时候追着看擂鼓，把吃饭都忘了，常常让杨父拖回家，拿荆条一顿暴打。但是，一听到"咚咚"的鼓声，就又忘了荆条抽在身上的疼痛，趁杨父不注意，转眼就溜了出去。杨父拿他没办法，渐渐也就放任了。时间一长，杨润身不再满足于看人家擂鼓，自己跟着练了起来。大人们看他如此痴迷，就有意教他一些简单的鼓点。回到家里，杨润身找到一根木棒，在自家院门的门板上敲打练习。天长日久，门板上竟被他打出几个坑来。

杨润身自小和奶奶最亲近，这倒不是因为奶奶救了他的小命，而是奶奶会讲故事。冬天，钻进奶奶热乎乎的被窝，听着村南五龙山上野狼一声一声地号叫，就缠着奶奶讲大灰狼的故事。夏天，躺在房顶上，仰望满天星斗，奶奶挥动着蒲扇，给他讲王母娘娘、牛郎织女的故事。丰富多彩的民间故事，或许就是杨润身在孩提时代的文学启蒙。

杨润身听得最多的，则是"白毛仙姑"的故事。

"每到三更半夜，月亮明明暗暗，山风呜呜吹过，一个白色的物件飘飘忽忽从山里走出来……"

杨润身吓得钻进被窝，半天才又探出头来问奶奶："白毛仙姑是鬼吗？"

"不是鬼，是人，是个俊闺女。"

杨润身又问："她怎么住在山洞里呢？"

"那闺女家租种财主家的地，还不上财主家的债，财主就逼着她爹拿闺女抵债，大年初一把人抢走了……"

"后来呢？"

"后来，闺女她爹喝卤水死了。那闺女在财主家当牛做马，有一天跑到了深山野洞里。"

"她的头发怎么就变白了呢？"

"长年累月吃不上盐，在山洞里见不到阳光，心里头苦，头发就白了。"

每次奶奶讲完白毛仙姑的故事，杨润身总是久久难以入睡。有一次，他问奶奶:“她爹为啥不把债还清了？”

奶奶叹口气:“唉，还不起呀。”

“为啥还不起？不好好干活儿吗？”

“傻孩子，你知道你爹为啥把你丢到水瓮里吗？养不起呀！那年，你爹为了把几亩沙地变成水浇地，借了财主家360吊钱，打了一眼井。一年下来，全年收的粮食还利息都不够，他怕养不活你呀。”

“那就是说，俺爹跟白毛仙姑的爹是一样的？”

“天下的受苦人都一样。”

“那什么时候能改一改？”

“改不了，这是命。睡吧，睡吧。”

暗夜里，一双大眼睛忽闪着，不肯入睡。不知为什么，萦绕在脑海里的白毛仙姑变成了他前几天刚刚跳井自尽的嫂子。

那是一个晴天的晌午。嫂子正在院里石碾上晒玉米，听到不满周岁的孩子醒了，赶紧跑到屋里哄孩子。恰在此时，哥哥从地里干完活儿回家，一眼看到两只鸡正跳上碾盘吃玉米。哥哥火冒三丈，进屋对准嫂子脸上就是狠狠三巴掌。一边打一边骂:“欠东家的债你叫我怎么还？这日子还怎么过？”

嫂子一句话没说，抱上不满周岁的孩子向外跑去。

井边，哥哥抱着嫂子和孩子的尸体，哭哑了嗓子，双颊被自己粗糙的大手抽成了酱色。

多年以后，杨润身常常讲起这件往事，讲完了，总要设问一句:“什么是旧社会把人逼成鬼？这就是！”

柴庄剧团排演歌剧《白毛女》

1937年,村里来了八路军,有一个班的战士住进了他家。只有14岁的杨润身穿着母亲的一件大花袄,跟着队伍走了,成为晋察冀第四军分区八大队一名宣传队员。

1938年3月的一天,鬼子扫荡,杨润身因为严重的伤寒昏迷不醒,不能撤退,人们以为他已经牺牲,就用玉米秸秆掩盖在地里。后来被经过的父亲和战友发现才捡回一条命。

事后指导员找他谈话:"差点就死了,怕吗?"

"不怕!"

"你还愿意当八路吗?"

杨润身一拍胸脯:"就是死,也要当八路,跟着共产党干革命。"

指导员点点头,给了他一本油印的小册子《党员须知》。不久,杨润身加入了中国共产党。

1940年,日寇对抗日根据地进行毁灭性的报复性扫荡,晋察冀边区像其他根据地一样,遭受严重损失。一个时期以来,平山县东回舍、西回舍等几个村里的民兵,经常驻守在柴庄村,与柴庄村的民兵联合起来向鬼子出击。鬼子向根据地疯狂蚕食,在南边离柴庄村三里多远的五龙山上修筑了炮台,又在东边离柴庄村四里地的扇子坡上修筑了堡垒。用不了半个小时,鬼子就可以扑进村里。鬼子把柴庄村看成眼中钉,加紧扫荡。村里只要冒出炊烟,鬼子就要朝村里开枪开炮,村里老百姓不得不转移到西部一些村里住下来。柴庄村变成了名副其实的"无人区"。1942年,区委决定派杨润身到柴庄村担任小学教师兼校长,尽快将那里的文化教育事业恢复起来。

杨润身来到柴庄村，通过做工作，村民们陆续返回村里。杨润身和村里干部群众克服困难，不仅恢复了小学校，还成立了剧团，对敌人展开宣传攻势。

剧团成立后，首要的问题是编什么、演什么？那时候上边来个剧本不容易，搞到剧本也往往无条件排演，因此只能靠自编自演。1944 年夏收过后，八路军一个连与柴庄村等村的民兵对西回舍扇子坡上的鬼子堡垒进行了围困。堡垒的鬼子成了兔子的尾巴。杨润身随同柴庄村的民兵去围困堡垒。鬼子还未逃走，他就连夜写出了《围困堡垒》一剧，反映鬼子的罪恶、民兵的勇敢、群众抗日的热情。就在柴庄村演出后的第二天，五龙山上的鬼子夹着尾巴逃走了。

杨润身在柴庄剧团期间，创作并排演了《炕头会》《围困堡垒》《一碗饭》《柿子不让舅舅吃》《山大王》《开渠》等街头剧、舞台剧，多达 40 部。这些作品大都取材于真实的抗日战争故事，是发生在老百姓身边的真人真事。剧团因此获得了区、县奖励。晋察冀第四军分区各单位联合决定，授予柴庄剧团"乡村文艺旗帜"称号，并奖给剧团一面红旗和幕布。

晋察冀边区领导机关撤离张家口以后，县委通知杨润身赴阜平县参加周扬同志主持召开的会议。杨润身在会上介绍了柴庄剧团的情况，由此，杨润身与柴庄剧团声名鹊起，引起了周扬和著名作家康濯等领导和名家的关注，为日后杨润身被举荐参与电影《白毛女》编剧埋下了伏笔。

会后，周扬派康濯到柴庄村蹲点。康濯帮助剧团排演歌剧《白毛女》，使剧团得到了提高。《晋察冀日报》发表文章，表扬了柴庄剧团。康濯又给《晋察冀日报》写了长篇文章，颂扬柴庄剧团的活动。

1948 年，杨润身调到温塘区参加土地改革，那时党中央已经到了西柏坡，华北局、华北文联也住在平山。初秋的一天，康濯来看他，说："你到群众剧社工作吧，到那里好好学习创作。"

杨润身扛着行李卷到了北白楼村，加入了群众剧社，很快写出了小歌剧《老蔫买驴》，发表在《华北文艺》上。不久，平津战役开始，杨润身随群众剧社进入天津，从此走上了专业创作生涯。

机会总是留给有准备的人。电影《白毛女》正一步步向杨润身走来。

参与创作电影《白毛女》

1949 年北平和平解放后，电影局局长袁牧之等决定把歌剧《白毛女》拍成电影，把延安产生的新文艺推广到全国。王滨和水华担任编剧和导演。在组建主创团队时，康濯想起了当年柴庄剧团那个土生土长的年轻作家杨润身。他知道，杨润身对平山农村的风土人情非常熟悉，可以帮助电影增强生活化和地方特色。他向当时的文化部领导周扬举荐，杨润身作为编剧之一，参与到电影《白毛女》的创作中。1950 年，新中国最早的故事片《白毛女》开始拍摄，1951 年 3 月正式公映。国内首轮上映时，观众达到 600 多万，创造了当时中外影片的最高票房纪录。1951 年中秋节当天，影片在全国 25 个城市、155 家影院同时放映，一天观众就达 47.8 万人。在国内引起轰动的同时，影片很快走向世界，在 30 多个国家和地区上映。1951 年获第六届卡罗维发利国际电影节特别荣誉奖，1956 年获文化部 1949—1955 年优秀影片一等奖。法国媒体这样评价："《白毛女》是第一部在巴黎公开上映的现代题材中国电影，它让法国观众看到了一部非常伟大的、抒情而美丽的、足可名列世界十大名片之列的东方作品。"

一次，在接受河北电视台节目采访时，杨润身说，作为电影《白毛女》的编剧之一，自己主要做了四件事。

一是将杨白劳躲债改为主动还债。歌剧《白毛女》中，出场就是穆仁智到杨家逼债。杨白劳躲债7天，除夕天黑才偷偷回家。刚回家就被找上门的穆仁智拉去还债。在改编电影时，杨润身对这一情节提出了不同意见。他建议将杨白劳躲债改为主动还债，因为在他的印象里，贫苦乡亲们都很朴实善良，人穷志不短，欠了债不会有意去躲。他的父亲就是，哪怕怀里只有一文钱，也要主动先去还债。同时建议将黄家连本带利逼债改为只收利息，因为那个时代的习俗本来如此。这两条建议非同小可，剧组觉得有道理，但没人敢做主。最后请示中宣部，中宣部最终同意照此修改。

二是加强了喜儿和大春的爱情戏。电影开头就明确交待，两家已经定亲，喜儿、大春相亲相爱，即将喜结连理。在歌剧的基础上，电影增加了大量表现爱情的戏份。但在片尾，大春参加了八路军，重返杨各庄后，主创团队围绕喜儿、大春是否结婚的问题，产生了很大争议。不少人认为，大春已经成为革命干部，而喜儿曾经被黄世仁玷污过，两个人不再般配，不能结合。杨润身坚持认为，不让喜儿、大春结婚，太不近人情。有情人终成眷属，才对得住二人的青梅竹马、生死抗争和忠贞不渝。最终，影片采纳了他的意见，喜儿、大春幸福地生活在一起。

三是删除“小白毛”。在早前的歌剧版本中，喜儿在山洞里生下“小白毛”，母子相依为命，最后喜儿和“小白毛”被参加了八路军的大春从山洞里救出来。从1945年《白毛女》诞生，到1949年华北联合大学文艺工作团进入北京演出，一直都有这个“小白毛”的影子。在改编电影剧本时，杨润身提出必须将“小白毛”删除。他的理由很朴素,也很简单,就是觉得不舒服,像“吃了苍蝇”一样的不舒服。最终,影片中呈现的是,喜儿逃进深山,生下了一个死婴,“小白毛”的戏被巧妙删除。

四是增强作品的地域特色。比如反映杨白劳还债艰难,用了一句生活化的语言“骨头里熬油”。为了体现“骨头里熬油”之艰难,让喜儿和大春在山里面打柴,大春用绳子吊在悬崖间打柴,飞来飞去,拼死拼活挣钱还债。杨白劳饮卤水自尽一场,歌剧里是杨白劳两眼含泪,望着熟睡的喜儿唱道:“喜儿喜儿你睡着了,你爹有罪你不知道……”杨润身建议把此处的演唱改为形体表演,实现艺术与生活真实的高度统一。王滨、水华、杨润身三人轮番上阵,分别扮演杨白劳和喜儿。杨润身回忆当时创作的场景:“我扮演杨白劳,另一个编剧扮演喜儿,看着他我说不出话,泪就流下来了;当编剧兼导演的水华扮演杨白劳时,他不一会儿也流泪了,眼泪汪汪的。他说:‘老杨哥起来吧,没说的,这地方只能由演员来表演,没有比表演更好的表现方式了。’”他们真切体会到,电影艺术要“语言少、对话少,注重形象的塑造”,这样才能更加真实地表现人物的情感。另外,影片中喜儿憧憬着与大春成亲,在家里对镜盘头的细节,是杨润身把姑姑待嫁的情景嫁接过来的。大春上树给喜儿摘水果,杨白劳弯腰割谷子的动作,老五叔跳井自尽等等,都来自于杨润身的生活经验。贺敬之曾经不止一次说:“当年拍电影《白毛女》,请杨润身同志参与编剧,是找对了。”

沃土白杨

◎ 智全海

一天下午，突然接到朋友从天津打来的电话："老智，老爷子想你了，你这几天能来看看吗？"第二天，我和两个文友带着平山产的小磨香油和小米，赶到天津老爷子所在的医院。

老爷子名叫杨润身。提起杨润身，或许有的人不熟悉这个名字。但是提到电影《白毛女》，几乎无人不知。杨润身就是电影《白毛女》的编剧之一，已经97岁高龄。在保姆小脱的引领下，我们轻轻地走进病房。小脱告诉我们，杨老昨天知道我们要来看他，一晚上没有合眼，现在刚刚睡着。病房一侧的墙上挂着写有"白杨不老"的隶书条幅，床头柜上摆放着国庆节前中国作协颁发给他的"从事文学创作七十周年"的荣誉证书，窗台上花盆里的兰花散发出淡淡的馨香。我的思绪随着窗外的白云飘向远方。

杨老在平山是妇孺皆知的名人。我最早听说这个名字是在20世纪70年代。小学语文老师在作文课上讲解如何观察生活，说我们县出了个作家叫杨润身，有一次在路上遇到两个老乡吵架，他看得入迷，人家吵完了要走，他拦住说："你们吵得太好了，能不能再吵一会儿？"他早期写的不少小说，直接取材于家乡农村，作品里用的也是真人真名。一些乡亲因为被揭了短，他从天津回乡，人家碰到他却装作没看见，不跟他说话。这类事多了,不知什么时候就得了个外号“杨憨”。

真正接触杨老是在20世纪90年代初,我在平山县委办公室工作,他从天津到县里体验生活,挂职县委常委。在县委常委会上,他发言时总是一口不加修饰的方言土语,直来直去,畅所欲言,因此得罪了当地一些人。对此,他只是憨憨一笑。再参加会议,他还是那个只讲真话的“杨憨”。

杨老的家乡是温塘镇的北马冢村,后来我到温塘镇任书记。这是一个美丽的旅游小镇。我到温塘镇的第二年,在杨老的鼓励支持下,策划举办了第一届“桃花浴”文化节,一直延续至今。记得有一次在文化节开幕典礼上,主持人介绍到杨老时说的是“杨润身先生”,杨老立刻不自在起来,拉住我说:“我不是先生,以后请叫我杨润身同志。”

杨老年纪大了,身体越来越差,后来住进天津的医院,多少年没有再回过平山。小脱说:“杨老天天要吃平山的小米、山药,一边吃一边说好吃。昨天听说家乡人要来,今天早早就洗了脸,等着你们。”

杨老的亲人向我们讲起杨老一件件逸事:前两年,他的手表不走了,让儿子给他再买一块15元的新表。儿子买了一块200元的新表,告诉他花了15元,他满意地拿在手里摩挲半天。有一年春节前,杨老叮嘱儿媳妇,过新年不能太“土”了,要买一身“毛哔叽”的新衣服。这些笑谈,讲的都是杨老的“土”。可是杨老也有不“土”的时候。他的亲人给我们看了1957年文化部颁给《白毛女》优秀影片一等奖的金质奖章,说杨老将奖金全部交了党费。

我们的低声细语还是惊动了杨老。看他醒了,我刚要开口,他的亲人对我说:“要说平山话,原汁原味的平山话。”我高声喊道“杨老！俺们看您来了。”杨老睁开双眼，激动地用平山话说：“我想你们呀！”说完，孩子般笑出声来。他像是见到久别的亲人，向我们问起县里的脱贫攻坚情况，县剧团排的新戏，温塘镇的高跷武会，石骨垴上的桃园，还放开歌喉为我们唱了一段风趣的平山秧歌。

怕杨老累着，我们适时告辞了。回来的路上，我在想：杨老在天津工作生活了70个春秋，到今天也没抖掉身上的“土气”，吃得“土”、穿得“土”、说话“土”，作品也写得“土”。“土”是这位老作家最珍贵的本色，是他与人民心心相连的纽带，也是他所有艺术创作的源泉。

他是农民的儿子，一生为人民创作

◎ 王忠琪

2023 年 7 月 31 日是著名作家杨润身百年诞辰纪念日。

2020 年 3 月 24 日 22 时 24 分杨润身同志在天津医科大学总医院去世，享年 97 岁。我受其家属委托，为杨润身的墓碑撰写碑文。其间，我回想了杨润身的一生，也总结了杨润身的一生。最后仅用“活过、写过、爱过，我是一个农民的儿子”15 个字概括了杨老的一生。

上天把他安排在这个世纪的岁月里，在风霜雨雪爱恨情仇的情景中，杨润身始终以他一介农民式书生的纯真和热情投入了炼狱般的人生。

沧海桑田，世事变迁。杨润身一生从事文学创作，其著作等身。他从最早的乡村舞台剧本到电影文学剧本，再到散文、杂文、短篇小说、中篇小说和长篇小说的创作，一生创作了超千万字的文学作品。数十年如一日，他呼喊着“我是一个农民的儿子”的声音始终在众人的耳边回响，他的生命之灯永远亮在历史的隧道中。

坚持人民文艺导向是杨润身在一生的创作生涯中始终坚定不移的审美价值和人生追求。杨润身具有高度的责任感和历史使命感，他爱祖国爱人民，更加热爱我们的党。他努力创造出最好的文学作品为人民服务，为社会主义服务；在方向性和是非性问题上，从不跟风，在中国改革开放初期“伤痕”文学流行时，有人劝他一定要认准“行情”“紧紧跟上”，而他却从内心深处对“时尚热点”的炒作不以为然，始终坚持撰写的是底层中国农民的真实生活，绝不给那种时髦“增添一点点的热度”。面对现实生活中出现的不正之风和腐败现象，有人劝他“笑对不平，不必沉重”，他却从党和人民的根本利益出发，无论如何也“脱不掉心里的沉重”，始终坚持着自己的创作理念。

纵观杨润身一生的创作，大体经历三个历史时期：一是抗日战争和解放战争时期，他为村剧团创作了《炕头会》《柴庄穷人翻身》《献礼》《星星寨》等大量剧本；二是新中国成立初期的17年，他创作了《白毛女》《姜喜喜》《探亲记》等优秀电影文学剧本，以及一些短篇小说；三是新时期以来，除了散文、杂文、短篇小说创作之外，还创作了《风雨柿子岭》《九庄奇闻》《魔鬼的锁链》《白毛女和她的儿孙》《天堂里的凡人》《仙女峰的迷雾》《危险火花》《艰难的跋涉》等长篇小说。很明显，三个时期创作的题材都来自老区农村的生活经历。

1923年7月31日，杨润身出生于河北省平山县一个叫北马家的小山村。他的父亲是杨白劳式的穷苦农民，家中一贫如洗。在杨润身童年的记忆中，过年的时候，从未吃过饺子，沉重的债务压得一家人整年喘不过气来，嫂子还因为贫困而抱着一岁的孩子跳井自杀。这种经历，使杨润身从小就对革命充满了向往。

1937年，抗日战争全面爆发，村里来了八路军，只有14岁的杨润身穿着母亲的一件大花袄，毅然地跟着队伍走了。1937年秋，他参加井陉抗日工作团，任勤务员；1938年在晋察冀军区第四军分区八大队任宣传队队员，他在战火中接受了洗礼，随即于火线加入中国共产党。新中国成立后，他到了文学讲习所学习三年。这段宝贵的创作经验和生活积累，为他日后参与创作电影《白毛女》打下了坚实基础。随后他来到了天津，到了中国作家协会天津分会工作，成为第一批进城的专业作家。曾任中国作家协会天津分会副主席。

在晋察冀边区，天生有着文艺细胞的杨润身，以百倍热情投入了党的工作，他时常登台演出，先后创作并导演了《炕头会》《围困堡垒》《交公粮》等街头剧和舞台剧40余部，鼓舞了人民的斗志，在群众中产生了极大的影响，他领导的柴庄剧团也被边区政府授予了“乡村文艺旗帜”的称号。

杨润身作为专业作家，以主要编剧的身份，参加了电影《白毛女》的剧本创作。这部电影由东北电影制片厂拍摄，1951年公映后，喜儿、杨白劳、大春以及黄世仁成了家喻户晓的人物。同年，影片在捷克斯洛伐克举办的第六届卡罗维发利国际电影节上获得特别荣誉奖。之后又荣获国家文化部1949—1955年优秀影片一等奖。随后，杨润身一鼓作气又写出了电影剧本《探亲记》《姜喜喜》等。然而不幸的是，正在他的创作喷发期，电影《探亲记》被江青点名，接着便被当成“大毒草”受到批判，杨润身也因此而遭到迫害，不得不放下手中的笔……从此，红小鬼杨润身成了修正主义鼓吹手，先是遭轮番批斗，再被拳脚相加，最后被罚去放羊。

《探亲记》是杨润身继电影《白毛女》之后创作的又一部电影。该影片讴歌了人民战争的伟大，讴歌了战友之间的真情。杨润身万万没有想到，它竟给自己带来了灭顶之灾。

不过性格开朗、坚毅的杨润身并没有意志消沉，他一直在笑，笑当时的荒唐——竟把《探亲记》说成是“大毒草”？杨润身把《探亲记》的稿酬主动交了党费，后来一些人拿着杨润身的稿费收据，说成是他反革命的证据。杨润身笑自己仅在正式小学念书一年有余，就跻身文学、影视圈，到底还算成了臭老九？笑到深处，禁不住领着羊群唱起来："说胡扯，道胡诌，大年初一立了秋。小猫生了大耗子，鸭子他爸是母猴。恶狼骑羊去赶集，碰上兔子的四个舅，四个舅是哪四位？苍蝇、跳蚤、马蜂和泥鳅……"

粉碎"四人帮"后，杨润身又重新归队，在中国作家协会天津分会的第二次会员代表大会上当选为副主席。可此时的杨润身已经找不到创作的感觉了。有一度，他曾很苦恼，他说："我的笔丢了，可我不怕。毛主席说过，生活是一切文学艺术创作取之不尽用之不竭的源泉，我要回我的故乡平山去找回我的笔！"

自 1978 年年底，杨润身不顾体弱多病，离开安逸的天津，回到了当时条件还十分艰苦的革命老区河北省平山县。挂职平山县委常委的杨润身给自己"约法三章"：一是不享受常委待遇；二是小车不坐、送礼不收、私事不办；三是不吃请，下乡吃饭按规定付钱。挂职 20 余年来，他一直按着三条约法去做，经常深入到偏僻的乡村，住在农户家里，与农民同吃同住同劳动。喜农民所喜，忧农民所忧，为他们解决了许多实际问题。乡亲们说：老杨没变，他还是个老八路！而对那些搞腐败的干部，杨老则深恶痛绝，他以高度的责任感，两次向中纪委反映当地的一些腐败问题，为党的廉政建设尽职尽责。

20 世纪 80 年代中期，我被分配到中国作家协会天津分会工作。自那时起我就开始和杨润身同志接触，有一次我去杨润身的天津寓所看望他时，发现他的房间里很零乱，桌上地上满是书籍、稿纸。他对我说："我正在寻找失去的创作感觉，我的笔丢了，要回我的故乡革命老区平山县去找……”当时听得我不究其理，但嗣后，我就很少再见到他了。原来，他真的回到了故乡河北省平山县，挂职县委常委，连老伴儿都跟着他去了。为了钟爱的乡亲，为了钟爱的文学，杨润身离开了天津这个大都市，心甘情愿与农民兄弟厮守一起，在革命老区吸取“创作营养”。

十多年间，近千万字的文学作品如汩汩清泉在他的笔下流出，长篇小说《风雨柿子岭》《九庄奇闻》《托起黎明——白求恩的“女儿”》《白毛女和她的儿孙》《天堂里的凡人》《魔鬼的锁链》，中篇小说《失落的“无价之宝”》《实在王的悲欢》，散文集《每当我走过》等都给予读者丰富的精神食粮。

1991年，江泽民总书记到西柏坡视察时，杨润身作为天津的作家，与河北省委领导一同受到了江泽民同志的接见。江泽民同志对杨润身这位农民作家给予了高度评价。

次年，杨润身作为天津文艺界的代表，光荣地出席了中国共产党第十三次全国代表大会。

一名作家究竟是普通作家还是一名伟大作家，实际上在他下笔创作之前即已成定数，这个决定因素就是他的社会生活背景和精神素养。没有起码的思维能力和文字操作能力成不了真正的作家；没有先天优秀的文学天赋成不了优秀的作家；没有大热情、大痛苦、大慈悲和高贵的道德追求则成不了伟大的作家。在当代中国作家群中，杨润身同志具备这样的精神素质。他是中国文学界的瑰宝。

杨润身为人俭朴、达观，和蔼可亲，平易近人，从不摆架子。文如其人。他的作品，始终充满刚健、乐观奋进的主旋律。

杨润身在总结自己多年来的创作曾经感慨地说：“在事业上往上比，在待遇上往下看。文学离开生活，离开现实，就失去了生活的根基,文学脱离人民,人民自然会远离文学。我作为一名党的文艺战士,只要脑子还清楚,身子还能动,就不离开人民,不离开生我养我的土地,用我的笔,讴歌我们的时代,讴歌我们的祖国和人民。”

这就是杨润身一生的人生观和价值观。

他是农民的儿子,一生为人民创作。

西柏坡听杨润身讲课

◎贾　东

2008年6月13日,市作家协会创联部组织我们一行20余人前往西柏坡采风。在河北省平山县委大院,我们见到了精神矍铄、身材高挑、满头银发的著名作家杨润身。

晚饭后起风了,风挟裹尘土旋转着漫蔽了天空。闪电频频劈开夜幕,照亮了院中零乱婆娑的树影。雷声由远及近滚滚而来,霎时间,大雨点铺天盖地注下。7时30分,在一楼多功能厅,杨老开始为我们读书班的学员们授课。他先是很谦虚地介绍了自己的创作经历,勉励大家要从生活中提炼写作素材,把脉写作真谛。窗外风大雨急,风刮断了电线,会议室一下子黑了下来。大家面面相觑,服务员拿来一支蜡烛点燃,跳跃的烛光将正在为大家讲课的杨老的面容映照得很慈祥。杨老看看大家说:"停电没关系,我接着讲,大家仔细听就可以了……"5分钟后,经工人们抢修,光明又回到了课堂。

第二天早7时,我们乘车到达平山县中部的西柏坡纪念馆。该馆坐落在太行山东麓、滹沱河北岸的柏坡岭下。1947年5月至1949年3月,这里是中共中央和解放军总部所在地。西柏坡是毛主席和党中央进入北平,解放全中国的最后一个农村指挥所,指挥三大战役在此,开党的七届二中全会在此。纪念馆三层展厅，里面陈设有土地改革时期老百姓用来织布的纺车，碾米用的大石碾，解放区印钞的印钞机等实物。毛主席等中央首长在西柏坡住过的窑洞，按原物大小复制了模型，依稀的烛光从窗口透出来，照亮了一个民族的走向。

午饭时，杨润身让服务员给自己面前的杯子里斟满白开水。86 岁高龄的老人站起身，举起杯向大家敬酒。他说，今天大家远道而来，我们又都是同好。我请大家喝一杯，祝大家在文学创作的道路上越走越远。

我们全体一起祝愿杨老健康长寿。

饭后，杨老热情地把我们送上车。大家一一握手，互道珍重。

汽车沿京津冀高速公路返回。雨又下了起来。密集的雨点像一只只游弋的小蝌蚪，沿着车窗外的玻璃向后游走。透过车窗，前面的一辆辆车像一只只在水雾中飞驰的甲壳虫，车轮掀起一片片水雾。路上我们都在思考：在艰苦卓绝的斗争环境里，英雄的人民解放军舍生忘死，浴血奋战，为的就是缔造一个让百姓安居乐业、繁荣富强的伟大的社会主义新中国。现在，革命先辈们的梦想，正在这块 960 万平方公里的土地上得到实现。

杨润身:抗日战争硝烟孕育的作家

◎崔 健

4月的天津,清晨还有些凉意,坐在老作家杨润身寓所中能听到院子里传来的鸟鸣声,这让周围的一切都显得恬然而平静。已是耄耋之年的杨润身波澜不惊地讲起70多年前他经历的那些抗日战争的惊心动魄的故事,恍惚间把人拉回到那个战火硝烟的年代。老作家14岁时便参加了井陉抗日工作团,投身到抗日战争革命工作中,这几乎成为了他后来半个多世纪文艺创作的一个契机。贫苦农民的出身和抗日战争的磨炼为杨润身提供了情感的养分和生活的积累,并深深地影响了他日后的文艺创作。

生死战斗中诞生的剧本

1938年,杨润身在晋察冀第四军分区八大队任宣传队队员,这一年他加入了中国共产党。在宣传队中,杨润身以他在歌唱、舞蹈、表演等方面的才能积极宣传抗日;后来他作为晋察冀民族民主革命中学剧团指导员,集编剧、导演、作曲于一身,并亲自参演。他说:"演出看得多了,宣传工作做得多了,自己也开始编剧。"早年的这些经历成为他日后大量的戏剧创作的实践基础。

对自己创作生涯的回顾,晚年的杨老始终说,是抗日战争的硝烟孕育了他，孕育了他的文学创作。1942年到1946年，杨润身创作并排演的街头剧、舞台剧多达40部，这些作品很多都取材于真实的抗日战争故事，是刚刚发生在老百姓身边的真人真事，他迅速地将这些或惊险或感人的抗日战争事迹转化为文艺作品，创作了《炕头会》《围困堡垒》《交公粮》等大量的现实题材的戏剧。其中，《围困堡垒》呈现的是作家参加围攻敌人堡垒的一次亲身经历。

《围困堡垒》是创作于1944年的一个剧本，剧本真实地还原了抗日战争中的艰辛和人民群众夺取胜利的智慧与果敢。那是在抗日战争反攻阶段，杨润身所在的柴庄村民兵围困敌人堡垒，经过半个月的战斗取得了最终胜利的真实故事。

71年前的这场战斗，杨老铭记至今。作家回忆："当年我在村子里当民兵，还是民兵的一个负责人，所在的村子离鬼子的堡垒五里路。堡垒在一个山头上，我们在山下挖了工事，鬼子一出来我们就攻击，我们围了半个月，民兵用机枪把子弹打到了堡垒上，鬼子以为八路军来了。我们围困了堡垒以后，把鬼子的电话线也剪断了；城里的鬼子也不能来救援。半个月以后的一个清晨，鬼子突围，冲出来了，其中一个鬼子离我只有十步远，我一枪就打倒了。"杨润身于是根据自己冒着生命危险得来的素材完成了《围困堡垒》的创作。"最后一场是庆祝胜利，唱歌、跳舞、扭秧歌。我们在围困鬼子的那个村子演出，老百姓很欢喜，结束的时候，人们跑上台去和演员们一起扭秧歌，演出很成功。"杨老特别指出，"这个剧本是1944年写的，围困鬼子就发生在1944年，演出也是在1944年，创作很顺利是因为它是真实的(事情)。"

演出获得巨大成功，杨润身组建了柴庄剧团，用戏剧的形式将抗敌的事迹、抗日战争的生活搬到周遭村头的舞台。为配合反"扫荡"的工作,自编自演的《战斗生产》,从老百姓粮食生产的快打、快收、快藏,到造地雷、参与游击组活动等,都是取材于生活实际,因此,这部剧在群众中引起强烈反响。1946 年春天,晋察冀第四分区党政军民各界,授予柴庄剧团"乡村文艺旗帜"的光荣称号,以至晋察冀区在全区开展了"柴庄剧运"。

杨润身把自己在抗日战争中经历的这些故事说成是他人生中的第一道"关"——"战争关"。他说:"生活在敌后,鬼子年年扫荡,处境异常险恶。我却幸运得很,虽然受了伤,但是活了下来。战争关就是要不怕艰难。"杨润身在抗日战争中有过数次危险的经历,有一次鬼子来扫荡,杨润身因为严重的伤寒不能撤退,战友以为他已经牺牲,就地掩埋在玉米地里,后来他被经过的父亲和战友发现才捡回一条命。这些经历都成为杨润身在创作中真实反映抗日战争生活的依据。他的作品及时真切地还原抗日战争生活的残酷、敌人的凶残和人民不屈不挠的斗争精神,用特定的演出场所和形式,记录历史,鼓舞人民。许多年以后,杨润身说起这些往事,说起那时创作的压力和辛苦,仍然感慨万千。杨润身说:"我把生活转换成了文艺作品,自己去参加就是我的文艺",正是有着这样的创作激情和使命感,杨润身才能写出真实反映人民生活情感、正义民心的文艺作品。

电影《白毛女》让"喜儿"有了爱情

新中国成立以后,杨润身又开始了小说和电影剧本等文学体裁的创作。抗日战争的生活经历和贫苦农民出身的家庭背景为他日后创作《白毛女》电影剧本做了扎实充分的准备。

1949 年,杨润身开始电影和小说及剧本的职业创作生涯,便有了人生一次重大际遇，承担了《白毛女》电影剧本的重大创作任务。在当时文化部的领导和组织下，杨润身与电影导演王滨、水华组成编创组，根据1945年由贺敬之等延安鲁迅艺术学院的多人创作的歌剧《白毛女》原作剧本进行改编，创作电影剧本。

1951年，电影《白毛女》在全国上映，产生极大的反响，成为新中国第一部在全国引起轰动的影片。上映时，国内首轮观众就达到600多万，创造了当时中外影片放映的最高纪录。而影片的新亮点之一，正是编剧之一杨润身的二度创作，给电影《白毛女》嵌进了鲜活的爱情元素，让观众看到了不一样的、艺术形象更丰满的喜儿。

清晨阳光的映照下，精神矍铄的杨老，对当年《白毛女》电影剧本创作过程的回忆很清晰，充满情感地娓娓道来："文化部让我参与编写《白毛女》电影剧本。在我之前还有两个编剧，他们也是导演，都是从延安来的，又都在大后方导演过电影，一个王滨一个水华。他们不太了解农村生活，找我是因为我在柴庄剧团排演过白毛女歌剧，柴庄剧团是边区的乡村文艺旗帜。组织上也知道我的出身历史，我的家庭出身是很苦的，父亲和杨白劳差不多。"杨润身对农村的生活现实也非常了解："农村的生活我比较熟悉，我从小就种地，就接触锄头镰刀，用锄头镰刀锄草砍柴。"正是因为有着和《白毛女》主人公相似的生活背景，杨润身在创作时才能设身处地地为主人公的思想活动和痛苦经历做出真实可信的诠释。

在创作过程中编剧就喜儿"要不要小孩""结不结婚"要不要表现爱情等等很多细节的问题都有过争论。在讨论爱情细节是如何表现的时候，杨润身说到"开始我觉得（喜儿和大春的）

爱情太简单太单薄，如果只是‘喜儿喜儿我多爱你’这样的写法，小说里容易叙述，电影应该更形象地表达出来。我想到一个镜头，就是曾经看见我的一个姐姐，结婚之前在路上遇到自己的爱人，看看周围没人就把爱人叫到柿子树下，她爬上树摘了几个红柿子给他。我把这个细节用在了电影里表现爱情。大春从延安回来以后，喜儿由鬼变回人，有人说不能让剧中两人结婚，我说不结婚不行，喜儿一直等着大春回来，大春回来却不结婚，这太不近人情了。”

杨润身了解电影语言与歌剧语言有区别。“如何让观众真切地感觉到‘骨头里熬油不容易’，就是让喜儿和大春在山里面打柴，打柴是很不容易的，大春用绳子吊在悬崖里打柴，飞来飞去，哪里有柴就去哪里，只有拼死拼活才能挣够欠债的利钱。”剧中杨白劳和喜儿有一场戏，“喜儿要离开家之前，杨白劳有话想对喜儿说，原来歌剧里是唱词：‘喜儿，喜儿，你睡着了，爹爹有罪你不知道’”，为了达到创作与生活真实的统一，三个编剧轮番上阵扮演角色来体会角色痛苦、深沉的感情。杨润身回忆当时创作的场景：“我扮演杨白劳，另一个编剧扮演喜儿，看着他我说不出话，泪就流下来了；当编剧水华扮演杨白劳时，他不一会儿也流泪了，眼泪汪汪的。他说：‘老杨哥（杨润身），起来吧，没有话说。’这个地方只能由演员来表演，没有比表演更好的表现方式了。”有了亲身体验，杨润身发现电影剧本创作的细节有时候要语言少、对话少，注重形象的塑造才能最真实地表现人物的感情。

豁出老命写民意

杨润身说自己是一个“有生活”的人，他的抗日战争创作因为他了解农民、亲历乡村的抗日战场，知道什么样的形式是农民喜闻乐见显得尤其真实和贴近日常生活：“（写作品）要了解农民，了解农民的心愿，农民喜欢看什么就写什么，喜欢唱什么歌就写什么歌，这样农民喜欢听、乐意看。”作品中人物的感受都源自他对农村生活切身的观察、理解。《风雨柿子岭》就是杨润身根据自己的亲身经历改编而成的一部抗日战争题材的长篇小说，老作家本人就是书中的主人公抗日儿童团团长田犟巴的原型。除了描写抗日战争正面战场的作品以外，杨润身将视角转回到抗日战争时期过着苦难生活的普通人民，他们在多重压迫之下仍然坚强、勇敢、乐观地面对生活、与敌人斗争，这也正是杨润身所要表现和歌颂的。可以说，抗日战争题材成为了杨润身一生的文学主题。

他在自己的文章《豁出老命写民意》中说：“我的故乡在革命老区，每一片泥土都洒着受难同胞的血泪，每一块山石都刻着先烈的无私。故土成了我的生命。属于自己的时日已很短暂，更加眷爱故土，更加离不开故土，更加珍惜乡亲们的深情厚谊。”

无论是在抗日战争的战场上还是在文艺创作中，杨润身都有着“豁出老命”的倔强和勇气，把农民生活写得透彻也写得用力。老作家对人民怀有深沉的感情，而抗日战争的革命生活又给予了他丰富的创作素材和强大的创作动力，让他坚定地为人民群众书写着真实、平凡却又震撼人心的故事。

杨润身是一个从抗日战争中走出的作家，他更是一个有着坚强不屈、勇敢执着的抗日战争精神的作家，他把这样的精神几乎贯彻在自己一生的写作中。经历了战火的洗礼，杨润身也曾因创作电影《探亲记》经历了人生的巨大挫折和打击，但他并没有从此放下手中的笔，在粉碎“四人帮”后的第二次天津市作家代表大会上杨润身被选为天津市作家协会副主席。此后他创作了中篇小说《失落的“无价之宝”》《实在王的悲欢》(收入《杨润身小说选》),长篇小说《风雨柿子岭》《九庄奇闻》《托起黎明——白求恩的“女儿”》《白毛女和她的儿孙》《天堂里的凡人》《魔鬼的锁链》,并于2010年以87岁高龄出版了25万字的反腐败题材的长篇力作《艰难的跋涉》。我们看到的是笔耕不辍的作家把自己的早年的人生经历和人生体悟融入了新的文艺创作中去。

习近平总书记在文艺工作座谈会的讲话中说道:“艺术可以放飞想象的翅膀,但一定要脚踩坚实的大地。文艺创作方法有一百条、一千条,但最根本、最关键、最牢靠的办法是扎根人民、扎根生活。”[①]从杨润身的身上,我们看到了“扎根人民、扎根生活”的创作的魅力。而抗日战争题材作品要想获得读者的认同和好评,更要坚持为人民创作、尊重历史、尊重生活,只有秉持着这样的创作信念,才能写出人民喜爱又历久弥新的优秀作品。

① 摘自《习近平在文艺工作座谈会上的讲话学习读本》,学习出版社,2015年。

杨润身:“双跃,你为平山增了光、添了彩”

◎ 牛双跃

2004年初春的一天，我忽然接到来自河北省平山县的电话,说:“著名作家、电影《白毛女》的编剧杨润身先生要率团到你家去拜访。”我又惊又喜。我尽管当时收藏《白毛女》已近10年,但还未有缘与这位大名鼎鼎的作家谋面。现在他竟然前来看我,实在让我有些受宠若惊。

次日,杨润身老先生带领平山县天桂山景区一行八人来到我家,当他们看过我即将无偿捐献的一千余件《白毛女》艺术系列藏品之后,感到非常惊讶。杨老先生非常凝重地说:“有了你,这些收藏品建成“白毛女艺术馆”就大有希望了。”

2004年7月1日“白毛女艺术陈列馆”在平山如期开馆,著名电影表演艺术家、电影《白毛女》喜儿扮演者田华,黄世仁扮演者陈强,来自省市县政府、有关部门的领导及全国各地的收藏界代表出席了开馆盛典。在庆祝酒会上杨润身老先生还当着众人对我说:“双跃,你为平山增了光、添了彩,为建白毛女艺术陈列馆立了大功。我给你鞠个躬,再敬你一杯酒。”一席话让我诚惶诚恐,面红耳赤……

因为收藏《白毛女》,所以我早就对杨润身先生略知一二。在河北省,乃至中国文学史上,杨润身应该是占有一章的人物。

他是革命老区土生土长的作家，他把整个身心都交给了农民，他有着崎岖坎坷却非同凡响的经历，更有着著作等身的成就与辉煌，如电影《白毛女》《探亲记》《姜喜喜》等10余部深具内涵的著作，影响着一代又一代中国人。

平山是“白毛女”的故乡。1923年，杨润身就出生在平山县一个叫北马冢的小山村。1937年抗日战争全面爆发，村里来了八路军，只有14岁的杨润身穿着母亲的一件大花袄，毅然跟着队伍走了。在枪林弹雨和炮火硝烟的战斗洗礼中，他光荣地成长为一名坚强的文艺战士，第二年火速加入了中国共产党。在抗日战争时期，由他领导的柴庄剧团成为晋察冀边区群众文艺的一面旗帜。

天津解放后，杨润身成为首批进城的专业作家。不久，他便受到著名导演王滨和水华的盛情邀请，作为主要编剧参与了电影《白毛女》的剧本创作。这部电影由东北电影制片厂拍摄，1951年公映后，影片就在第六届卡罗维发利国际电影节上获得特别荣誉奖，1956年又荣获文化部1949—1955年优秀影片一等奖。

随后，一部又一部作品从他的笔端流淌出来，仅反映农村改革的长篇小说就有《风雨柿子岭》《九庄奇闻》《托起黎明——白求恩的“女儿”》《白毛女和她的儿孙》《天堂里的凡人》《魔鬼的锁链》等七部，另外还有中篇小说《失落的“无价之宝”》《实在王的悲欢》和散文集《白毛女故乡的风采》《每当我走过》等，计三千多万字，杨润身迎来了创作的又一个高峰。其中长篇小说《九庄奇闻》和《风雨柿子岭》均获得了天津市鲁迅文学奖。

杨润身说：“我写的都是‘遵命文学’，遵老百姓之命，写真实反映现实生活的文学。我这个人若离开了生活，就一个字也写不出来了。我现在还能拿笔，还能写，但如果离开土地，离开农民,看不见他们的喜怒哀乐,我就写不了东西了。你问我为什么常年住在平山,就因为平山有我创作的源泉。”

1991年,江泽民同志在视察西柏坡时,杨润身作为天津作家受到了江泽民同志的接见,江泽民同志对杨润身以及他创作的《白毛女》进行了高度评价。杨润身随即表示:“我是农民的儿子,不会忘本的。”

时间过得真快。2009年“白毛女艺术陈列馆”开馆五周年,杨润身老先生已是86岁高龄,但他还是在县委有关领导的陪同下来到了庆典现场,让所有前来参加活动的人们都激动不已。杨老的讲话更是振奋人心:“能参与电影《白毛女》的创作是我一生的光荣和自豪。能参加这样的庆典活动同样让我感到荣幸。”

会后,杨润身老先生拉着我的手亲切嘱托:“双跃,这个馆办得不错,你出了很大的力,是有功的。你还要继续努力,要加大宣传力度,争取把它建成一个在全国都有影响力的馆。”

好久没有见到杨老了。最近遇到著名剧作家、河北梆子《白毛女》的编剧智全海,方才得知杨老一直在天津住院。通过微信我联系到了杨老的公子杨云,得知杨老的身体状况还尽如人意,在医院刚刚度过他的大寿。精神尚好,心情也不错,性格依旧开朗。真从内心里为他高兴!

本想等疫情过后就去天津看望恩师,可谁曾想,天不假年,这一等便成了永别。恩师杨润身走了。在庚子初春的一个夜晚,在天津医科大学总医院,这位从革命老区平山县走出的人民作家走完了他97年的光辉历程,平静地挥手告别了故乡,告别了亲人,告别了这个他挚爱的世界。闻此噩耗,我如万箭穿心,心痛不已。几天来脑海全是恩师昔日温馨的教诲,耳畔尽是恩师浓浓的乡音……

我们怀念的杨润身老师

◎ 于金辉

1989年春天，天津师范大学的一个文学社团“书友社”邀请天津作协副主席、著名作家杨润身老师辅导书友社的读书写作活动，杨老师欣然应约而来，杨老师那时候60多岁，他那蓬松花白的头发，笑模笑样，穿着一身发了白的灰色中山装，脚上蹬着一双青布鞋。慢慢悠悠地走进学校图书馆的阅览室，那里已坐满了十几位师生，大家呼啦一下子站了起来。“杨老师好！”杨老师忙说：“同学们好！”全体师生热烈鼓掌欢迎杨老师到来。

社团书友社负责人向大家介绍杨润身老师的生平。杨润身老师是河北平山人，14岁参军抗击日本侵略者，15岁加入中国共产党，在部队任宣传工作。为配合抗日战争、解放战争、土地改革的需要，杨老师曾创作了10余部戏剧，写出了电影剧本、长篇小说、散文集等。杨老师每年大部分时间生活在平山农村，为农民们办事，写农民故事，做农民的知心朋友。大家听了杨老师的事迹，十分敬佩，阅览室时不时响起热烈的掌声。

座谈会上杨润身老师说：“我是农民的儿子，扎根在农村的土地上，它是我的根本，党教育和培养我成为一名革命的文艺战士。坚定地跟党走是我的信念，我很高兴和你们在一起。你们将为党的教育事业做出贡献。说起来，咱们还是同行，那是在抗日战争时期，党组织把我派到柴庄学校担任教师并开展抗日宣传工作，这期间我一边在村里教娃娃读书，一边组织剧团，在党支部的领导下配合形势写了街头剧、小歌剧，在本村及附近各村演出，激发了村民们的抗日斗争。”

杨老师继续兴奋地说：“当时我所在的柴庄处于边区前沿，离日本鬼子据点只有3里路，那个据点的堡垒驻扎着日本鬼子一个小分队，威胁着周围的村庄。为了打击日本鬼子的凶恶气焰，村里的民兵组织起来围困日本鬼子的据点。我和民兵一起轮班，日夜监视着敌人的堡垒，断水、断粮，割断敌人的电话线。小鬼子们得不到援军，鬼子一露头，民兵就开枪，敌人日夜龟缩在堡垒里不敢出来。经过半个月的时间，日本鬼子不得不在夜里放弃堡垒，偷偷地逃跑了。赶跑了小鬼子，我们取得了胜利，这是我亲身经历的，通过这个实地战斗题材我赶快编写了歌剧《围困堡垒》。因为是真实的战斗经历，歌剧演出以后，大大的鼓舞了村民的抗日斗志。”

座谈会上，一位同学问杨老师：“您是电影《白毛女》的编剧，这部剧本是如何编写的？”杨老师耐心地回答这位同学：“说来话长了，‘白毛女’的故事我从小时候就听我奶奶给我，这个故事发生在河北省冀西平山一带，后来晋察冀边区的作家叫李满天，把这个传说故事写成小说发表在延安的《解放日报》上，小说的名字叫《白毛女人》，当时边区正在搞土地改革，配合形势反压迫斗争，这样的题材很需要，延安鲁艺就把小说《白毛女》改编成歌剧，由贺敬之、张鲁等同志共同完成。歌剧《白毛女》受到群众的热烈欢迎，我在柴庄时也组织村剧团演出歌剧《白毛女》。导演王滨、水华同志根据以上的小说、歌剧本改编创作了电影脚本，我们改编这个脚本用了9个月的工夫，边拍片，边改脚本，我联系自己祖上几代受地主剥削压迫的经历，在故事情节上有一些创新，如歌剧中的杨白劳腊月初只是外出躲债。我们商量就依我的经历改编，按照当时当地的封建统治阶级的规矩，穷人到了腊月底还清了利息钱就可以安心过年了。影片中的黄世仁为了霸占喜儿，凶相毕露，年底杨白劳还清了利息，但黄世仁不依不饶，无理要求本利全收，杨白劳被逼上了绝路。这些改编反映了地主阶级的残暴本质，更贴近生活的真实。"杨老师又说，"杨白劳喝卤水自尽，是被逼的，是走投无路了。看着喜儿睡着了，心如刀绞。歌剧中有大段唱词，我认为不太妥当，于是跟导演商量，在改编中应以无声、以眼泪来表达对地主阶级的反抗和与自己心爱女儿的诀别，这样的场景会更动人，导演采纳了。"最后，杨老师语重心长地说："同学们啊，阶级压迫是永远不能忘的啊。"

杨老师还解释道："歌剧结尾没有交待喜儿与大春的相爱之果，我们把大春参加八路军，到村里工作，对喜儿不离不弃，喜儿对大春执着的爱最终修成正果，二人过上美满幸福的生活等情节在电影中一一交待。这也是传统的大团圆结局，满足了观众的良好愿望。

杨老师还介绍了拍摄的情况，那是在平山县天挂山一带山区，农民群众听说在这儿拍电影《白毛女》都热情支持并协助参与拍摄镜头，割谷子的场面、交租子的现场、大春上山砍柴等场景均是在此拍摄完成的。其中，大春在山崖峭壁中荡来荡去的惊险镜头，是由当地的一位农民自告奋勇扮演员替身完成的。《白毛女》这部影片之所以能成功，是导演、演员、农民弟兄们通力合作的结果。我作为编剧，开阔了眼界。学习了不少东西。这为我后来从事写作电影剧本他俐和小说创作打下了良好的基础。

大家听了杨润身老师亲身经历的讲述，非常感动，受益匪浅。这次社团活动，使我们深深了解革命前辈杨润身的感人故事，我们永远不能忘怀。杨润身老师仙逝，我们都很怀念他，特写此文来纪念他。

杨润身年谱长编

◎ 于金辉 编撰

杨润身小传

杨润身(1923年7月31日—2020年3月24日),中国当代著名作家,河北省平山县人,1937年参加革命,在晋察冀军区第四军分区八大队任宣传战士。1938年加入中国共产党。1944年起,为配合当时革命需要创作几十部戏剧作品,大部分作品在解放区广为流传。70余年来,一直活跃在党领导的文艺战线最前沿,主要著作有电影剧本《白毛女》《探亲记》《姜喜喜》,长篇小说《风雨柿子岭》《九庄奇闻》《天堂里的凡人》《魔鬼的锁链》《危险火花》等,散文集《每当我走过》《故乡情韵》等。

曾参加第一届全国文学艺术工作者代表大会,为平津团代表成员。代表天津市文艺界参加第七届全国文学艺术工作者代表大会。出席党的第十三次全国人民代表大会。曾任天津市作家协会理事、副主席,平山县委常委,至90高龄仍坚守在农村,深入生活。2020年3月24日因病逝世。

杨润身年谱长编

1923年 诞生

7月31日(农历六月十八)杨润身出生于河北省平山县温

塘镇北马家一个贫苦的农民家庭。

出生时，家中已有一个5岁的哥哥杨清堂，杨父因无力抚养两个孩子，故欲将其扔进水缸。祖母正巧赶到，杨润身幸免一死，取名杨清亮，乳名叫亮子。

杨润身的祖父、祖母都是农民，杨父双手奇巧，善木工，略知石匠工艺，精通农活儿，被誉为“种地把式”。

1927年　4岁

家里贫穷，杨母煮槐树叶充饥，杨润身吃后中毒，上吐下泻，无钱医治，后慢慢自愈，捡回一条命。

为分担家庭负担，杨润身从小就要承担喂猪的任务。

1930年　7岁

杨润身自幼喜游戏，与村童比赛“站大堂”常获胜夺冠。此外，他还积极参加村剧团活动，生性聪颖，耳濡目染，在村剧团学会打大锣、抡槌打鼓，为日后从事文艺活动奠定了基础。

1931年　8岁

农闲时，奶奶经常给杨润身讲祖辈传下来的“白毛仙姑”的故事。杨润身很同情“白毛仙姑”的悲惨遭遇，对地主恶霸欺负穷人的事情痛恨至极。从此，“白毛仙姑”的人物形象深深印在他的脑海中。

当年冬天，父亲送他到本村的私塾读书，开始学习《百家姓》《三字经》《名贤集》。

私塾先生将杨清亮的名字改为“杨润身”，意为“德润身”。

1932年　9岁

农忙时节，年幼的杨润身跟着父亲、哥哥在地里用锄头间苗、松土，夏天的阳光炙热如火，他挥舞锄头，汗流浃背，气喘吁吁；因年幼力不从心，杨润身干两三个小时就又饿又累，头晕眼黑，经常昏倒在地头上。

冬天，他继续利用冬闲到私塾学堂读书。

1934年　11岁

一家五口人耕种着11亩田地，其中8亩是从本村地主杨老成处租种的，3亩祖上留下的地沙多土少，收成差。全家拼死拼活干一年，好年头能收1石左右的粮食，坏年头只有黑枣、柿子、糠菜和秕谷作为全家的口粮。

父亲为了摆脱贫穷，使全家温饱，想将旱地改成水田，多打一些粮食。父亲找到高粱红（借钱的中人）一起去杨老成家借360个铜钱，言明利息4分。

农历九月初一，父亲对杨润身说："今天是动土吉日，咱俩破土去。"爷俩开始挖井，变旱地为水田。

1935年　12岁

春天，父亲在贫困、债务的重压下咬牙仍坚持送杨润身到回舍镇七庄高小读书。

秋天，跟着父亲去县城集市上卖柿子。看到被国民党反动派押送刑场的共产党员，昂首挺胸，视死如归，还放声高唱平山西调秧歌。杨润身由衷地钦佩共产党人的坚强意志，围观的农民对国民党反动派刽子手怒目而视，一个本家爷爷气愤地说:“蒋介石的江山不牢稳了。”

1936年 13岁

在回舍镇七庄高小五年级读书。

一个秋天的早晨,杨润身正往地里走,准备收割谷子,在村口见到一张传单,传单上写着“英勇顽强的朱毛红军即将东渡黄河,解放受苦受难的平民百姓”。看过传单后,他明白了财主家为什么花天酒地,贫苦农民为什么饥寒交迫,懂得了中国共产党是为受苦人打天下。由此,杨润身萌生了共产主义信仰。

1937年 14岁

7月7日,卢沟桥事变发生,标志着抗日战争全面爆发。日军轰炸北马冢。奶奶、母亲、妹妹和杨润身被炮弹炸起的黄土废墟埋没,当时,杨润身和母亲、妹妹从土中爬了出来,而70岁的奶奶被炸死。顾不得掉一滴眼泪,杨润身与母亲、妹妹在炮弹呼啸中将奶奶草草埋葬。这让杨润身对国仇家恨有了更切身的体会。

为了保家卫国,把日本鬼子赶出中国,杨润身告别父母参加了八路军,到了抗日根据地洪子店镇找到八路军第八大队报名入伍,任晋察冀军区第四军分区八大队宣传战士,被安排在宣传队学习唱歌、跳舞、演戏。

1938年 15岁

经由“抗日工作团”的两名同志介绍,加入中国共产党。

同年,见到从松烟口转移到平山蛟潭庄镇时的白求恩大夫,为后来创作《托起黎明——白求恩的“女儿”》积累了素材。

1939 至 1940 年　16 至 17 岁

在晋察冀边区剧团任指导员，因日本鬼子扫荡，转移到鹞子村，得了伤寒病，大口吐血，不省人事。战友们认定他已病故，就将其草草埋葬在玉米地里。

父亲得到消息后，跑到玉米地里寻找尸体，以免被狼拖走。当父亲找到他，发现他还有气息，便将他抱起，背回家中。父亲为他求医问药，慢慢调理。他的身体日渐好转，病愈后又返回部队。之后，父亲因劳累过度，患了伤寒病，高烧 3 天后去世，享年 41 岁。

1941 年　18 岁

秋天，日本鬼子的扫荡异常猛烈。第四军分区游击队侦查科排长王秋阳壮烈牺牲，杨润身受乡亲之托为王秋阳建墓立碑。

1942 年　19 岁

杨润身调入边区四专署《前卫报》报社任指导员。

1943 年　20 岁

3 月，组织上派杨润身去柴庄小学任校长兼教师，他毅然前往。当时，柴庄离日本鬼子据点很近，是个危险的地区，村里的房屋被日本鬼子扫荡时全部烧毁，村民被逼到别的村子借住。为了党的事业，杨润身不畏困难，不怕牺牲，服从组织安排，到最危险的地方去工作，从此，人们称之为“杨憨”，这是乡亲们对他的信任和美誉。

10 月，杨润身奉命为《前卫报》写通讯报道。

1944 年　21 岁

创作歌剧《围困堡垒》。当时柴庄处于边区前沿，杨润身和民兵一起围困日本鬼子的堡垒，经过半个月的对峙，日本鬼子灰溜溜地逃出堡垒，这支村民兵队伍赶走了鬼子，取得了胜利。

1945 年　22 岁

创作歌剧《柴庄穷人翻身》。

创作街头剧《炕头会》。《炕头会》的成功标志着杨润身戏剧创作的成熟，展示了他的艺术才华。

1946 年　23 岁

创作歌剧《山大王》。柴庄剧团远近闻名，由于杨润身融入柴庄乡民的生活之中，他创作出的作品取得了优异的成绩。

1947 年　24 岁

春季的一天傍晚，杨润身在柴庄小学校的院子里躺在一块门板上，眯着眼睛，构思一出新的多幕剧《水清鳖出》。

柴庄剧团被中共晋察冀中央局奖励为边区的“乡村文艺旗帜”，柴庄小学被奖励为边区的模范小学。《柴庄穷人翻身》荣获边区剧本创作一等奖。

中共中央宣传部副部长周扬同志曾安排宣传部通知杨润身和柴庄干部参加了一次中央局召集的文艺工作会议。会上，柴庄剧团汇报创作和演出情况，与会者无不惊喜和诚服。几年时间，杨润身同群众一起编演过不少街头剧和舞台剧。当时的剧本大都不写在纸上，只记在心里，边演边丢，没有留下一个剧本。

周扬同志派康濯同志到柴庄了解情况，学习和推广经验。康濯跟随杨润身和剧团在附近演出。从剧本到舞台，康濯看了杨润身等人创作和排演的剧目《柴庄穷人翻身》《山大王》《柿子不给舅舅吃》等。其中有的剧本稿子是在灰白的土纸上用毛笔潦草写下来的。康濯一直保存着，后来在“文化大革命”中丢失。康濯同志还看过杨润身排练和演出的歌剧《白毛女》。

1948年 25岁

秋天，离开柴庄，调任中共平山县温塘区，担任宣传委员。

由康濯推荐，杨润身调入“华北群众剧社”，周扬同意其进入平山县北白楼胜佛村的剧社创作组。当时创作组有田野、秦征、张学新，他们都具备丰富的创作经验，对杨润身帮助很大。

夏天，杨润身的岳祖父闫九林，是种瓜能人，毛主席曾拜他为师，杨润身撰文《毛主席拜师》，后收入《每当我走过》散文集。

秋天，杨润身写《毛泽东与闫九林》《周恩来同志和农民在一起》，之后被收入散文集《白毛女故乡的风采》一书中。

不久后，随剧团进入天津，与田野合写小歌剧《老粘卖驴》，发表在《华北文艺》上。

1949年 26岁

1月，进入天津。按领导指示，去接收百货公司的文化大楼，没想到文化大楼被炮弹击中，烧成一片灰烬。

接到任务，需尽快写成反映工人热爱工厂、欢庆解放的剧本。

同田野、秦征一起，到东站机务段体验生活，拜工人为师，向工人学习，与工人们同唱《咱们工人有力量》。

拜访了秦师傅和他徒弟，取得了第一手资料，有了素材，一夜之间，写下了独幕歌剧《献礼》。

与王雪波合作编写张学明作曲的秧歌剧《俩相好》由大众书店出版。

7月，全国文学艺术工作者代表大会在北平召开，杨润身为平津代表团第一团成员，团长是李伯钊、周巍峙。

由于康濯的推荐，以及东北电影制片厂编导王滨、水华的邀请，杨润身参与了电影《白毛女》的剧本改编，从天津调到北京。

在电影《白毛女》剧本的创作中，杨润身综合小说、歌剧的原本，联系自己的生活经历，在故事情节上进行了一些再创作，他的建议得到了王滨、水华的赞同。

10月，与平山镇梁家沟小学教师闫俊英在北京结婚。

1950年　27岁

3月，电影《白毛女》在20个城市正式公映，引起极大轰动。

8月，杨润身依照上级指示，前往北京，在文学讲习所学习，成为了讲习所的第一批学员。

1951年　28岁

1月，在北京创作短篇小说《春节回故乡》。

3月，在文学讲习所听取丁玲的学术报告，在场的每位研究员都进行发言，总结分享了自己的创作经验。

12月，电影《白毛女》荣获第六届卡罗维发利国际电影节特别荣誉奖。

1952年　29岁

10月，长子杨云出生。

1953年　30岁

春天，创作自传体中篇小说《心连着心的人们》。之后继续创作短篇小说《千听百见的故事》，剧本《献马》《星星寨》等。

6月，丁玲在文学讲习所给第一期研究生作总结报告。杨润身在文学讲习所学习结束，颁发毕业证书，证书在“文化大革命”中被红卫兵抄走，下落不明。

8月5日，在《天津日报》发表文章《种棉花》，讲述了农村新景象。

1955年　32岁

6月，创作小说《暗害》，经过4次改稿后发表。

7月，小女儿杨芳出生。

1956年　33岁

3月，中篇小说《心连着心的人们》由新文艺出版社出版。

5月，创作短篇小说《小鸽子和老奶奶》和电影剧本《探亲记》。

7月，于平山县洪子店，创作小说《父子情》，修改小说《春节回故乡》，并发表小说《五亩山凹地》。

7月，调入中国作家协会天津分会工作。

1957年　34岁

4月，在天津创作短篇小说《不朽的友谊》。

4月11日,《白毛女》荣获文化部1949—1955年优秀影片一等奖。

7月,创作短篇小说《县长的老子》。

8月,《千听百见的故事》由河北人民出版社出版。

9月,电影文学剧本《探亲记》由中国电影出版社出版。

电影剧本《探亲记》在艺术上进行大胆革新,作品中没有空洞的说教,而是通过对主人公田老耕这个艺术形象的成功塑造,揭示出抽象的主题。

1958年 35岁

3月,杨润身因合作创作电影剧本《白毛女》获得奖金。他将创作《白毛女》和《探亲记》获得的稿费全部交党费。

10月,《心连着心的人们》由上海文艺出版社出版[①]。

1959年 36岁

4月,由王滨、水华、杨润身改编的电影剧本《白毛女》由中国电影出版社出版。杨润身当时正在创作小说《李黑黑和石板板》,草稿初步完成。

杨润身在平山县见识了"食堂吃饭不要钱"的奇事。当时全国生产力出现了问题,他就这一问题耿直地向上级领导进言,受到批判,被给予"留党察看"的处分,上级将他定为严重的右倾机会主义分子。

① 《心连着心的人们》最早于1956年3月由新文艺出版社出版。1958年9月,新文艺出版社与上海文化出版社、上海音乐出版社合并,并改名为上海文艺出版社。本书于1958年10月由上海文艺出版社重新出版。

不久，因患肝硬化住院。

秋天，在柳林疗养院养病，利用疗养的时间读了《钢铁是怎样炼成的》《卓娅和舒拉的故事》《红旗谱》等中外文学作品。

1960 年　37 岁

秋天母亲杨赵氏去世，享年 63 岁。

在柳林疗养院继续疗养，其间遍读中国古典文学《红楼梦》《水浒传》《三国演义》及通俗文学《薛仁贵征东》《岳飞传》等。

1961 年　38 岁

冬天，创作电影剧本《姜喜喜》。

1962 年　39 岁

2 月，“右”倾错误得到平反，恢复原职。

1963 年　40 岁

1 月，创作小说《马子小镰》，修改电影小说《姜喜喜》。

4 月，在天津柳林创作短篇小说《同行记》，发表在《人民文学》上。

创作小说《王二小接闺女》，发表在《人民日报》上。

1964 年　41 岁

春天，创作小说《公社社员》。

1 月，创作短篇小说《高中毕业》。

3 月，创作短篇小说《云海和他娘》。

1966年　43岁

5月,因身体欠佳,回家乡休养。

7月,《天津日报》发表社论将杨润身定为反革命修正主义分子。

1968年　45岁

2月,杨润身收到电报,动身离开家乡返回天津住所。岂料回到天津的当天晚上就被抓走。

1969年　46岁

秋天,被下放到塘沽四道桥放羊。当时一起下放的都是政治上有"严重问题"的干部,杨润身被指定担任羊倌,王昌定协助放羊,袁静管养鸡鸭。

1970年　47岁

下放到工农联盟农场种地,接受改造。

1971年　48岁

夏天,调到文化系统"五七"干校照看羊羔。

1972年　49岁

秋冬相交之时,"五七"干校解散,返城后在天津市文化局革命委员会院内扫院子,清理厕所。

1973年　50岁

次女杨芳返城，分配到天津市河西区小海地电影放映队工作。

1975年　52岁

春天，天津市文化局革命委员会恢复发放杨润身的工资，但没解决他的工作和恢复党籍问题。

1976年　53岁

10月，“文化大革命”结束，杨润身感慨万分，放声大哭。

天津市革命委员会在民园体育场召开20万人大会，批判“四人帮”。大会宣布杨润身是革命根据地培养出来的好干部，给予彻底解放。杨润身在会上做了发言。

1977年　54岁

春天，调到天津市作家协会，并继续担任天津市作家协会副主席职务。

主动下乡到蓟县体验生活。

1978年　55岁

年底，杨润身不顾自己患有高血压、不稳定心绞痛、缺血性脑血管等疾病，毅然离开生活较舒适的天津，奔向当时条件还十分艰苦的革命老区——平山县。

1979年　56岁

春天，创作短篇小说《重磅炸弹》。

夏天，创作长篇小说《风雨柿子岭》。

冬天，创作三部短篇小说《“孙悟空”赶集》《马识路卖瓜》

《没人格》。

1980 年　57 岁

应邀到南开大学文学社讲课，不遗余力培养业余文学爱好者。

1981 年　58 岁

4 月，创作短篇小说《三娘望子》。

6 月，创作短篇小说《韩淘气探亲》。

1982 年　59 岁

4 月，《风雨柿子岭》由花山文艺出版社出版，本书获天津市鲁迅文学奖。

5 月，创作小说《龙大夫的特需》。

10 月，《文艺报》发表杨润身致读者的信。

1983 年　60 岁

9 月，《河北日报》登载《风雨柿子岭》获省市级优秀作品奖的消息。

1984 年　61 岁

农历正月，杨润身应百花文艺出版社之邀，将短篇小说结集出版，并写了一篇后记，题为《知足者常乐》。

1985 年　62 岁

6 月，创作长篇小说《九庄奇闻》，由花山文艺出版社出版，本书荣获天津市鲁迅文学奖。

9月,短篇小说《明白二爷和青叶》被评为1984年度文学佳作奖,由天津市作家协会颁奖。

11月,《杨润身小说选》由百花文艺出版社出版,本书精选了杨润身1949年以来发表的28篇中短篇小说。

12月20日,天津市、河北省文艺界在石家庄市联合召开对长篇小说《九庄奇闻》的研讨会。蒋子龙、柳溪、王昌定等知名作家,以及《九庄奇闻》的责任编辑李屏锦,花山文艺出版社的负责同志都先后发言。

12月,鲁迅文学院补发了在“文化大革命”中遗失的毕业证书。

1986年　63岁

2月,《啄木鸟》发表其新作《闪光的血迹》。

杨润身联系中央文化部,经贺敬之批文,政府决定支援平山县文化馆3万元活动经费,时任馆长为焦文琪。

联系三家北京的出版社,获得2万册图书充实县图书馆,时任馆长为杨明联。

4月,天津《蓝盾》杂志刊登其创作的中篇小说《失落的“无价之宝”》。该篇小说参加首届公安文学大奖赛获金盾文学一等奖。

5月,撰写回忆文章《从柴庄剧团到群众剧社》。

1987年　64岁

当选人大代表。

11月1日,应中国作家协会之邀出席座谈会,该座谈会邀请出席党的第十三次全国代表大会的文学界代表,杨润身在会议上即席发言。

11 月 25 日,《新观察》发表《畅叙终曲——出席十三大的文学界部分代表座谈纪要》报道。

1988 年　65 岁

杨润身参加庆祝华北群众剧社成立五十周年纪念活动,并由天津解放区文学研究会编印了《群众剧社回忆录》一书。书中收录了杨润身的《从柴庄剧团到群众剧社》。

4 月 5 日,《天津日报》报道杨润身以中国作家协会天津分会副主席的身份前往德意志民主共和国进行为期 14 天的访问。

7 月,在河北省文史资料撰写中被评为先进工作者,由河北省平山县政协颁奖。

在天津市第三次作家协会代表大会当选并连任天津市作家协会副主席。

长子杨云与李滨丽结婚。

1989 年　66 岁

6 月,天津师范大学"书友社"社团邀请杨润身参加安徽文学创作报告座谈会。后被聘为"书友社"文学顾问。

8 月,报告文学集《乡镇风流》由百花文艺出版社出版,书中收录了杨润身的《记孙儒良》。

11 月,被天津市残疾人福利基金会聘为名誉理事。

1990 年　67 岁

2 月 28 日,《天津日报》登载《由人民日报文艺部组织的老作家创作座谈会 27 日在北京举行》一文,杨润身应邀出席本次会议。

1991年　68岁

1月，长篇小说《魔鬼的锁链》由安徽文艺出版社出版。

9月21日，江泽民同志在视察西柏坡时，对杨润身及其作品进行了高度评价。

11月16日，《文艺报》报道天津市解放区文学研究会举行长篇小说《魔鬼的锁链》研讨会。参加研讨会的有柳溪、周骥良、王昌定等30余人。天津市委宣传部副部长方伯敬出席研讨会并发表讲话。

12月10日，由天津市委宣传部、天津经济技术开发区和《天津日报》报社举办的“天津走向世界”联合征文，杨润身应征的文章《收获》获二等奖。

12月，短篇小说《毛泽东和张五福》荣获河北省纪念建党七十周年“党魂”征文奖，河北省宣传部颁发奖项。

1992年　69岁

5月，在平山县之坊村与农民共同讨论长篇小说《白毛女和她的儿孙》。

6月，创作出《我要沿着毛主席指引的道路走到底》，参与纪念《在延安文艺座谈会上的讲话》发表五十周年征文活动。

10月，纪念毛泽东诞辰一百周年，发表《农民的企盼——在毛泽东与中国现代文艺研讨会上的发言》一文。

1993年　70岁

8月，《永恒的光辉》荣获“引滦通水十周年”征文一等奖，由《天津日报》联合天津水利局颁奖。

12月，在纪念毛泽东诞辰一百周年"驰貌杯"征文中，散文《我的老师》荣获优秀奖。

1994年　71岁

4月，天津梁斌文学研究会成立，肖元当选为会长，杨润身被选为副会长。

4月，在"梁斌的文学道路与成就"研究会上发言。

5月，应天津师范大学之邀，创作题为《我是怎样从事写作的》文学报告。

8月，长篇小说《白毛女和她的儿孙》由农村读物出版社出版。

9月，梁斌文学研究会举办"梁斌杯"校园文学国庆征文，杨润身被推选为征文评选委员会委员。

9月，散文集《白毛女故乡的风采》由百花文艺出版社出版，收录散文58篇，共14万字。书中有对老一辈革命家趣事逸闻的回忆，有歌颂赞美老区人民新生活、新气象的作品，有对自己生活的纪实类文章。

12月，被河北工业大学聘为思想政治教育兼职教授。

12月，天津市老区建设促进会特聘其为第二届理事会顾问。

1995年　72岁

1月，《托起黎明——白求恩的"女儿"》由大众文艺出版社出版。

5月，在《答小耿提问》中记述了自己的创作体会。

5月，被《乡土文学》杂志社聘为"恒泰杯"全国乡土小说大奖赛评委会委员。

7月,《千里寻百灵》荣获天津市“95大地行”征文活动优秀奖,天津文联、《今晚报》报社颁奖。

8月4日,《天津日报》刊出著名作家、抗日老战士袁静和杨润身两位老人近况。

12月,由肖元主编的《放歌十月》收录了杨润身的《答小耿提问》一文。

1996年　73岁

平山县遭遇百年罕见的特大洪灾,杨润身听到家乡庄稼减产,农户绝收,6千余户人家无家可归,积极捐款,并在天津文教系统为全县受灾地域争取了大量的救灾物资,使山区群众得到了及时安置。

1997年　74岁

5月,被天津市园林学校聘为校外辅导员。

应北辰区文化馆之邀,到该地区讲学,在现场受到了热烈欢迎。

1998年　75岁

4月,天津市解放区文学研究会为纪念群众剧社成立60周年(1938—1998),编辑出版《文艺战线子弟兵》和《群众剧社剧本选》,书中分别收录杨润身的文章《从柴庄剧团到群众剧社》和剧本《老粘卖驴》。

4月,《蓝盾》4月号刊登杨润身中篇小说《大檐帽二进黑虎村》。

1999年　76岁

1月，杨润身、闫俊英夫妇带儿子杨云与儿媳李滨丽参观西柏坡接受革命传统教育。

1月，长篇小说《天堂里的凡人》由河北教育出版社出版。

1月13日，清晨，诗人鲁藜逝世。杨润身、王昌定、张学新合写一副挽联“四行泥土传千古，一缕诗魂上九霄”。

9月，妹妹杨秀书在家乡病故。

12月，哥哥杨清堂在家乡去世。

2000年　77岁

4月，散文集《每当我走过》，收录共计112篇文章，25.5万字，被收入“当代名家散文丛书”，由中国文联出版社出版。

2001年　78岁

1月，《当代人》期刊上发表散文《娘子关下秀拉龙》。

7月，参加老干部纪念建党八十周年暨诗歌朗诵会。

7月，现代文学期刊上发表《缅怀火星》。

11月15日，在《当代》上发表散文《笑忆阳光明媚的日子》。

12月，出席第七次全国文学艺术工作者代表大会。

2002年　79岁

1月，长篇小说《仙女峰的迷雾》由农村读物出版社出版。

2月，被《天津日报》评为2001年度优秀撰稿人。

3月，为纪念《在延安文艺座谈会上的讲话》发表六十周年撰写文章，《闪光的蜡烛不息——重温毛主席〈在延安文艺座谈会上的讲话〉》，文章被收入吉林人民出版社出版的《先进文化的理论丰碑》一书中。

3月,温塘镇举办首届桃花节,杨润身请来老朋友——著名诗人贺敬之、电影表演艺术家陈强等共聚。

5月17日,为纪念《在延安文艺座谈会上的讲话》发表六十周年,杨润身撰写《我与电影"白毛女"》一文。并发表在《石家庄日报》。

5月,受聘成为天津市首届青年作家创作奖评委会委员。

2003年　80岁

5月,在《文学自由谈》发表《豁出老命写民意》一文。

7月,中国作家协会祝贺杨润身八十华诞。

12月,长篇小说《危险火花》由花山文艺出版社出版。

2004年　81岁

在《中华魂》发表《只要想起他》一文。

2005年　82岁

1月《贺敬之文集》出版,该文集第五卷载有《白毛女》电影剧本,编剧为杨润身。

8月,《杨润身文选》由百花文艺出版社出版。

8月,参加《红雨文萃》首发式。该书由天津解放区文学研究会、天津市作家协会、天津市文学艺术界联合会联合编辑,编入天津市8位老作家的作品,包括方之中、陈洁民、何迟、王雪波、杨润身、万力、王昌定、柳溪。

梁斌文学研究会第二届理事会换届, 杨润身被聘为学会顾问。

荣获天津市委宣传系统优秀共产党员称号。

2006年　83岁

在《文艺报》第64期发表《为了党旗更艳丽》一文。

2007年　84岁

6月,《档案天地》杂志发表散文《金钱的烦恼》。

8月,《蓝盾》杂志发表新作《失而复得》。

2008年　85岁

4月，杨润身为平山县文化馆馆长杨诺城著的《墨语堂诗话》一书作序《喜读杨诺城诗词》。

2009—2010年　86至87岁

6月,天津市作家协会举办“庆贺杨润身同志从事革命文学创作七十年活动”。中国作家协会主席铁凝、中共天津市委宣传部部长肖怀远、天津市作家协会主席蒋子龙、副主席航鹰等致贺词。天津市委宣传部副部长李毅代表市委宣传部和作协向杨润身颁发了水晶纪念牌。

天津市作家协会党组副书记、秘书长宋群利同志向杨润身同志颁发作品收藏证书。

秋天,河北省作家程雪莉采访杨润身,访谈一文收入2015年作家出版社出版的《寻找平山团》一书中。

2011年　88岁

7月,散文集《故乡情韵》由百花文艺出版社出版。

11月10日,杨润身老伴闫俊英在平山逝世,享年81岁。

2012年　89岁

8月,杨润身九十华诞。《今晚报》记者高丽报道:天津市委宣传部、市作协受市领导的委派专程到河北省平山县,为杨润身老人祝寿。平山县委、县政府、县人大、县政协等有关方面负责人到现场祝贺。

9月3日,《今晚报》副刊登载杨润身短篇小说《不寻常的牢骚》。

2013年　90岁

6月,河北省平山县剧团聘请杨润身为顾问,帮助剧团改编了河北梆子《白毛女》,本剧随后在北京成功上演。

6月,河北省电视台采访杨润身,并拍摄了一部专题片《沃土》。

8月,在天津市公安医院治疗,病愈出院回住所调养。

2014年　91岁

12月,由安徽文艺出版社出版,王雷等编著的《时光在这里穿梭——老电影的精彩画卷》一书收录了杨润身的《创记录的〈白毛女〉》一文。

2015年　92岁

参加作协会议,荣获"中国人民抗日战争胜利七十周年纪念章"。

2016年　93岁

因病居家，卧床调养。

2017年　94岁

2月24日，在家中患病，送往天津市医科大学总医院住院治疗。杨润身住院期间，作家石英，平山县马冢村书记、村长，作家吴若增，文联主席冯骥才，王忠琪，中国作协书记处书记吴义勤，平山县委组织部部长杨继平，作家航鹰等人前来探望。

2018年　95岁

住院期间，作家李冰、天津市人大常委主任肖怀远、天津市市委宣传部副部长杨君毅、河北省文化和旅游厅副厅长王荣丽、天津市作家协会纪委书记陈小广等人到医院探视慰问杨润身。

7月30日，天津市作家协会同平山县委组织部、河北省文化和旅游厅一道来津祝贺杨润身95岁生日，并展挂横幅"白杨不老"。

2019年　96岁

住院期间，天津市人大主任肖怀远、天津市曲艺团快板艺术家张志宽、河北省商业厅副厅长任会君、天津市委宣传部部长陈浙闽、天津市委宣传部常务副部长刘春雷等人前来探望。

5月18日，河北省文化局局长智全海带领影视剧《白毛女》剧组人员采访病房中的老作家杨润身，他在病床上讲述70年前歌剧改编电影《白毛女》的往事，条理清晰、生动形象，在场的人都热泪盈眶。

7月19日，天津市作家协会全体党员来到病房，将党旗悬挂在墙上，杨润身同志在病塌上与大家一起重温入党誓词，并带领新入党的同志举行宣誓仪式。

8月18日，河北省电视台的工作人员在病房内采访杨润身。

8月28日，中央电视台“艺术人生”栏目组来津到医院采访杨润身关于《白毛女》的拍摄过程。

2020年　97岁

1月25日，在病塌上度过春节。

3月24日，因病逝世，享年97岁。

遗嘱：后事从简，骨灰归乡。

天津市、河北省的党政领导和其生前文友纷纷发文悼念。

3月25日，河北省委常委、宣传部部长给杨润身同志的亲属发来唁电。

亲属杨云、李滨丽悼念父亲：您阅尽人间沧桑，一生中积累的最大财富是您勤劳善良的朴素品格，您宽厚待人的处世之道，您严爱有加的朴实家风，我们后人永远铭记在心。

5月10日，由天津市作家协会王忠琪、杨润身的长子杨云、长子媳李滨丽、长女杨萍等一行护送灵榇至平山县。

天津市作家协会、平山县委、村党支部在北马冢村举行“杨润身先生追思会”。

会场上，第十九届中共中央政治局常委、第十三届全国人民代表大会常务委员会委员长栗战书发来的唁电：“深切悼念杨润身同志”；天津市作家协会、平山县委、平山镇马冢村党支部等单位敬献花圈；柴庄村党支部送来挽幛。

追思会由原县人大常委主任张大平主持，县委常委宣传部部长付红瑜致“追思词”。

2021年　冥98岁

11月5日，天津作家文学馆举行“传递温暖爱心，传承文学精神”捐赠仪式，由杨润身之子杨云将杨润身同志遗留给后人的精神财富包括著作、奖章、纪念章、奖牌、奖状、手稿，悉数捐赠给文学馆。

2023年　100岁冥

4月清明节，杨云夫妇、任会君、智全海赴北马冢村灵寝祭奠杨润身同志。

4月，天津市作家协会、河北省作家协会、石家庄市委宣传部平山县委共同筹办人民作家杨润身百年诞辰纪念活动。

杨润身主要作品年表

《俩相好》	大众书店	1949 年
《心连着心的人们》	新文艺出版社	1956 年 3 月
《探亲记》(电影剧本)	中国电影出版社	1957 年 9 月
《千听百见的故事》	河北人民出版社	1958 年 8 月
《白毛女》(电影剧本)	中国电影出版社	1959 年 4 月
《风雨柿子岭》	花山文艺出版社	1982 年 4 月
《九庄奇闻》	花山文艺出版社	1985 年 6 月
《杨润身小说选》	百花文艺出版社	1985 年 11 月
《乡镇风流》	百花文艺出版社	1989 年 8 月
《魔鬼的锁链》	安徽文艺出版社	1991 年 1 月
《白毛女和她的儿孙》	农村读物出版社	1994 年 8 月
《白毛女故乡的风采》	百花文艺出版社	1994 年 9 月
《托起黎明——白求恩的女儿》	大众文艺出版社	1995 年 1 月
《天堂里的凡人》	河北教育出版社	1999 年 1 月
《仙女峰的迷雾》	农村读物出版社	2002 年 1 月
《危险火花》	花山文艺出版社	2003 年 12 月
《每当我走过》	中国文联出版社	2004 年4 月
《杨润身文选》(王昌定编)	百花文艺出版社	2005 年 8 月
《艰难的跋涉》	百花文艺出版社	2010 年 6 月
《故乡情韵》	百花文艺出版社	2011 年 7 月

《不老白杨》编后记

2023 年 7 月 31 日是杨润身同志百年诞辰，河北省委宣传部、河北省作家协会、平山县委宣传部为其举办纪念活动。天津市作家协会策划并组织老作家杨润身同志纪念文集的编撰工作。取书名《不老白杨》，既有对杨润身同志编剧电影《白毛女》文学成就之赞誉，也有对杨润身同志高尚精神永存之纪念。由于疫情原因，在杨润身同志逝世时，有许多朋友、同事、老乡和杨润身同志的崇拜者都没有亲自送老先生最后一程，也没有能够召开一场正式的追思会，在杨润身百年诞辰之际，汇编纪念文集算是补上这个缺憾吧。纪念文集的出版与发行作为杨润身百年诞辰纪念活动的一个重要组成部分，真诚表达了天津、河北文学界对杨润身同志的崇高敬意和深切怀念。

作为曾任天津市作家协会副主席的杨润身同志，一生心系人民、笔耕不辍，一辈子听党话、跟党走，他的一生是为革命工作牺牲奉献的一生，也是对文学艺术不断攀登的一生。他为人谦逊、正直、热忱，他的人生道路虽然艰难却充满着对党的无限忠诚，他的创作之路虽然坎坷却永远洋溢着对文学的无限热情。他从炮火中走来，有着坚定无畏的精神；他从农民群众中走来，心怀脚下的土地与土地上的人民。他的一生创作颇丰，他成名于参加电影剧本《白毛女》的改编，此后又创作了中篇小说《失落的"无价之宝"》《实在王的悲欢》；长篇小说《风雨柿子岭》《九庄奇闻》《托起黎明——白求恩的"女儿"》《白毛女和她的儿孙》《天堂里的凡人》《魔鬼的锁链》等，并于2010年以87岁高龄出版了25万字的长篇力作《艰难的跋涉》。他是天津文学史上无法绕过的一位重量级作家。

为杨润身同志编辑的这本纪念文集，收录其中的文章经过了慎重又细致的筛选，它们均来自已经公开发表于各大报刊、媒体上的文章，代表了不同时期对于杨润身文学创作的研究与评价，既包括对杨润身作品的评论文章，也有"庆贺杨润身同志从事革命文学创作七十年活动"上的发言实录，既搜集了天津市、河北省文学、文化界人士与杨润身本人交往的生动回忆，亦有杨润身本人对文学创作、文学观念的表达与抒写，可谓是较为全面与集中的对于杨润身同志创作生涯和文学成就的一次回望。这本纪念文集无论对于杨润身作品本身、天津文学史、解放区文学研究的梳理与研究，都有着重要的史料价值。这还是告慰与祭奠杨润身同志，将他不懈奋斗的革命精神与为人民抒写的创作品格延续下去的一种最为适宜且真诚的方式。

在此要特别感谢天津医科大学总医院第二住院部干部病房全体医护人员对杨润身同志的悉心照顾。感谢河北省平山县宣传部的协助，他们为杨润身同志的百年诞辰纪念活动奔走忙碌。感谢百花文艺出版社的各位编辑老师，加班加点为这本书稿赶在纪念活动日之前出版所付出的辛勤工作。感谢天津市作家协会的王岚、陈小广、张泽峰、王忠琪、张楚、周从敬、王树纯、崔健、侯晓晨等同仁为书稿顺利出版付出的努力。感谢杨润身同志的家人对汇编纪念文集给予的大力支持。最后，也是最为重要的，感谢书中所收入文章的全体作者，正是因为有你们的鼎力支持，我们才能在这么短的时间内完成这样一本质量上乘的纪念文集。同时也在此说明，纪念文集中我们未能取得联系的作者可以通过天津市作家协会与编者取得联系，我们将会有样书奉上。

书稿付梓之前，楚雄西道的作协院内鲜花已盛开，仿佛一个盛大的庆祝典礼正拉开帷幕，相信杨润身同志这棵“不老白杨”在自己百岁生日这天看到我们这份满怀诚意与真心的寿礼也会感到欣喜与宽慰。

天津市作家协会《不老白杨》编委会

2023年5月4日